汽车 CAE 技术及 Optistruct 工程实践

王青春　主　编

陈忠加　李　征　副主编

清华大学出版社
北京

内 容 简 介

本书主要介绍有限元方法的基本理论，以及如何利用 OptiStruct 软件进行相应的有限元分析，并结合汽车行业的应用实例由浅入深地进行讲解。全书包括绪论、有限元理论以及 OptiStruct 软件应用等几个部分，共分为 15 章。有限元理论部分主要涵盖了传统的弹性力学理论基础、平面问题的有限元方法、空间问题和薄壳问题的静力学分析、动力学问题以及非线性问题的有限元方法等，对于经常用到的有限元理论知识进行细致的讲解。在讲解理论知识的同时，结合多年的有限元分析工程经验，总结了有限元分析的方法和策略，同时为静力学、动力学以及非线性问题配备了一定量的操作例题，在例题中给出了很多的探究训练内容，便于读者进一步加深对有限元方法及理论的理解。

本书第 1～8 章可以作为车辆工程或者机制专业本科生的有限元课程的教材，全书可以作为机械工程学科或者其他学科有限元方法教学的教材，同时还可以为车辆工程、航空航天相关行业的工程技术人员进行有限元分析提供较好的参考。

图书在版编目(CIP)数据

汽车 CAE 技术及 Optistruct 工程实践/王青春主编. —北京：清华大学出版社，2023.8
ISBN 978-7-302-64244-2

Ⅰ. ①汽⋯　Ⅱ. ①王⋯　Ⅲ. ①汽车—计算机辅助设计　Ⅳ. ①U462-39

中国国家版本馆 CIP 数据核字(2023)第 138151 号

责任编辑：章忆文　桑任松
装帧设计：李　坤
责任校对：徐彩虹
责任印制：沈　露
出版发行：清华大学出版社
　　　　　网　　　址：http://www.tup.com.cn, http://www.wqbook.com
　　　　　地　　　址：北京清华大学学研大厦 A 座　　　邮　　编：100084
　　　　　社 总 机：010-83470000　　　　　　　　　邮　　购：010-62786544
　　　　　投稿与读者服务：010-62776969, c-service@tup.tsinghua.edu.cn
　　　　　质量反馈：010-62772015, zhiliang@tup.tsinghua.edu.cn
　　　　　课件下载：http://www.tup.com.cn, 010-62791865
印 装 者：三河市龙大印装有限公司
经　　销：全国新华书店
开　　本：185mm×260mm　　　印　张：16.25　　　字　数：392 千字
版　　次：2023 年 9 月第 1 版　　　印　次：2023 年 9 月第 1 次印刷
定　　价：59.80 元

产品编号：088487-01

前　言

在分析汽车结构的力学性能时，传统的理论分析难以获取结构的刚度、强度、NVH(噪声、振动、声振粗糙度)特性以及耐撞性等结构定量设计所需要的数据，且实验研究周期长，成本较高，采用有限元方法已经成为汽车行业通用的结构力学性能分析手段。当前，汽车行业进入智能、网联、电动化时代，在我国制造强国建设的纲领性文件《中国制造 2025》中，国务院将节能与新能源汽车产业列为十大重点发展产业之一，汽车产业的重要性不言而喻。如何降低碳排放是目前各个产业关注的焦点，因此结构的轻量化设计始终是汽车产业的一个重要方向，而有限元方法是实现轻量化设计的重要手段。

尽管目前使用有限元软件的技术人员很多，但是其中大部分人对有限元方法的原理了解得不够，对有限元方法应该注意的事项准备不足，最终的分析结果难以起到定量指导的作用，导致很多企业对有限元方法的使用不是很重视，大多只是进行定性分析。

本书由王青春担任主编，陈忠加、李征担任副主编。本书编者在 20 多年前就开始接触并使用有限元软件，曾经使用过的有限元软件有 10 余种，利用这些软件解决了大量的工程问题，涵盖了航空航天、汽车等多个行业，涉及结构准静态压溃、耐撞性以及多种复合材料结构等各种非线性问题，频率响应、随机响应、NVH 以及疲劳寿命等多种动力学问题，有着丰富的有限元建模和分析经验，所提出的方案全部是基于定量分析的结果，且在分析的过程中，尽可能地利用实验验证有限元分析的方法和流程的正确性，保证了分析结果的可信性，同时所提出的改进方案不仅仅考虑结构的可行性，同时兼顾了工艺和材料的可行性。

本书在写作过程中，参考了大量的有限元方面的文献、讲义，力求原理的叙述简单明了。书中的大部分例题均为编者亲自设计并利用理论或者实验进行验证，确保例题操作的准确。在解题的过程中，不是简单地罗列操作流程，而是注重描述为什么这样操作，操作要注意的问题等。每个例题后面都布置了多个探究任务，指导读者对问题作进一步的研究，以更加深入地领会解决问题的方法，为读者独立完成各种项目的有限元分析提供了较好的指导。

本书的例题在编写过程中，研究生姜富怀和吴伇两位同学做了操作步骤校核和视频录制等方面的工作，Altair 公司的技术人员也提供了大量的帮助；本书的出版还得到了北京林业大学 2020 年研究生课程建设项目资助(项目编号：JCCB2031)，在此一并表示感谢。

鉴于汽车行业为多学科融合，涉及领域众多，学科门类、专业知识和理论较多，编者水平有限，书中难免存在各种不当乃至错误之处，欢迎各位专家学者和读者朋友批评指正。

编　者

目　　录

第1章 绪 论

近代机械工程的设计经历了 3 个阶段。最开始的第一个阶段，设计人员通过图板或者二维软件来进行结构的设计，然后根据设计图纸进行加工试制，制造实物零件并装配得到实物样机，通过建造实验环境，用传感器测量载荷、变形和运动状态，进行实物样机的实验；当发现设计存在的问题后，再重新进行设计。显然，这种设计方法要进行样机的制作，设计过程漫长，设计成本较高，开发周期较长。随后的第二个阶段，设计人员在进行产品概念设计后，开始三维结构设计，搭建虚拟样机，基于虚拟样机来验证产品中的运动机构原理是否正确，通过运动学、动力学仿真分析，然后进行有限元分析、尺寸和结构优化，来检查或者改进产品的刚强度、振动等问题，最后才进行产品试制。与第一个阶段的设计方法相比，虚拟样机的构件时间较短，成本较低，产品试制的次数大幅度下降，从而缩短了开发周期，降低了开发成本。第三个阶段，在概念设计阶段即开始进行基于总体布局的多目标、多工况结构拓扑优化设计，通过对拓扑优化结果进行重构得到结构的 CAD 三维模型；在此基础上，进行详细的有限元分析，然后进行产品的试制，将产品定型。

在现代工程中，很多结构的设计越来越复杂，在考虑结构的使用寿命和工作品质时，需要兼顾的载荷种类也越来越多，面对复杂的结构形状、复杂的材料性能以及复杂的载荷，传统的手段难以确保设计的合理性。随着近年来计算机软硬件的发展，有限元方法(以下一般称为有限元法)在结构设计和分析中的应用越来越广泛。

有限元法(Finite Element Method，FEM，也称有限单元法或有限元素法)，是一种数值技术，用于确定偏微分的近似解。该方法起源于结构分析，由结构力学的位移法或直接刚度法发展而来，其核心思想就是"离散化"，也就是将连续的结构划分为离散的，自由度从无穷多变为有限的，从而能够分片逼近，得到未知函数的近似结果。有限元法通过基于个人计算机、工作站和服务器的数值模拟技术，允许设计人员利用各种现代材料和技术，设计复杂的结构。基于有限元技术，工程人员不用建立复杂的物理模型，就可以依靠有限元模型的求解，来精确地预测他们的设计是否能够承受复杂的载荷，从而大幅提高了设计效率，降低了设计的人力、物力和时间成本。因此，有限元法作为现代设计中的一种重要方法，广泛应用于航空航天、机械和制造工程工业以及其他应用科学领域。

除了有限元法之外，工程中与之类似的方法还有边界元法(Boundary Element Method，BEM)、有限体积法(Finite Volume Method，FVM)和有限差分法(Finite Difference Method，FDM)等。

边界元法需要使用结点(也称节点)和元素，但顾名思义，它只考虑域的外部边界。所以当问题是体积时，只考虑外表面。如果域是一个区域，那么只考虑外围。这样，它将问题的维数降低了一个等级，从而能够更快地解决问题。边界元法是求解线性偏微分方程的一种计算方法，把线性偏微分方程表述为边界上的积分方程。

有限体积法是一种将偏微分方程表示和评估为代数方程的方法，与有限差分法非常相似，是在通用几何上的离散体积上进行计算的。有限体积法是将包含散度项的偏微分方程

中的体积积分转换成表面积分。

有限差分法和有限元法有许多共同之处。一般来说，将有限差分法描述为求解微分方程的一种方法。有限差分法使用泰勒级数将微分方程转换成代数方程。在转换过程中，忽略高阶项。有限差分法与边界元法或有限体积法相结合，常常用于解决热力学和计算流体动力学耦合问题。

本章主要介绍有限元法的基本概念及其发展，并对其基本思路进行简单介绍，最后介绍本书所使用的 OptiStruct 软件(注：本书书名中的 Optistruct 即指 OptiStruct 软件，特此说明)。

1.1　有限元法的由来

在许多工程结构，如机械结构(包括汽车结构)、建筑结构和航空航天方面结构等的设计分析开发过程中，人们往往关注结构的刚度(结构抵抗变形的能力)和强度(结构抵抗破坏的能力)。在设计开发过程中，如何准确计算或者估计出结构的刚度和强度是结构设计人员的主要任务。

在力学理论方面，材料力学主要研究基本构件的承载能力问题；结构力学着重研究杆件系统及板壳结构的受力问题；弹性力学则是从连续性、均匀性、各向同性、线弹性和小变形等基本假设出发，研究连续弹性体的一般受力问题。与材料力学相比，弹性理论可以给出更为精确的解答，并可用来校核材料力学的结果。例如，梁的弯曲应力沿横截面实际上为非线性分布，对于跨高比较小的深梁尤为明显，由弹性力学解答可以估计材料力学计算结果的误差。又比如，材料力学对带孔杆件拉伸的强度计算时，认为沿孔径的净截面上拉应力是均匀分布的，而弹性理论给出的解答则说明在孔边附近应力不仅不是均匀分布，而且还有明显的应力集中现象。弹性力学是后续固体力学的基础，在此基础上发展起来的复合材料力学、塑性力学、断裂力学等固体力学分支，大都是采用解析的求解途径。

对于简单结构件，如图 1-1 和图 1-2 所示的悬臂梁，在承受的载荷仅产生小变形时，我们可以使用材料力学的公式，很快就能够计算出结构的挠度 δ 和应力 σ。对于承受轴向拉力的悬臂梁，其挠度 δ 和应力 σ 为：$\delta = \dfrac{Fl}{EA}$，$\sigma = \dfrac{F}{A}$；对于端点处承受压力的悬臂梁，其挠度 δ 和最大应力 σ_{max} 分别为：$\delta = -\dfrac{Pl^3}{3EI}$，$\sigma_{max} = \dfrac{M_{max}y_{max}}{I_z}$。但正如上文所述，在梁的截面上，材料力学无法获取精确的应力分布。

图 1-1　承受轴向拉力的悬臂梁　　　　图 1-2　悬臂梁端点处承受压力

对于如图 1-3 所示的一些简单的几何形状、简单的边界条件和简单的受力状况，可以使用弹性力学来进行求解。

然而，对如图 1-4 所示的一般弹性固体，在外力作用下，利用弹性力学，结构的位移、应变和应力难以求解。后续章节将进一步说明弹性力学存在的局限性。

实际的工程复杂结构，例如汽车结构、飞机结构、建筑结构以及动力机械结构等，在计算或者估计它们的刚度和强度时，利用材料力学、理论力学和弹性力学均无法求解。有限元法是计算和分析工程复杂结构最有效的方法之一。

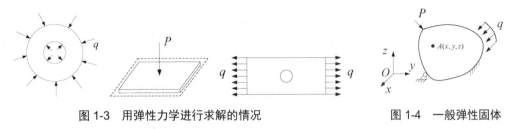

图 1-3　用弹性力学进行求解的情况　　　　　　图 1-4　一般弹性固体

P—集中力；q—均布压力　　　　　　　　　　P—集中力；q—均布压力

1.2　有限元法的发展及其应用

有限元法思想的萌芽可以追溯到 18 世纪末，欧拉在创立变分法的同时就曾经用与现代有限元相似的方法求解轴力杆的平衡问题，但那个时代缺乏强大的运算工具解决其计算量大的困难。有限元法最早起源于 20 世纪 50 年代。1956 年，美国航空工程师 M. J. Turner 和土木工程教授 R. W. Clough 为了分析飞机结构，将结构力学的矩阵位移法原理推广到弹性力学的平面问题，获得了成功，分析结果与实验数据较为吻合。之后 R. W. Clough 又用这种方法处理了一些复杂的平面弹性力学问题。1960 年，R. W. Clough 在他的名为"The Finite Element in Plane Stress Analysis"(平面应力分析中的有限元)的论文中首次提出了有限元(finite element)这个术语。

有限元法的理论和程序的提出与发展主要来源于各高校及实验室，很多商用有限元软件与大学科研人员的贡献密不可分。

早期有限元的主要贡献来自加利福尼亚大学伯克利分校(中文简称为加州大学伯克利分校，英文简称为 UC Berkeley)。其中的 Ed Wilson 教授发布了第一代程序，他发表的第二代线性程序就是著名的 SAP(Structural Analysis Program，结构分析程序)，相应的非线性程序就是 NONSAP。

非线性有限元法的主要贡献者有毕业于加州大学伯克利分校的 Pedro Marcal，他于 1967年创建了第一家非线性有限元软件公司 MARC 公司，在 1999 年被 MSC 软件公司收购。

K.J. Bathe 是 Ed Wilson 教授在加州大学伯克利分校的学生，后来在 MIT(麻省理工学院)任教，其间他在 NONSAP 的基础上发表了著名的非线性求解器 ADINA(Automatic Dynamic Incremental Nonlinear Analysis，自动动态增量非线性分析)。早先的 ADINA 前后处理软件的用户界面友好性较差，最近的版本有了非常大的改善，其流固耦合方面的分析较为突出。

David Hibbitt 是 Pedro Marcal 的博士生，在 1972 年与 Karlsson 和 Sorensen 共同建立 HKS公司(Hibbitt Karlsson & Sorensen，Inc)，推出了 Abaqus 软件。Abaqus 后来被 Simulia(达索)软件公司收购，凭借强大的非线性技术、出色的前后处理、可拓展的二次开发功能以及与达索公司下面著名的 CAD 软件 CATIA 之间的无缝连接，Abaqus 近年来市场增长很快，尤其是在汽车行业以及科研院所。

John Swanson 博士于 1970 年创建 SASI(Swanson Analysis System Inc)公司，后来重组更名为 ANSYS 公司，ANSYS 是著名的多物理材料非线性有限元软件，通过并购迅速发展壮大，模块越来越多，商业化程度和市场占有率很高。

随着有限元理论和求解技术的发展，显式有限元技术得到了很好的应用。在美国 Lawrence Livermore(劳伦斯·利弗莫尔)国家实验室的 John Hallquist 博士主持下，1975 年开始为美国军方设计开发分析工具，他吸取了前面许多人的成果，并且与 Berkeley 大学的很多研究员进行紧密交流合作，1976 年发布 DYNA 程序。1988 年，John Hallquist 创建 LSTC(Livermore Software Technology Corporation，利弗莫尔软件技术公司)，发行和扩展了 DYNA 程序商业化版本 LS-DYNA。LS-DYNA 以其强大的接触算法和非线性功能在高速撞击领域占有绝对的领先地位。在 20 世纪 80 年代，LS-DYNA 程序被法国 ESI 公司商业化，命名为 PAM-CRASH，专门用于汽车的碰撞安全性仿真。后来经过扩充和改进，得到美国能源部的大力资助和 ANSYS、MSC、ETA 等著名公司的加盟。目前 LSTC 公司被 ANSYS 公司收购。

MSC 软件公司在汽车和航空航天领域有着广泛的应用，该公司自 1963 年创立，并开发了结构分析软件 SADSAM，在 1966 年 NASA(美国国家航空航天局)招标项目中参与了 Nastran 的开发。1969 年，NASA 推出第一个 Nastran 版本，MSC 对原始的 Nastran 做了大量的改进，并于 1971 年推出自己的专利版本 MSC.Nastran。1988 年，MSC 在 DYNA3D 的框架下开发了 MSC.Dyna，并于 1990 年发布第一个版本。另外在 1989 年收购荷兰的流体软件公司 PISCES，将 DYNA 的 Lagrange 格式的 FEM 算法和 PISCES 的 Euler 格式的 FVM 及流体-结构耦合算法充分融合后于 1993 年发布了以强大的 ALE 算法而著名的 MSC.Dytran。后来 MSC.Dytran 一直致力于在单元库、数据结构、前后处理等方面的修改使其与 MSC.Nastran 取得完全一致，其技术领先的地位开始丧失。2003 年 MSC 与 LSTC 达成全面合作的协议，将 LS-DYNA 最新版的程序完全并入 MSC.Dytran 中。MSC 在 1999 年收购 MARC 之后开始了将 Nastran、MARC 和 Dytran 完全融合的工作，并于 2006 年发布多物理平台 MD.Nastran。

早期的有限元法是建立在虚位移原理或最小势能原理基础上的，这对于人们理解有限元法的物理概念是很有帮助的。后来一些学者又提出新的理论或者计算方法，例如变分原理和广义变分原理，并相继出现一些适应性更强、计算精度更高的新型单元模型；例如应力混合单元、杂交单元、杂交/混合单元和广义协调单元等。

近年来，有限元法已经有了巨大的发展，其应用领域已经从单一的结构分析扩展到温度场分析、电磁场分析、流体分析、声场分析、流固耦合以及热结构耦合等许多领域。分析问题的类型已经从最初的线性稳态问题，例如平衡问题、特征值问题等，发展到瞬态响应问题、非线性问题及多介质的耦合问题；例如振动响应问题、碰撞问题、塑性成形问题、声固耦合问题及流体与固体耦合问题；等等。

随着力学理论、计算数学和计算机技术等相关学科的发展，有限元理论也得到不断完善，成为工程分析中应用十分广泛的数值分析工具，特别是在现代机械工程、车辆工程、航空航天工程、土建工程中发挥着越来越大的作用，是现代 CAE(计算机辅助工程)技术的核心内容之一。

弹性力学的很多原理，例如应力应变基本方程、解的唯一性定理、圣维南原理等，对有限元分析及计算结果的解释等方面都有指导作用。力学概念可以为有限元分析的过程提供理论指导，并为其计算结果的解释提供理论依据。力学和有限元分析采用的是完全不同的求解途径，有限元分析可以计算的问题显然比弹性力学更为复杂和广泛。尽管现阶段有限元分析基本上都是借助于商用软件，但是力学理论和概念还是可以为有限元建模和计算提供理论指导和分析依据。本书在讲解有限元的相关理论章节中，使用了大量的力学理论和公式。

1.3 有限元法的基本思路及特点

在理解有限元法基本思路之前，首先要明确"自由度"的概念。完全确定一个物体的空间位置或者特征所需要的独立变量(运动参数、坐标等)的个数被称作自由度(Degree of Freedom，DOF)。一般情况下，要完全确定或者表征为物体上一个点的变形位置及运动状态需要至少 6 个自由度，其中 3 个为平移自由度(U_x, U_y, U_z)，3 个为旋转自由度(θ_x, θ_y, θ_z)。要注意的是，并不是所有单元的每个结点都有 6 个自由度。自由度的数量取决于单元的维度(一维、二维、三维)、种类(薄壳、平面应力、平面应变、膜壳等)以及分析类型。

有限元法的核心思想就是"离散化"，将一个包含无限自由度的连续物体，通过网格划分，变成一个有限自由度的离散体，如图 1-5 所示。

(a) 连续体(无限自由度)　　　　　　　(b) 离散体(有限自由度)

图 1-5　连续体与离散体

1. 有限元法的基本思路

有限元法的基本思路如下。

1) 离散化(网格划分)

离散化也就是所说的单元网格划分，将结构人为地划分成有限个子域(这些子域被称为单元)，假设单元之间通过有限个点相互连接(这些连接点被称为结点)。

在进行离散化时，作以下假设，如图 1-6 所示。

(1) 物体由有限单元组成。

(2) 单元之间通过结点连接、传递力。

(3) 载荷等效为结点载荷。

(4) 结点位移为求解未知量——位移法。

2) 单元分析

通常把三维实体划分成四面体或六面体单元的网格，平面或者薄壳问题划分成三角形或四边形单元的网格。

在离散化后，分析任意单元 e 的受力与变形关系，如图 1-7 所示。

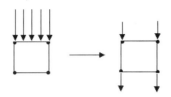

图1-6　结点载荷　　　　　图1-7　单元的受力

假设结点位移和结点力为$\delta_i, f_i(i, j, m, p)$。

写成向量的形式，单元结点位移向量为$\delta_i^{(e)}$，结点力向量为：$f^{(e)} = [f_i f_j f_m f_p]^T$；

建立结点力$f^{(e)}$与$\delta^{(e)}$之间的关系(力与变形关系)：$f^{(e)} = k^{(e)}\delta^{(e)}$，其中$k^{(e)}$为单元刚度矩阵(可以类比弹簧刚度方程(受力与变形关系)$f = kx$，k为刚度系数)。单元刚度矩阵与单元内部的材料、变形分布有关。

3)　整体分析

将所有的单元刚度方程整合，形成整体系统刚度方程$P^{(e)} = K\delta$，其中，P为整体系统结点载荷向量，K为整体系统刚度矩阵，δ为整体系统结点位移向量。

4)　求解刚度方程

求解整体系统刚度方程，可以得到结点位移、单元内部位移以及单元内部应变，从而得到单元内部的应力

$$\delta \Rightarrow \begin{Bmatrix} u(x,y,z) \\ v(x,y,z) \\ w(x,y,z) \end{Bmatrix} \Rightarrow \begin{Bmatrix} \varepsilon_x(x,y,z) \\ \varepsilon_y(x,y,z) \\ \varepsilon_z(x,y,z) \\ \gamma_{xy}(x,y,z) \\ \gamma_{yz}(x,y,z) \\ \gamma_{xz}(x,y,z) \end{Bmatrix} \Rightarrow \begin{Bmatrix} \sigma_x \\ \sigma_y \\ \sigma_z \\ \tau_{xy} \\ \tau_{yz} \\ \tau_{xz} \end{Bmatrix}$$

2. 有限元法的基本特点

综上所述，可以看出有限元法的基本特点如下。

(1)　"一分一合"。

分：将具有无限自由度的连续体，通过网格划分，处理为有限自由度离散体，然后进行单元分析。

合：基于单元分析，将所有的单元组集，构建整体刚度矩阵，进行整体的受力分析，施加约束，然后进行求解。

(2)　有限元法能处理复杂的结构形状、边界条件及载荷。

(3)　有限元法是一种近似的数值方法。

有限元法既然为一种近似的数值方法，其计算结果与实际情况之间必然存在着误差，误差主要来自两个方面，一个来自模型，另一个来自计算。来自模型的误差主要是因为离散化、材料参数的误差、边界条件的误差等，计算方面的误差主要是大规模的矩阵计算过程中，软件的截断和舍入误差。分析人员一定要注意，有限元计算结果必须通过理论或者实验来进行验证。

1.4 Altair 有限元软件简介

有限元软件一般包含三个模块，即前处理模块、求解模块和后处理模块。

前处理模块主要用于有限元模型的数据准备，通常包含结构几何建模、网格生成、材料和单元属性赋予、边界条件处理以及求解模块选择等功能。求解模块主要是求解整体刚度方程。后处理模块一般用于处理、分析和评价分析结果，通常包含物理量分布规律的显示，分析结果的变换处理，各种曲线及图形、表格的生成与绘制等处理功能。

Altair 公司的 HyperWorks 软件包含了前处理软件 HyperMesh、求解软件 OptiStruct 以及后处理软件 HyperView。

1.4.1 Altair 解决方案总体介绍

Altair 公司于 1985 年成立于美国密歇根州，致力于为企业开发用于仿真分析、优化、数据分析、信息可视化、流程自动化、云计算以及物联网领域的高端技术。服务于全球 11 000 多家企业，应用行业包括汽车、消费电子、航空航天、能源、机车车辆、造船、国防军工、家电、金融、零售等。

Altair 公司的产品种类很多，主要分为以下四个软件平台：HyperWorks、solidThinking、企业解决方案和 Knowledge Works。OptiStruct 是 HyperWorks 平台下的重要模块。

1. HyperWorks

Altair 公司软件产品 HyperWorks 涵盖机械领域 CAE 技术应用的多个方面，为机械行业提供了一个完整的、功能强大的、创新的、架构开放的 CAE 技术平台。该平台包含了通用的前后处理器，各个领域的求解器以及丰富的优化工具。

(1) 前后处理工具：通用前处理工具 HyperMesh 和 SimLab，可以快速进行网格划分、装配关系定义、材料属性赋予以及求解设置；后处理工具 HyperView 和 HyperGraph 可以方便查看云图、动画和曲线。

(2) 结构求解器：包括隐式结构求解器 OptiStruct、显式动力学求解器 Radioss、疲劳分析工具 HyperLife 以及无网格法快速分析工具 SimSolid。

(3) 多体动力学求解器：MotionSolve 分析功能包括运动学、动力学、静力学、准静力学、线性和振动分析，可以帮助用户更好地了解和改善产品的性能。

(4) 复合材料求解器：ESAComp 是一款复合材料的分析、设计软件，适用于层合板结构的早期设计验证；Multiscale Designer 是一款用于开发各种多尺度材料模型并进行仿真的高效工具，适用于创建连续纤维、织物、短切纤维、蜂窝芯材等单胞结构。

(5) 流体求解器：AcuSolve 是通用流体和热分析工具；nanoFluidX 是基于粒子法的流体动力学仿真工具，适用于齿轮箱和曲轴等机构的油流润滑仿真；ultraFluidX 是一款快速空气动力学仿真工具，可以用于汽车空气动力学等外流场分析。

(6) 电磁求解器：高频电磁场分析工具 Feko 可以用于天线设计、天线布局、电磁散射、雷达散射截面和电磁兼容；低频电磁场分析工具 Flux 可以用于电机的电磁与热分析；电波

传播和无线网络规划工具 WinProp 可以用于卫星到陆地、郊区到市区以及室内的无线链路分析。

（7）结构优化工具：OptiStruct 是 Altair 功能最全的优化工具，广泛应用于汽车、航空航天、重工业、消费电子以及家电行业；HyperStudy 是一款多学科优化工具，可以同时针对不同学科性能进行优化。Inspire 是一款针对设计人员的快速优化工具，易学易用。

2. solidThinking

solidThinking 是一套包含系统控制、造型设计、几何建模、仿真分析、结构优化以及制造过程仿真的软件平台。

Activate 提供一个开放的一体化平台使用 1D 框图的方式对多学科系统进行建模、仿真以及优化分析。Compose 能够让工程师、科学家和产品开发者有效地以脚本流程自动化的形式对 CAE 或者测试结果进行数据分析和图形显示操作。

Inspire Studio 辅助设计师进行快速造型设计，Inspire 可以快速进行几何建模、有限元仿真、运动仿真、结构优化以及 3D 过程仿真。

Inspire Cast 是操作非常简单的铸造过程仿真工具。Inspire Form 可以用于模拟冲压过程。Inspire Extrude 支持金属和聚合物挤压分析。Inspire Mold 用于注塑分析。

3. 企业解决方案

Altair 企业解决方案主要有 PBS Works 和 Simulation Manager 两个工具。PBS Works 是全面、安全的高性能计算负载管理系统的市场引领者。Simulation Manager 是仿真项目生命周期管理工具，可以从不同层面指导仿真项目的生命周期。

4. Knowledge Works

Knowledge Works 是一个完整的数据分析平台，涵盖数据准备、数据分析与预测以及数据可视化三个阶段。作为一个数据分析平台，Knowledge Works 针对不同阶段的产品如下。

数据准备：Altair Knowledge Hub™、Altair Monarch™。

数据分析：Altair Knowledge Studio™、Altair Knowledge Seeker™。

数据可视化：Altair Panopticon™。

1.4.2 OptiStruct 简介

Altair 公司的 OptiStruct 软件是经过工业验证的现代化线性、非线性静力学及振动力学求解器，同时也是业界领先的结构优化工具。OptiStruct 可以帮助工程师完成结构分析等工作。且在结构分析中可以考虑材料、接触以及大变形造成的非线性。运用 OptiStruct，工程师可以快速实现结构创新、轻量化及结构有效的设计。其主要的求解功能有结构线性分析、线性静力分析、线性动力学分析、结构非线性分析、非线性静力分析、非线性动力分析、疲劳分析、复合材料分析、热传导分析以及多物理场分析。

1. OptiStruct 的主要优势

最先进的 NVH 分析求解功能：OptiStruct 支持最先进的特性及结果输出，为噪声、振动及舒适度分析与诊断提供高效、灵敏的方法。

稳健的非线性、传动耐久分析：OptiStruct 支持绝大多数传动结构分析类型。包含对热传导、螺栓、垫片模型、超弹性材料及高效接触仿真的解决方案。

高并行求解能力：OptiStruct 具有先进的 MPI 方法，使其具有上百个核心的并行运算能力。

与现有流程的无缝连接：OptiStruct 集成于 HyperWorks 中，在为企业提供流程化服务的同时，能够帮助企业缩减求解器成本。

2. OptiStruct 的主要功能

经过多年的不断开发迭代，OptiStruct 完全满足结构分析工程师的日常隐式仿真分析需求，目前支持的工况如图 1-8 所示。

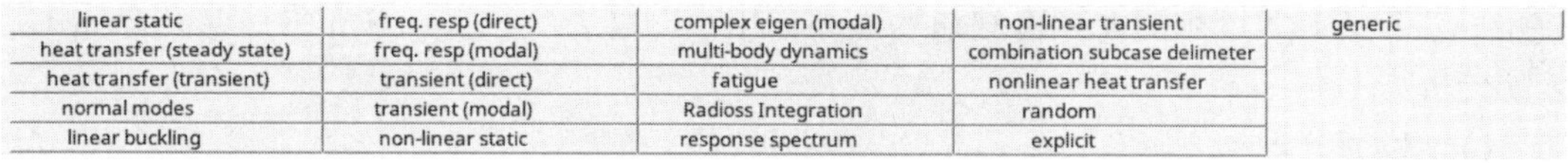
linear static
heat transfer (steady state)
heat transfer (transient)
normal modes
linear buckling
freq. resp (direct)
freq. resp (modal)
transient (direct)
transient (modal)
non-linear static
complex eigen (modal)
multi-body dynamics
fatigue
Radioss Integration
response spectrum
non-linear transient
combination subcase delimeter
nonlinear heat transfer
random
explicit
generic

图 1-8 OptiStruct 支持的工况

1) 静力分析

静力分析采用最新的稀疏矩阵求解器，可以考虑力(FORCE)、力矩(MOMENT)、压力(PLOAD)、重力(GRAV)、离心力(RFORCE)、强制位移(SPCD)等，输出位移、应力(单元、结点、标量、张量)、应变、应变能密度以及力(单元、结点、SPC、MPC)，如图 1-9 所示。

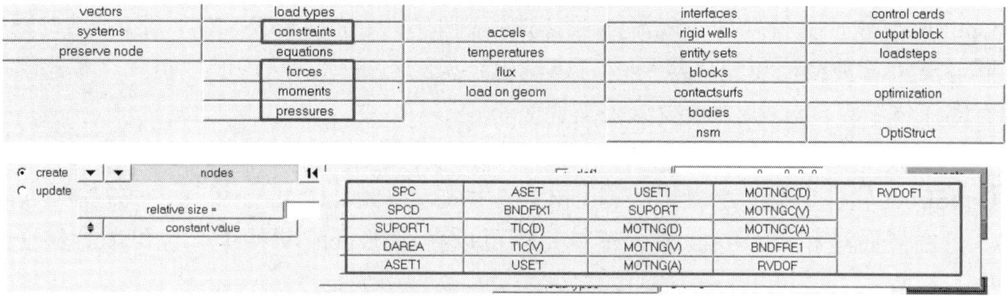
vectors
systems
preserve node
load types
constraints
equations
forces
moments
pressures
accels
temperatures
flux
load on geom
interfaces
rigid walls
entity sets
blocks
contactsurfs
bodies
nsm
control cards
output block
loadsteps
optimization
OptiStruct
create
update
nodes
relative size =
constant value
SPC
SPCD
SUPORT1
DAREA
ASET1
ASET
BNDFIX1
TIC(D)
TIC(V)
USET
USET1
SUPORT
MOTNG(D)
MOTNG(V)
MOTNG(A)
MOTNGC(D)
MOTNGC(V)
MOTNGC(A)
BNDFRE1
RVDOF
RVDOF1

图 1-9 OptiStruct 支持丰富的载荷边界条件

支持结点-结点、结点-面、面-面接触，接触可以考虑摩擦、分离、滑移、粘接等各种物理现象。支持网格独立的焊接单元，直接连接不匹配的网格。

2) 屈曲分析

屈曲分析用于分析结构在给定载荷下可能出现的屈曲现象，给出屈曲因子，可以考虑刚性单元对几何刚度矩阵的贡献，可以设定结构的某些区域不参加屈曲分析。

3) 惯性释放分析

惯性释放分析用于求解欠约束问题，例如飞行器、车辆悬架系统等，结构处于自由加速状态。一般通过添加 PARAM INREL -2 卡片来解决此类问题。

4) 模态分析

目前 OptiStruct 软件支持自然模态计算、预应力模态计算、循环模态计算和阻尼复模态

计算。采用 Lanczos 求解器和 AMSES 求解器，可以输出特征值、特征向量、应变能密度等，支持基于自动多层子结构方法的快速特征值计算方法，具有无缝的 AMLS 接口。

5) 结构振动力学分析

OptiStruct 软件支持基于直接法和模态法的频响分析、线性瞬态分析、随机振动分析以及响应谱分析。在进行振动分析时，可以考虑强制位移、速度、加速度等动态载荷，支持直接法和模态叠加法瞬态分析，支持直接法和模态叠加法频率响应分析，支持力、位移、速度和加速度输入，具有良好的 AMLS 接口，支持残余向量，支持响应谱分析，支持分析得到结构受到不确定载荷和冲击谱载荷时产生的响应，支持基于模态的部件超单元方法，支持固定界面超单元、自由界面超单元和混合界面超单元的生成及装配分析。

模态叠加频响计算支持随频率变化的刚度和阻尼连接单元，可以在各向同性材料卡片中定义随频率变化的杨氏模量、泊松比、密度和材料阻尼等。OptiStruct 具有基于频响分析的超单元方法。通过频响计算得到输入点和输出点的动力学特性，并作为广义超单元进行装配分析。

6) 疲劳分析

OptiStruct 软件支持应力疲劳和应变疲劳分析，支持单轴疲劳、Dang Van 多轴疲劳评估方法和基于临界面算法的多轴疲劳。支持各种复杂载荷时间历程。

OptiStruct 支持各种修正方法和参数，例如 GOODMAN、GERBER、SODERBERG 等平均应力修正方法，低周疲劳分析支持 Smith-Watson-Topper、MORROW 等平均应力修正方法。

7) 声频响分析

OptiStruct 软件支持自动生成流体-结构耦合矩阵，支持 AKUSMOD 流体-结构网格耦合矩阵，支持各种结构和流体阻尼，可以输出结构结点贡献，结构面板贡献、模态贡献以及独有的流体结点贡献(极大减少结果文件大小)。

8) 超单元分析

OptiStruct 软件支持静态凝聚法和 CMS 法生成超单元。CMS 超单元生成方法有固定界面法、自由界面法和混合界面法。超单元既可以存储在.pch 文件中，也可以存储在.dmg 文件中。

支持部件模态综合矩阵，包括刚度矩阵、质量矩阵、结构阻尼和黏性阻尼等，支持多体动力学的柔性体生成和计算，支持多级超单元计算，支持静力学、动力学和优化求解。

9) 热力分析

支持热传导、热力耦合分析，支持各种各向同性与各向异性热材料，可以考虑固定温度、热流、热交换、内部热源等边界条件。支持热交换、对流以及辐射。

10) 复合材料分析

HyperMesh 中的 HyperLaminate 模块可以快速进行复合材料建模，支持 PCOMP、PCOMPG、PLY+STACK 等复合材料定义格式，求解各铺层的应力、应变和失效因子，可用于后续的复合材料优化，包括优化铺层形状、层数、角度、厚度、次序等。

11) 非线性分析

OptiStruct 软件支持接触非线性、几何非线性和材料非线性分析求解。可以通过给定的容差自动调整接触区域的结点位置。支持考虑 2D 单元厚度的接触分析，支持点对面或面对面接触分析，支持过盈配合和螺栓预紧分析，支持具有接触和 gap(间隙)的热传导分析。支持带摩擦的小滑移和有限滑移接触分析。

OptiStruct 软件支持罚函数法接触计算和拉格朗日乘子法接触计算。支持绑定和粘贴接触分析。线性静力学分析模型中也可以支持接触设置和螺栓预紧。

OptiStruct 软件支持在线性静力分析中输出 Neuber 塑性修正应力，在线性分析中快速评估高应力区的塑性影响，得到更精确的结构应力，如图 1-10 所示。

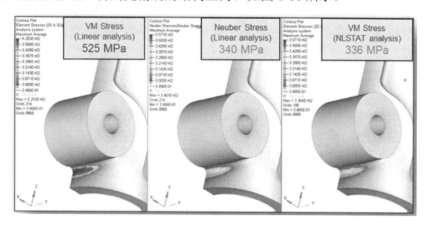

图 1-10　OptiStruct Neuber 塑性修正

12) 支持子模型计算方法

先计算整体的粗网格模型，然后将局部粗网格模型的边界条件映射到局部详细网格模型进行计算。这种子模型的分析方法可以用于线性和非线性分析。

13) 多体动力学分析模块

此模块可以直接使用有限元网格进行刚体动力学计算，便于统一分析模型。可以定义各种约束副、刚体-刚体接触等。刚体动力学模块支持快速仿真结构的大范围刚体运动，进行运动学和动力学分析。可以考察各个网格部件的位移、速度、加速度，考察任意时刻的结构姿态。

OptiStruct 软件支持各种惯性载荷施加，包括重力载荷和离心力载荷，既支持整体的模型施加，也支持对局部模型施加。

1.4.3　HyperMesh/HyperView 简介

OptiStruct 是求解器，需要对应的前后处理工具一起完成整个有限元分析。Altair 提供功能强大的前处理工具 HyperMesh 和后处理工具 HyperView。

HyperMesh 是世界领先的、功能强大的 CAE 专业前处理模块，也是一个创新、开放的企业级 CAE 平台，它集成了设计与分析所需的各种工具，具有卓越的性能以及高度的开放性、灵活性和友好的用户界面。

HyperView 是一款应用于有限元分析、多体系统模拟、数字视频和工程数据的完整的后处理和可视化软件，令人惊奇的快速 3D 图形、开放式架构和卓越的功能为 CAE 结果后处理的速度和集成设定了一个新的标准。把这些特征和 HyperView 先进过程自动化工具耦合

起来可以极大地增强结果可视化、相关性和生成报告。

1. HyperMesh 的主要优势

HyperMesh 具有以下优势。

(1) 采用开放架构，与模拟环境无缝接合，它拥有一套丰富的直接 CAD/CAE 接口和二次开发环境。

(2) 快速、高质量的网格。使建模过程流程化，对最复杂的几何拥有一系列的建模工具。

(3) 模型构建与装配。HyperMesh Part Browser 专用于零件级模型的构建、装配、显示管理和构造管理。与 PDM 的双向连接，可以无缝导入和导出模型层次结构。Part Library 用于管理、控制和更新库内零件版本，并作为 HyperMesh 的零件中心库，这反过来促进了仿真团队内部和外部之间的协作。

(4) 提高终端用户建模效率。利用精细的网格批处理技术，HyperMesh 解决了手工几何清理和网格划分的需要，从而加速了模型开发过程。

(5) 先进的 3D 建模可视化。有限元模型中所有单元类型(1D、2D、3D)的 3D 可视化使模型检查和可视化更容易。

(6) 模型设置。丰富和先进的工具提高了整个建模过程的效率，ID 管理器确保了模型中的所有对象，甚至是子文件都能使用统一的编号方案，保证流程的模块化。HyperMesh 中的模型装配技术，能够高度自动化地装配上百个零部件的模型，支持焊点、焊缝、粘胶和螺栓等连接。基于自动接触探测工具可以快速高效地建立模型中的所有接触信息。

2. HyperMesh 的主要功能

1) 广泛的 CAD 模型接口

HyperMesh 具有全面的 CAD 软件接口，直接支持全球各主流三维 CAD 模型文件和通用数据格式，模型读入过程快速准确，避免数据丢失和几何缺陷，并具有单位制转换和部分自动几何清理功能，如图 1-11 所示。

CATIA	UG	Pro/E	Parasolid
IGES	STEP	STL	PDGS
VDAFS	DXF	ACIS	JT

图 1-11　HyperMesh 支持的 CAD 文件格式

2) 丰富的 CAE 软件的接口

HyperMesh 具有与行业主流的有限元计算软件的接口。在各主流有限元软件的用户模板下，用户可以在高质量的网格模型基础上施加边界条件，完成整个有限元建模过程，并生成求解器输入文件，如图 1-12 所示。

OptiStruct	Nastran	Dytran	ANSYS
Abaqus	HyperForm	HyperXtrude	Ls-Dyna
Madymo	PamCrash	Marc	Ideas
Permas	Moldflow	Fluent	StarCD
Radioss	N-Code	MotionSolve	其他

图 1-12　HyperMesh 的 CAE 软件接口

HyperMesh 具有强大的模型转换能力，不同求解器的输入文件之间可以相互转换，并保留有限元数据的完整性。此外，通过一些标准格式，还可以实现与主流 CFD 软件、主流计算软件或噪声分析软件的数据交换。不同求解器所需的模型的转换会在很大的程度上提高工作效率。

3） 几何模型清理和修补功能

HyperMesh 具有全套的几何模型清理功能，用户既可以自己手工清理，也可以定义规则由软件自动清理。如果输入的几何曲面中存在缝隙、重叠、不对齐或者曲面丢失等现象，就会严重妨碍网格自动划分的质量，HyperMesh 可以快速清理这些几何缺陷。此外，去倒角、去倒圆、去孔和在孔周围设计 washer 等复杂的几何操作都可以方便完成。这些功能对提高网格划分的质量和速度具有非常重要的意义。

HyperMesh 可以从复杂的几何体中抽出中面，并且保留原几何体中各点的厚度特性，并将其直接映射到单元或结点上，厚度可以用云图显示。这个功能使利用 CAD 几何文件进行壳单元网格划分由复杂变得简单，特别对于钣金件和塑料件的建模非常有用，可以节省工程师大量的建模时间。

HyperMesh 提供强大的几何实体建模和布尔运算能力，使后续的实体网格划分十分方便。此外，允许用户直接在几何模型上设定载荷、边界条件、材料和单元特性，并将这些信息自动地转换成相应的有限元信息，从而大大加快整个有限元建模过程。

4） 网格生成和质量控制

HyperMesh 是一个超强的网格划分工具，拥有全套的一维、二维、三维网格划分功能。

对于一维网格，HyperMesh 提供了从结点、曲线、单元边线等直接生成一维单元的方法。

HyperMesh 具有强大的二维网格自动划分功能，除了常用的 AutoMesh 功能以外，还提供 SPLINE、SKIN、RULE、DRAG 和 SPIN 等十余种网格划分功能，用户可以根据实际情况灵活选择，可以非常方便地人为选择局部的结点分布、结点数目、单元类型、网格生成算法等。

HyperMesh 的单元编辑功能非常强大，不仅可以方便地对单元进行添加、删除、分割、合并、结点调整等操作，还可以与单元质量检查功能一起应用，在生成单元的同时就显示其质量参数，自动优化单元质量。

在 HyperMesh 中，网格可以和几何关联，对几何的拓扑改变可以直接改变网格，从而在产品几何有所改变的情况下无须重新划分网格，而只需要对几何进行编辑。QuickEdit 模块提供了十几种对几何进行编辑的功能，大大加快了用户的网格编辑过程。

BatchMesher 是功能极其强大的二维网格批处理和智能划分工具，可以一次性处理成百上千个零部件，根据设定的标准和规则，自动进行几何清理、抽取中面、网格划分、单元质量优化等过程。该模块集成了数百位网格划分专家多年的经验，可以大大提高工程师的工作效率和应用水平。自从问世以来，得到了大多数使用者，特别是汽车行业用户的好评。

HyperMesh 拥有较好的四面体网格生成算法，可以快速生成各种高质量的结构网格和流体网格，提供了由封闭面网格到体网格、几何实体到体网格的生成方法，具有丰富的网格生成参数控制功能。QuickTetraMesh 是专业的自动四面体网格划分工具，支持自动几何拓扑关系修复和自动网格质量优化，能提高四面体网格划分速度达数十倍。独有的四面体

网格质量优化工具，可以快速自动优化四面体网格质量，大大缩短建模时间，提高建模效率。

HyperMesh 的六面体网格划分算法非常丰富，人机互动性非常强，强大的几何编辑功能快速实现了对几何的灵活分区，通过提供可自动划分区域的预先显示模式，可以帮助判定区域划分是否合理，是否已经可以实现自动六面体网格划分，从而大大提高六面体网格划分的效率。此外，通过 HyperMorph 的网格变形功能，更可保证网格与几何的严格一致性。其网格质量为业界所公认。

HyperMesh 可以处理千万单元级的超大模型，同时，提供各种方便的手段对复杂模型进行装配、连接、焊接和铆接等。特别是其 CONNECTOR 功能，使原来消耗大量时间的模型装配焊接变得快速和简单，并且支持几十种连接单元以精确模拟各种连接方式。

HyperMesh 的网格质量检查和控制功能极其强大，具有业界最全面的质量检查类型，并可以根据当前选择的求解器模板，导入相应的质量检查类型和标准。

Quality Index Meshing 功能可以在保证网格质量的前提下实现快速网格划分，并可以对已经生成的单元根据设定的质量标准自动优化。HyperMesh 在网格质量控制上的技术优势在有限元分析人员中具有较好的声誉。图 1-13 所示为利用 HyperMesh 划分的有限元网格。

图 1-13　HyperMesh 划分的网格

5)　材料信息模型和单元库

HyperMesh 提供全面的材料本构关系模型，包括线弹性、弹塑性、超弹性、黏弹性、热、各向异性以及复合材料。可以根据求解器卡片格式的不同，由用户定义材料信息，然后直接输出给相应的求解器进行计算。

HyperMesh 支持各种一维、二维和三维单元，并且可以在一阶和二阶单元之间自由转换。

HyperMesh 具有丰富的一维单元库和标准梁截面库，还可以通过 HyperBeam 模块灵活创建各种梁截面，实现快速、精确的一维单元建模。

6)　边界条件定义功能

HyperMesh 拥有完整的载荷及约束定义功能，包括自定义坐标系，定义各种平动或转动约束，定义强制位移、速度或加速度，定义刚性墙、安全带等。

在定义方法上，HyperMesh 可以通过数学表达式或基于曲线定义载荷或约束，可由输入数据点插值计算载荷，可以通过 Interfaces 面板定义各种类型接触，通过 Field Load 功能将风洞试验、流场分析或热力学分析的结果映射到结构分析的网格上，通过 Convert 功能实现主流求解器之间载荷和约束数据的转换，通过 LOAD STEP 设定计算步骤的各种细节，满足不同求解器的需求。

3. HyperView 的主要优势

1)　提高生产效率

HyperView 是业内领先的 3D 图形处理和动画软件。可以直接读取主流的 CAE 求解器结果，能创建用户自定义结果转化器。强大的 2D 和 3D 绘图功能，能定制接口、创建专门工具以便适用于独特的工程环境和要求。支持直接链接到 Altair HyperView Player，便于 Web 交流和合作。

2)　获得更多可视化结果

HyperView 同步和可视化有限元分析结果、多体系统结果、XY 图形和视频数据。支持在一个窗口中叠加多个 CAE 模型。对结果进行数学运算来创建用户自定义结果类型，例如失效因子。基于用户自定义准则查询模型。

3)　自动生成报告

自动建立对话：自动生成并执行标准绘图和表格，也能利用"报告：覆盖"选项快速比较结果和进行相关性研究。可以一步生成报告：输出 HyperView 会话报告到 HTML 或者 PowerPoint 中，包括文本、图像、AVI 和 H3D 文件。

4)　可拓展用户界面

HyperView 支持 Templex 编程：创建用户自定义曲线和数学函数，用注释、标签及参数化的任何文本文件，进行数据分析和曲线统计。可以定制下拉菜单：开发用户自定义菜单，为报告、图形宏命令、自定义向导提供便捷入口。

4. HyperView 的主要功能

1)　CAE 动画和数据绘图

HyperView 提供了一系列完整的动画、数据图形、数字视频功能，这极大地增强了结果可视化、分析和相关性研究，其界面如图 1-14 所示。它的同步能力使用户能探索详细模型的完整性和性能。通过利用 HyperView 强大的后处理平台，用户可以在同一个环境下很容易地同时同步、比较和查看有限元分析结果、多体系统结果、XY 图形(模拟和实验数据)和数字视频资料。

HyperView 具有用于 FEA、CFD 和 MBD 仿真数据的完整可视化环境、多页面、多窗口的后处理、有效评估各种仿真结果的模板、复合材料的强大后处理能力、支持主流 CAE 求解器格式、NVH、Aero、Safety、CFD 和 Manufacturing 业内特定工具箱、与试验结果的对比校准。图 1-15 所示为 HyperView 所进行的后处理。

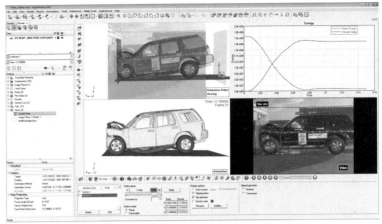

图 1-14　HyperView 操作界面示意图

(a) 应力分析结果　　　　　　　(b) 汽车碰撞　　　　　　(c) 跌落响应分析、评估

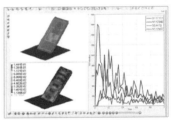

(d) 可视化环境轻松处理大型 CAE 模型　　　　　　(e) 多窗口后处理结果

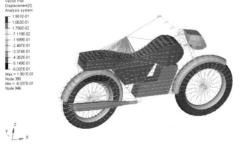

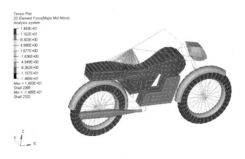

(f) 矢量图　　　　　　　　　　　　　　(g) 张量图

图 1-15　HyperView 的后处理

2)　生成报告

通过用 HyperView 的 PPT "发布" 功能，结合报告模板功能，可以很容易生成标准报告，并且两者的内容可以实现同步，HyperView 中内容的改变自动地在 PPT 中更新，用户可以详细地控制输出内容和格式，支持所有常见的动画和图形格式(见图 1-16)。

3)　求解器接口

HyperView 可以直接读取多种主流的 CAE 求解器格式的结果文件，为动画和绘制 CAE 模拟结果提供一个灵活的、一致性的高性能环境。HyperView 所能处理的求解器种类如图 1-17 所示。

图 1-16　HyperView 后处理支持的
报告发布格式(ppt、html)

- ABAQUS input (.inp, .pes)
- ABAQUS ODB (.odb)
- AcuSolve CFD Result (.log)
- ADAMS .gra (.gra)
- ADAMS Result (.res)
- ADAMS SHL (.shl)
- ADVC (.adv)
- ALTAIR G (.g)
- ANSYS 9.0 Result (.rth,.rst and .rmg)
- ANSYS Input (.cdb)
- ANSYS Result (.rth,.rst and .rmg)
- Altair FLX (.flx)
- Altair maf (.maf)
- Altair Mrf (.Mrf)
- CFD Ensight (.encas, .case)
- DADS DEF (.def)
- DADS GMOD (*g.mod)
- DADS bin (.bin)
- DLM or LS-DYNA dynain (*dynain")
- DYNA DB (.db)
- FEMZIP DSY (.fz)
- FEMZIP d3plot (*d3plot*, .fz)
- HW Ascii Result (.hwascii)

- Hyper3D (.h3d)
- HyperMesh Result (.res, .hmres, .hyp)
- LS-DYNA d3plot (*d3plot*, *d3int, *intfor and .ptf)
- LS-DYNA Keyword Input (.k*, .key, .dyn, and .bdf)
- MADYMO fai (.fai)
- MADYMO kin (.kin3, .kn3)
- MARC (.dat)
- MARC t16 (.t16)
- Moldflow Result (.udm)
- NASTRAN Input (.bdf, and.dat)
- NASTRAN XDB (.xdb)
- Nastran/OptiStruct OP2 (.op2)
- Nike3D n3plot (*n3plot*)
- PAM-CRASH DSY (.dsy)
- PAM-CRASH Input (.pc and .dat)
- PAMCRASH2G Input (.pc and .dat)
- PATRAN Input (.pat)
- Pamcrash HDF5 (.erfh5)
- PERMAS Input (*.*)
- RADIOSS (A) Result (*A001 and .gz)
- Optistruct (.fem and .parm)
- RADIOSS Format (*D00 and .RAD)
- Result Module XML (.xml)
- UNV (.unv)
- WAVEFRONT OBJ (.obj)

图 1-17　HyperView 支持的格式

通过用户自定义结果转换器，它可以支持额外的求解器模板，转化结果为 Altair H3D 压缩二进制格式。HyperWorks 也提供两个转换器，HvTrans 和 HgTrans——可以处理任意类型的工程数据。HvTrans 允许用户提取翻译和压缩 CAE 结果，同时 HgTrans 能让你通过从嵌入式数学函数库来创建自定义数学表达式转化、压缩、处理数据文件。

4)　轻量化结果查看

HyperView Player 是一个独立的 3D 播放器，可以提供企业级的结果数据可视化的协调解决方案，用户可以通过 Altair H3D 文件输出 3D 动画结果，然后可以使用 HyperView Player 进行查看与操作。同时此播放器可以作为一个插件嵌入到 PPT 或者网页上，方便向分析工程师、测试工程师、模具设计者、产品设计工程师等演示分析结果。

1.5　学习资料介绍

Altair 提供丰富的学习资料，包括培训 PPT、培训视频、网络研讨会以及技术文章分享，可以免费下载与观看。获取主要学习资料共有以下四个渠道，读者可以通过网站链接或扫

描二维码直接访问。

官方微信：
AltairChina

技术博客：
blog.altair.com.cn

官方资料库：
https://nas.altair.com.cn:5001/
5download/H4Uk2G9d/
Altair-KnowledgeBase

Bilibili：
https://space.bilibili.com/
478537404

第2章 弹性力学的基础知识

有限元理论应用了大量的弹性力学知识，本节先简单介绍一些在后续理论中需要用到的弹性力学知识。

弹性力学是研究弹性固体在约束和外载荷作用下应力和变形分布规律的一门学科。在一定的前提或假设下针对微小的单元体建立基本方程，把复杂形状弹性体的受力和变形分析问题归结为偏微分方程组的边值问题。

2.1 弹性力学的基本假设

一般来说，对于工程材料，无论是金属材料还是高分子材料，微观上都是按一定的规则排列构成的，而且材料内部经常会有缺陷。因此工程材料内部的缺陷、夹杂和孔洞等构成了固体材料微观结构的复杂性。

在弹性力学分析中，必须根据已知物理量，例如外力、结构的几何形状和约束条件等，通过静力平衡、几何变形和本构关系等，推导和确定基本未知量(如位移、应变和应力等)与已知物理量的关系。工程实际问题的复杂性是由多方面因素构成的，如果不分主次地考虑所有因素，那么问题将变得非常复杂，数学推导将困难重重，以至于难以求解。根据问题性质建立力学模型时，必须作出一些基本假设，忽略部分可以暂时不予考虑的因素，使研究的问题限制在一个方便可行的范围之内。对于弹性力学分析，这是十分必要的。在今后的讨论中，如果没有特别的提示，那么均采用以下的弹性力学基本假设。

2.1.1 连续性假设

连续性假设认为所研究的整个弹性体内部完全由组成物体的介质所充满，各个质点之间不存在任何空隙。这就是说，物体的介质粒子连续地充满物体所占的空间，而且变形后仍然保持这种连续性。根据这个假设，物体的所有物理量，例如位移、应变和应力等才可能是连续的，因此可以用坐标的连续函数来表示它们的变化规律。

当然，由于固体材料都是由微粒组成的，所以严格来说都不符合上述假设，即微观上这个假设不可能成立。但是，对于工程材料，微粒尺寸和微粒之间的距离远小于物体的几何尺寸，在线性小变形范畴内采用物体连续性这个假设并不会引起明显的误差。

2.1.2 均匀性假设

均匀性假设认为弹性物体是由同一类型的均匀材料组成的，物体各个部分的物理性质都是相同的，物体的弹性不随坐标位置的变化而改变。即物体的弹性性质处处都是相同的。根据这个假设，在处理问题时，可以取出物体的任意一个部分进行讨论，然后将分析结果应用于整个物体。

如果物体是由两种或者两种以上介质组成的，例如混凝土，只要每一种物质的颗粒远远小于物体的几何形状，并且在物体内部均匀分布，从宏观意义上讲，也可以视为均匀材料。当然对于明显的非均匀物体，例如环氧树脂基碳纤维复合材料，不能处理为均匀材料。

2.1.3　各向同性假设

各向同性假设认为物体在各个不同的方向上具有相同的物理性质，这就是说，物体的弹性常数将不随坐标方向的改变而变化。

对于由晶体构成的金属材料，由于理想的单晶体是均匀的各向异性体，所以微观上显然不是各向同性的。但是由于晶体尺寸极小，而且排列是随机的，因此在宏观上，材料性能显示各向同性。例如，由钢材做成的构件，虽然它含有各向异性的晶体，但是由于晶体很微小，而且是随机排列的，所以钢材构件的弹性(包含无数微小晶体随机排列时的统观弹性)，大致是各向相同的，可以视为各向同性材料。

当然，有些各向异性材料，例如木材、竹子以及纤维增强材料等，它们不属于弹性力学的讨论范围，是复合材料力学研究的对象。

2.1.4　完全弹性假设

所谓完全弹性是指物体在引起形变的外力被除去以后，能完全恢复原形而没有任何剩余形变的性质。这样的物体在任一瞬时的形变就完全取决于它在这个瞬时所受的外力，与它过去的受力情况无关。由材料力学可知，塑性材料的物体，在应力未达到屈服极限以前，是近似的完全弹性体；脆性材料的物体，在应力未超过比例极限以前，也是近似的完全弹性体。在一般的弹性力学中，完全弹性的这个假设，还包含形变与引起形变的应力成正比的含义，即两者之间是呈线性关系的。因此，这种线性的完全弹性体中应力和形变之间的关系服从胡克定律，其弹性常数不随应力或形变的大小而改变。

完全弹性假设使弹性力学研究对象的材料弹性常数不随应力或应变的变化而改变。

线性意味着直线。在线性分析中，有限元解算器始终遵循从底部到变形状态的直线规律。以线性材料行为为例，弹性模量是直线的斜率，是一个常量。在现实生活中，越过屈服点后，材料遵循非线性曲线，但解算器遵循相同的直线。元件在穿过极限应力点后被分成两个独立的部分，但是基于软件的线性分析从来不会以这种方式显示出故障。它显示了在故障位置带有红色区域的单个完整部件。分析师必须通过将最大应力值与屈服应力或极限应力进行比较来判断部件是否安全或失效。

2.1.5　小变形假设

小变形假设认为在外力或者其他外界因素(如温度等)的影响下，物体整体或局部各点的变形与物体自身几何尺寸相比属于高阶小量。

根据小变形假设，在讨论弹性体的平衡等问题时，可以不考虑因变形所引起的尺寸变化，而使用物体变形前的几何尺寸来替代变形后的尺寸，这将使问题分析简化。采用这个假设，可以在基本方程推导中略去位移、应变和应力分量的高阶小量，使基本方程成为线性的偏微分方程组。

这就是说，假设物体受力以后，整个物体所有各点的位移都远远小于物体原来的尺寸，而且应变和转角都远小于 1。这样在建立物体变形以后的平衡方程时，就可以方便地用变形以前的尺寸来代替变形以后的尺寸，而不致引起显著的误差，并且在考察物体的形变与位移的关系时，转角及应变的二次和高次幂或乘积相对于其本身都可以忽略不计。例如，对于微小的转角 α，有 $\cos\alpha = 1-(1/2)\alpha^2+\cdots \approx 1$，$\sin\alpha = \alpha-(1/3)!\alpha^3+\cdots \approx \alpha$，$\tan\alpha = \alpha+(1/3)\alpha^3+\cdots \approx \alpha$；对于微小的正应变 εx，有 $1/(1+\varepsilon) = 1-\varepsilon x+\varepsilon^2 x-\varepsilon^3 x+\cdots \approx 1-\varepsilon x$，等等。这些弹性力学里的几何方程都简化为线性方程。

2.1.6　无初始应力的假设

此假设认为物体处于自然状态，即在外界因素(例如外力或温度变化等)作用之前，物体内部没有应力。根据这个假设，弹性力学求解的应力仅仅是外力或温度等改变而产生的。

2.2　弹性力学的关键概念

弹性力学中的基本变量为体积力、表面力、应力、应变、位移，各自的定义如下。

体积力：体积力是分布在物体体积内的力，例如重力和惯性力。

表面力：表面力是分布在物体表面上的力(也称表面力)，例如接触压力、流体压力。

应力：物体受到约束和外因(受力、温度变化等)作用，其内部将产生变形，任一截面单位面积上的相互作用力就是应力。

应变：物体的形状改变可以归结为长度和角度的改变。各线段的单位长度的伸缩量，称为正应变，用 ε 表示。两个垂直线段之间的直角的改变，用弧度表示，称为剪应变，用 γ 表示。物体内任意一点的变形，可以用 ε_x、ε_y、ε_z、γ_{xy}、γ_{yz}、γ_{zx} 六个应变分量表示。

位移：位移就是物体内各点、线、面所发生的位置的变化。物体内任意一点的位移，用位移在 x、y、z 坐标轴上的投影 u、v、w 表示。

下面对这几个概念再加以详细介绍。

2.2.1　外力

外力可以分为体积力、表面力和集中力，分别用 F_b、F_s、P 表示。

1. 体积力

所谓体积力就是分布在物体整个体积内部各个质点上的力，又称为质量力。例如物体的重力、惯性力、电磁力，等等。

2. 表面力

表面力是分布在物体表面上的力，例如风力、静水压力、物体之间的接触力等。

3. 集中力

集中力是指作用在某个点或者多个点上面的力。集中力是广义力，既可以是力，也可以是力矩。

在有限元分析中，外力一般表示为

$$P = \begin{Bmatrix} P_1 \\ P_2 \\ \vdots \\ P_n \end{Bmatrix} \tag{2-1}$$

2.2.2 应力

应力定义为"单位面积上所承受的附加内力"，一般表示为

$$\sigma = \frac{\Delta F_j}{\Delta S_i} \tag{2-2}$$

式中：σ表示应力；ΔF_j表示在j方向所施加的力；ΔS_j表示在j方向的受力面积。

应力是矢量，方向由内力主矢量ΔF确定，又受ΔS方位变化的影响。

应力不仅随点的位置改变而变化，而且即使在同一点，也由于截面的法线方向 n 的方向改变而变化，这种性质称为应力状态。因此凡是应力均必须说明是物体内哪一点，并且说明是通过该点哪一个微分面的应力。

经过一点的所有截面(简称一点所有截面)的应力矢量的集合称为一点的应力状态。应力状态对于研究物体的强度是十分重要的。显然，作为弹性体内部一个确定点的各个截面的应力矢量，就是应力状态必然存在一定的关系。不可能也不必要写某点所有截面的应力。为了准确、明了地描述某点的应力状态，必须使用合理的应力参数。

讨论任一点各个截面的应力变化趋势称为应力状态分析。为了探讨各个截面应力的变化趋势，确定可以描述应力状态的参数，通常将应力分解。

应力有两种分解方法。

一种分解方法是将应力σ在给定的直角坐标系下沿三个坐标轴方向分解，例如用σ_x、σ_y、σ_z表示其分量，一般表示为

$$\sigma = \sigma_x \boldsymbol{i} + \sigma_y \boldsymbol{j} + \sigma_z \boldsymbol{k} \tag{2-3}$$

这种形式的分解并没有工程实际应用的价值。它的主要用途在于作为工具，来推导弹性力学基本方程。

另一种分解方法是将应力σ沿微分面 ΔS 的法线和切线方向分解。与微分面 ΔS 法线 n 方向的投影称为正应力，用σ_n表示。平行于微分面 ΔS 的投影称为切应力或剪应力，切应力作用于切面内，用τ_n表示。

弹性体的强度与正应力和切应力直接相关，因此，这种分解是工程结构分析中经常使用的应力分解形式。在本书中，应力分量一般表示为

$$\sigma = \begin{bmatrix} \sigma_x & \sigma_y & \sigma_z & \tau_{xy} & \tau_{yz} & \tau_{zx} \end{bmatrix}^{\mathrm{T}} \tag{2-4}$$

2.2.3　位移

受物体载荷作用或者温度变化等外界因素的影响，物体内各点在空间的位置将发生变化，即产生位移。在这个移动过程中，弹性体将可能同时发生两种位移变化。

第一种位移是位置的改变，但是物体内部各个点仍然保持初始状态的相对位置不变，这种位移是物体在空间做刚体运动引起的，因此称为刚体位移。

第二种位移是弹性体形状的变化，位移发生时不仅改变物体的绝对位置，而且改变了物体内部各个点的相对位置，这是物体形状变化引起的位移，称为变形。

一般来说，刚体位移和变形是同时出现的。当然，对于弹性力学，主要是研究变形，因为变形与弹性体的应力有着直接的关系。在有限元软件的后处理结果中，所给的解一般都是以位移的形式来提供的，要注意位移和变形的区别与联系。

位移分量一般表示为

$$d = \begin{bmatrix} u & v & w \end{bmatrix}^{\mathrm{T}} \tag{2-5}$$

2.2.4　应变

为了进一步研究弹性体的变形情况，假设从弹性体中分割出一个微小六面体单元，其六个面分别与三个坐标轴垂直。

对于微小单元体的变形，将分为两个部分讨论。一是微小单元体棱边的伸长和缩短；二是棱边之间夹角的变化。弹性力学分别使用正应变和切应变表示这两种变形。本书中，应变分量一般表示为

$$\boldsymbol{\varepsilon} = \begin{bmatrix} \varepsilon_x & \varepsilon_y & \varepsilon_z & \gamma_{xy} & \gamma_{yz} & \gamma_{zx} \end{bmatrix}^{\mathrm{T}} \tag{2-6}$$

2.3　平衡方程(应力关系)

根据上述弹性力学的几个基本假设，我们可以在一个弹性固体中，先研究一个任意的微元体的受力，然后根据微元体的分析结果，不失一般性地推广到整个弹性固体。在弹性固体中任意取点 $A(x,y,z)$，围绕 A 点取微元体 dxdydz，如图 2-1 所示。下面研究该微元体各面的受力情况。

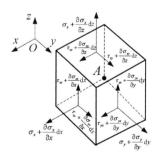

图 2-1　过 A 点的微元体

x 面指 x 轴坐标为 x 且与 x 轴垂直的 yz 平面；$x+dx$ 面指 x 轴坐标为 $x+dx$，且与 x 轴垂直的 yz 平面，其他类似

从图 2-1 中可以看出，如果假设 x 面上过 A 点的应力为 σ_x、τ_{xy}、τ_{xz}，则在 $x+dx$ 面上的应力为

$$\sigma_x + \frac{\partial \sigma_x}{\partial x}dx, \quad \tau_{xy} + \frac{\partial \tau_{xy}}{\partial x}dx, \quad \tau_{xz} + \frac{\partial \tau_{xz}}{\partial x}dx$$

与 x 面相似的方法，可以得到 $y+dy$ 面和 $z+dz$ 面上应力的表达形式。

假设微元体三个面的单位体积力分别为(X, Y, Z)。考虑微元体在 x、y、z 轴方向力的平衡，得平衡方程

$$\begin{cases} \dfrac{\partial \sigma_x}{\partial x} + \dfrac{\partial \tau_{yx}}{\partial y} + \dfrac{\partial \tau_{zx}}{\partial z} + X = 0 \\[2mm] \dfrac{\partial \tau_{xy}}{\partial x} + \dfrac{\partial \sigma_y}{\partial y} + \dfrac{\partial \tau_{zy}}{\partial z} + Y = 0 \\[2mm] \dfrac{\partial \tau_{xz}}{\partial x} + \dfrac{\partial \tau_{yz}}{\partial y} + \dfrac{\partial \sigma_z}{\partial z} + Z = 0 \end{cases} \tag{2-7}$$

2.4 几何方程(应变与位移关系)

在 Oxy 平面上，考虑点 A 在 x 和 $x+dx$ 方向上的位移，如图 2-2 所示，根据应变的定义，可以得到在该平面上应变和位移的关系式。同样，可以得到在 Oyz 平面和 Oxz 平面上的关系式，如式(2-8)所示。

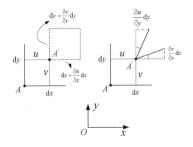

图 2-2　在 xy 平面上，A 点在 x 和 $x+dx$ 方向上的位移与应变关系

$$\begin{cases} \varepsilon_x = \dfrac{\partial u}{\partial x} \\[2mm] \varepsilon_y = \dfrac{\partial v}{\partial y} \\[2mm] \varepsilon_z = \dfrac{\partial w}{\partial z} \\[2mm] \gamma_{xy} = \dfrac{\partial u}{\partial y} + \dfrac{\partial v}{\partial x} \\[2mm] \gamma_{yz} = \dfrac{\partial v}{\partial z} + \dfrac{\partial w}{\partial y} \\[2mm] \gamma_{zx} = \dfrac{\partial w}{\partial x} + \dfrac{\partial u}{\partial z} \end{cases} \tag{2-8}$$

或表达为矩阵形式

$$
\boldsymbol{\varepsilon}_{6\times1} =
\begin{Bmatrix}
\varepsilon_x \\
\varepsilon_y \\
\varepsilon_z \\
\gamma_{xy} \\
\gamma_{yz} \\
\gamma_{xz}
\end{Bmatrix}
=
\begin{bmatrix}
\dfrac{\partial}{\partial x} & 0 & 0 \\
0 & \dfrac{\partial}{\partial y} & 0 \\
0 & 0 & \dfrac{\partial}{\partial z} \\
\dfrac{\partial}{\partial y} & \dfrac{\partial}{\partial x} & 0 \\
0 & \dfrac{\partial}{\partial z} & \dfrac{\partial}{\partial y} \\
\dfrac{\partial}{\partial z} & 0 & \dfrac{\partial}{\partial x}
\end{bmatrix}
\begin{Bmatrix}
u \\
v \\
w
\end{Bmatrix}
= \partial
\begin{Bmatrix}
u \\
v \\
w
\end{Bmatrix}
\tag{2-9}
$$

2.5　物理方程(应力与应变关系)

同样地，根据应力和应变的定义以及广义胡克定律，得到应力与应变关系(本构方程)，如下：

$$
\begin{cases}
\varepsilon_x = \dfrac{1}{E}\left[\sigma_x - \mu(\sigma_y + \sigma_z)\right] \\[2mm]
\varepsilon_y = \dfrac{1}{E}\left[\sigma_y - \mu(\sigma_x + \sigma_z)\right] \\[2mm]
\varepsilon_z = \dfrac{1}{E}\left[\sigma_z - \mu(\sigma_x + \sigma_y)\right] \\[2mm]
\gamma_{xy} = \dfrac{1}{G}\tau_{xy} \\[2mm]
\gamma_{yz} = \dfrac{1}{G}\tau_{yz} \\[2mm]
\gamma_{zx} = \dfrac{1}{G}\tau_{zx}
\end{cases}
\tag{2-10}
$$

式中，参数 E 为杨氏模量，μ 为泊松比，G 为剪切模量。它们均由实验来确定。

式(2-10)还可以写成

$$
\begin{Bmatrix} \sigma_x \\ \sigma_y \\ \sigma_z \\ \tau_{xy} \\ \tau_{yz} \\ \tau_{zx} \end{Bmatrix} = \frac{E(1-\mu)}{(1+\mu)(1-2\mu)} \begin{Bmatrix} 1 & \dfrac{\mu}{1-\mu} & \dfrac{\mu}{1-\mu} & 0 & 0 & 0 \\ \dfrac{\mu}{1-\mu} & 1 & \dfrac{\mu}{1-\mu} & 0 & 0 & 0 \\ \dfrac{\mu}{1-\mu} & \dfrac{\mu}{1-\mu} & 1 & 0 & 0 & 0 \\ 0 & 0 & 0 & \dfrac{1-2\mu}{2(1-\mu)} & 0 & 0 \\ 0 & 0 & 0 & 0 & \dfrac{1-2\mu}{2(1-\mu)} & 0 \\ 0 & 0 & 0 & 0 & 0 & \dfrac{1-2\mu}{2(1-\mu)} \end{Bmatrix} \begin{Bmatrix} \varepsilon_x \\ \varepsilon_y \\ \varepsilon_z \\ \gamma_{xy} \\ \gamma_{yz} \\ \gamma_{zx} \end{Bmatrix} \tag{2-11}
$$

写为矩阵形式

$$
\boldsymbol{\sigma}_{6\times 1} = \boldsymbol{D}\boldsymbol{\varepsilon}_{6\times 1} \tag{2-12}
$$

式中：$\boldsymbol{D}$ 称为弹性矩阵，由 E 和 μ 确定。

2.6 弹性力学求解方法简介

2.5 节中的三个方程即式(2-7)、式(2-8)和式(2-10)，有 15 个基本方程：3 个平衡方程，6 个几何方程，6 个物理方程。其中含有 15 个基本变量，即 6 个应力分量、6 个应变分量和 3 个位移分量。

但是，由于这些方程均为偏微分方程，因此，这 15 个方程无法求得 15 个基本变量。要求得这 15 个基本变量，必须施加边界条件。也就是说，边界条件(力，位移)是弹性力学的求解条件。

弹性力学的任务就是在给定的边界条件下，对 15 个未知量求解 15 个基本方程。求解弹性力学问题时，并不需要同时求解 15 个未知量，可以作必要的简化。为了简化求解的难度，仅选取部分未知量作为基本未知量。

在给定的边界条件下，求解偏微分方程组的问题，在数学上称为偏微分方程的边值问题。按照不同的边界条件，弹性力学有三类边值问题。

第一类边值问题：已知弹性体内的体积力分量以及表面的位移分量，边界条件为位移边界条件。

第二类边值问题：已知弹性体内的体积力和其表面的表面力分量为 T_x、T_y 和 T_z，边界条件为表面力边界条件。

第三类边值问题：已知弹性体内的体积力分量，以及物体表面的部分位移分量和部分表面力分量，边界条件在表面力已知的部分，为表面力边界条件，位移已知的部分为位移边界条件，称为混合边界条件。

以上三类边值问题代表了一些简化的实际工程问题。若不考虑物体的刚体位移，则三类边值问题的解是唯一的。

弹性力学问题的基本解法有三种，即按位移求解、按应力求解和混合求解。

用弹性力学经典解法解决实际问题的主要困难，在于求解偏微分方程的复杂性。区域内各点的位移、应变、应力都是待求的，即未知数有无穷多个。所求解的满足弹性力学基本方程的位移函数、应变函数、应力函数的表达式要覆盖整个区域，而且还要满足边界条件。因此，求解这样的函数形式是十分困难的。

1. 位移解法

1) 位移解法的主要步骤

(1) 利用位移函数 u_1、u_2、u_3 表示其他未知量。

(2) 推导由位移函数 u_i 描述的基本方程。

(3) 关键点：以位移表示的平衡微分方程。

2) 位移解法的基本方程

(1) 平衡微分方程。

(2) 几何方程。

(3) 本构方程。

(4) 位移边界条件和力边界条件。它们可以由拉梅方程解出。

位移解法以位移为 3 个基本未知函数(u_1, u_2, u_3)，归结为在给定的边界条件下，求解位移表示的 3 个平衡微分方程，即三个拉梅方程。

2. 应力解法

1) 应力解法的基本步骤

(1) 以应力分量 σ_{ij} 作为基本未知量。

(2) 用六个应力分量表示协调方程。

(3) 关键点：以应力表示的协调方程。

2) 应力解法的方程

(1) 平衡微分方程。

(2) 变形协调方程。

(3) 本构方程。

(4) 表面力边界条件。

应力解法的基本未知量为 6 个应力分量，可以避开几何方程。

基本方程为 3 个平衡微分方程、6 个变形协调方程和 3 个边界条件，对于几何形状或载荷较复杂的问题的求解困难。

应力解法适用于表面力边界条件与单连体。

总之，在以应力函数作为基本未知量求解时，归结为在给定的表面力边界条件下，求解平衡微分方程和应力表示的变形协调方程所组成的偏微分方程组。

3. 混合解法

根据问题性质和边界条件，选择不同的基本未知量求解称为混合解法。

先简要介绍弹性力学解的唯一性定理。弹性体受已知外力的作用，在物体的边界上，或者表面力已知，或者位移已知，或者一部分表面力已知，另一部分位移已知，则弹性体平衡时，体内各点的应力和应变是唯一的，对于后两种情况，位移也是唯一的。这一结论称为弹性力学解的唯一性定理。

混合解法一般有逆解法和半逆解法。

逆解法是指根据问题的性质，确定基本未知量和相应的基本方程，并且假设一组满足全部基本方程的应力函数(或位移函数)，然后在确定的坐标系下，考察具有确定的几何尺寸和形状的物体，其表面将受什么样的表面力作用或者将存在什么样的位移。

半逆解法是指对于给定的弹性力学问题，根据弹性体的几何形状、受力特征和变形特点，或已知简单结论，例如材料力学解，假设部分应力分量或者部分位移分量的函数形式为已知，由基本方程确定其他的未知量，然后根据边界条件确定未知函数中的待定系数。

偏微分方程边值问题求解困难，难以确定弹性力学问题的解析解，因此逆解法和半逆解法的求解过程带有"试算"的性质。弹性力学解的唯一性定理是逆解法和半逆解法的理论依据。

弹性力学方法只能对非常简单的几何形状、边界条件及载荷得到解答(解析解或半解析解)。对于具有复杂的几何形状、边界条件及载荷的固体，弹性力学无法求解。

2.7   弹性力学平面问题(二维问题)

弹性力学问题可以分为空间和平面两种问题。当然，从严格意义来说，任何一个弹性体都是空间物体，一般的外力都是空间力系，因此任何实际问题都是空间问题，都必须考虑所有方向的位移分量、应变分量和应力分量。但是，如果所考虑的弹性体具有特殊的形状，并且承受的是特殊外载荷，就可以把空间问题简化为简单的、近似的平面问题，只需考虑部分的位移分量、应变分量和应力分量即可。

在弹性力学问题中，有两类问题较为特殊，一类是平面应力问题，另一类是平面应变问题。为了更好地掌握弹性力学的基本方法，为后续的有限元理论打好基础，本节着重讲解这两类平面问题。

2.7.1   平面应力问题

1. 概念

所谓平面应力问题，主要是指满足以下几何和载荷两方面的要求的弹性力学问题。

(1) 几何特征：结构应具备的几何特征为一块等厚平板，并且在一个方向上的尺寸(厚度)远远小于另外两个方向的尺寸($t \ll a, b$)，如图 2-3 所示。在实际的工程中远远小于是指一般至少要小于 1/10。

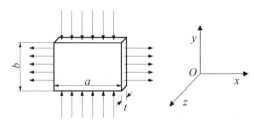

图 2-3   平面应变问题的几何特征要求

(2) 载荷特征：结构所承受外力的方向必须平行板面且沿厚度 t 均匀。

2. 求解

下面考察如图 2-3 所示板内任意一点的应力状态。假设厚度沿 z 方向，板面为 xy 平面。由于为平面应力状态，所以各个分量分别如下所述。

(1) 应力分量：因为结构在 z 方向不受力，且外力的方向平行于板面，大小均匀，因此与 z 方向相关的应力均为 0，结构只存在 x、y 方向的应力，即

$$\sigma_z = \tau_{zx} = \tau_{zy} = 0 \quad \cdots\cdots\cdots\cdots(x, y)$$

$$\boldsymbol{\sigma} = \begin{bmatrix} \sigma_x & \sigma_y & \tau_{xy} \end{bmatrix}^{\mathrm{T}}$$

(2) 应变分量：根据式(2-10)所示的广义胡克定律，可得 z 方向的剪应变为 0，但主应变不为 0，即

$$\boldsymbol{\varepsilon} = \begin{bmatrix} \varepsilon_x & \varepsilon_y & \gamma_{xy} \end{bmatrix}^{\mathrm{T}} \quad \cdots\cdots\cdots (x, y)$$

$$\gamma_{zx} = 0, \quad \gamma_{zy} = 0$$

$$\varepsilon_z = -\frac{\mu}{E}\left(\sigma_x + \sigma_y\right)$$

(3) 位移分量：位移分量中，显然 z 方向存在位移，但关注的重点在 xy 方向的位移

$$\boldsymbol{d} = \begin{bmatrix} u & v \end{bmatrix}^{\mathrm{T}}$$

$$w = \int \varepsilon_z \mathrm{d}z$$

对于平面应力状态，各个方程得到很大的简化。其中，平衡方程为

$$\begin{cases} \dfrac{\partial \sigma_x}{\partial x} + \dfrac{\partial \tau_{xy}}{\partial y} + X = 0 \\[3mm] \dfrac{\partial \tau_{xy}}{\partial x} + \dfrac{\partial \sigma_y}{\partial y} + Y = 0 \end{cases} \tag{2-13}$$

几何方程为

$$\begin{Bmatrix} \varepsilon_x \\ \varepsilon_y \\ \gamma_{xy} \end{Bmatrix} = \begin{bmatrix} \dfrac{\partial}{\partial x} & 0 \\[2mm] 0 & \dfrac{\partial}{\partial y} \\[2mm] \dfrac{\partial}{\partial y} & \dfrac{\partial}{\partial x} \end{bmatrix} \begin{Bmatrix} u \\ v \end{Bmatrix} \tag{2-14}$$

物理方程为

$$\begin{Bmatrix} \sigma_x \\ \sigma_y \\ \tau_{xy} \end{Bmatrix} = \frac{E}{1-\mu^2} \begin{bmatrix} 1 & \mu & 0 \\ \mu & 1 & 0 \\ 0 & 0 & \dfrac{1-\mu}{2} \end{bmatrix} \begin{Bmatrix} \varepsilon_x \\ \varepsilon_y \\ \gamma_{xy} \end{Bmatrix} \tag{2-15}$$

可以看出，对于平面应力问题，最终所需要求解的方程由原来的 15 个变为 8 个，从而简化了求解和计算过程。

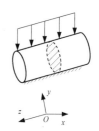

2.7.2　平面应变问题

1. 概念

平面应变问题应满足以下几何和载荷两方面的要求。

1)　几何特征

z 方向尺寸远大于 x、y 方向尺寸。

2)　载荷特征

外力平行 Oxy 平面且沿 z 轴均匀，如图 2-4 所示。

图 2-4　平面应变问题几何和载荷特征

2. 求解

同样考察如图 2-3 所示板内任意一点的应力状态，假设厚度沿 z 方向，横截面为 xy 方向。设柱体任一横截面受力变形相同，则柱内任一点的应力、应变和位移与 z 无关，仅为 (x, y) 的函数，且有

$$w = 0, \quad \gamma_{zx} = \gamma_{zy} = \varepsilon_z = 0$$

与平面应力问题类似，同样可分析各个分量的表达式。

1)　应变分量

应变分量中，与 z 相关的应变均为 0，则仅有 xy 向的应变

$$\boldsymbol{\varepsilon} = \begin{bmatrix} \varepsilon_x & \varepsilon_y & \gamma_{xy} \end{bmatrix}^{\mathrm{T}}$$

2)　应力分量

同样根据式(2-10)所示的广义胡克定律，尽管 z 方向的主应变为 0，但 z 方向的应力不为 0，即

$$\boldsymbol{\sigma} = \begin{bmatrix} \sigma_x & \sigma_y & \tau_{xy} \end{bmatrix}^{\mathrm{T}}$$
$$\tau_{zx} = \tau_{zy} = 0$$
$$\sigma_z = \mu(\sigma_x + \sigma_y)$$

3)　位移分量

$$\boldsymbol{d} = \begin{bmatrix} u & v \end{bmatrix}^{\mathrm{T}}$$

对于平面应变状态，其平衡方程、几何方程与平面应力状态类似，物理方程表达形式相似，即

$$\boldsymbol{\sigma} = \boldsymbol{D}\boldsymbol{\varepsilon}$$

其中，弹性矩阵平面应力状态稍有不同

$$\boldsymbol{D} = \frac{E(1-\mu)}{(1+\mu)(1-2\mu)} \begin{bmatrix} 1 & \dfrac{\mu}{1-\mu} & 0 \\[2mm] \dfrac{\mu}{1-\mu} & 1 & 0 \\[2mm] 0 & 0 & \dfrac{1-2\mu}{2(1-\mu)} \end{bmatrix}$$

事实上，将平面应力问题物理方程中的 E 改为 $\dfrac{E}{1-\mu^2}$，μ 改为 $\dfrac{\mu}{1-\mu}$，即可得到平面应变问题的物理方程。

现实生活中也有很多平面应变的实际应用例子，如图 2-5 所示。

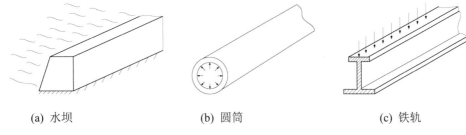

(a) 水坝　　　　　　　　(b) 圆筒　　　　　　　　(c) 铁轨

图 2-5　平面应变的实例

2.7.3　平面应力问题和平面应变问题之间的联系

从前文的分析可以看出，两种平面问题之间存在着密切的联系：从这些公式可以看出，平面应力问题和平面应变问题有着很多的类似之处。

(1)　$\boldsymbol{\sigma}$、$\boldsymbol{\varepsilon}$、$\boldsymbol{d}$ 仅为 (x, y) 的函数。

(2)　平衡方程、几何方程完全相同，物理方程形式相同。

(3)　求解方法完全相同。

实质上，这两类问题可以相互转化，从下面的两个例子中，可以看出随着结构厚度的变化，两类问题之间的联系。

实例 1：托架系统，如图 2-6 所示。

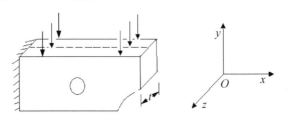

图 2-6　托架系统

对应于 $t \to 0^+$ 的平面应力和 $t \to \infty$ 的平面应变，如图 2-7 所示。

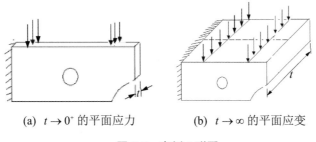

(a) $t \to 0^+$ 的平面应力　　　　(b) $t \to \infty$ 的平面应变

图 2-7　实例 1 附图

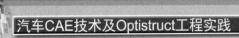

实例 2：厚壁圆柱受沿轴线均布的内压，如图 2-8 所示。

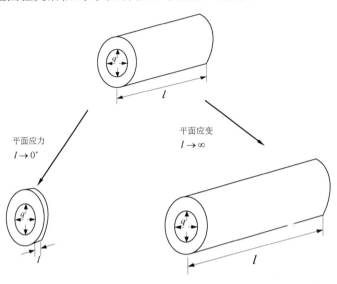

图 2-8　实例 2 附图

第3章　平面问题的有限元分析

在实际的工程问题中，大多数为结构和载荷工况较为复杂的情况，而弹性力学是偏微分方程的边值问题，对一般(复杂)弹性体和边界条件不能得到解答。为了计算一般弹性体和边界条件下结构的应力、应变等，最有效的方法是采用近似数值方法——有限元法。

与空间问题相比，平面问题比较简单，在第2章对平面问题的两种特例也进行了简单介绍，因此本章以平面问题(托架系统)为例，说明有限元法的基本原理和分析过程，并简单地比较有限元法和弹性力学方法的异同点。

弹性力学的任务是研究弹性体在外力作用下而产生应力、应变和位移的规律。求解弹性力学问题，必须考虑平衡微分方程、几何方程、物理方程和边界条件。问题归结为偏微分方程的边值问题。

以平面弹性力学问题为例，弹性力学的基本方程共8个：2个平衡方程，3个几何方程，3个物理方程。这8个基本方程中包含8个未知函数，即2个位移分量，3个应变分量，3个应力分量。基本方程的数目等于未知函数的数目。弹性力学的任务，就是在适当的边界条件下，从基本方程中求解这些未知函数。如前所述，用弹性力学求解这样的函数形式是十分困难的。

有限元法是近40年来随着电子计算机的广泛应用而发展起来的一种数值计算方法。它具有极大的通用性和灵活性，可以用来求解弹性力学中的各种复杂边界问题。

用有限元法分析弹性力学问题，首先是把原来连续的弹性体离散化，采用单元对弹性体进行分割，形成一个单元集合体。对于每个单元，可以选择最简单的线性函数作为位移模式，即分片插值的方法，单元中任一点的位移可以通过结点的位移进行插值计算。因此，整个区域中无穷多个未知位移可以用有限多个结点位移来表示。这样就避免了求解涵盖整个区域的位移函数的困难。用单元的结点位移，可以表示单元中的应变、应力、结点力。将各个单元集合成离散化的结构模型进行整体分析，问题最后归结为求解以结点位移为未知量的线性方程组。有限元法中求解这种线性方程组比弹性力学经典解法中求解偏微分方程要容易得多。

3.1　有限元模型

进行有限元分析的第一步就是建立托架系统(平面问题)的有限元模型。前文已经提及，有限元法的实质就是将连续系统通过网格划分，转变为离散系统，这样系统的自由度就由无限多的自由度变为有限数目的自由度。如图3-1所示为结构由连续系统通过网格划分的方法变为离散系统，由实际的物理问题变为有限元问题，即建立有限元模型。在实际的有限元分析中，如何建立正确的有限元模型是整个系统分析的基础，在后续章节将对此加以详细介绍。

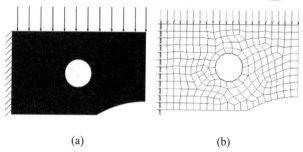

(a)　　　　　　　　　　　(b)

图 3-1　连续系统转变为离散系统

3.1.1　有限元网格划分

单元网格划分是建立有限元模型的第一步。常用的有限元单元类型主要有以下几种。

(1)　0 维单元：主要是用来模拟集中质量结点。

(2)　1 维单元：用来模拟各种杆、梁、索、弹簧和阻尼等。

(3)　2 维单元：模拟各种板壳的单元，如图 3-2 所示。

(4)　3 维单元：模拟各种结构体的单元。

图 3-2　有限元单元的类型

在选择单元类型时，要根据所分析结构的几何形状及精度要求进行选择。一般情况下，决定单元大小的选择原则是，结构几何尺寸变化梯度较大的区域，划分的单元应该小一些；精度要求高的区域，划分的单元应该小。当然，单元大小的选择同时要考虑计算成本，单元尺寸越小，计算时间越长。因此，单元大小的选择应该是计算精度和计算成本的折中。

单元类型和单元大小选择等与建立有限元模型相关的具体问题，在后续的实例中加以详细说明。

3.1.2　载荷处理——等效结点载荷

单元网格划分完毕，需要根据实际的物理问题的要求进行载荷的处理。前文已经提到，在有限元分析中，载荷全部等效在结点上。图 3-3 所示分别是集中载荷和均布载荷的等效过程。

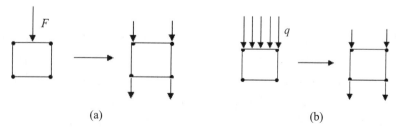

(a)　　　　　　　　　　　(b)

图 3-3　集中载荷和均布载荷的处理

3.1.3   边界约束条件处理

施加载荷后，接下来要进行边界条件的处理。前文曾经提及，只有施加了边界条件，有限元方程才能有定解。因此，一般情况下(部分动力学问题、模态分析例外，后续章节将加以说明)，有限元模型必须施加边界条件，否则求解将出现错误，程序终止求解。

有限元法中，边界条件一般通过位移约束来施加。如果对 m 个结点固定支撑，那么其表达式为

$$\begin{Bmatrix} u_i \\ v_i \end{Bmatrix} = 0 \quad (i = 1, 2, \cdots, m)$$

上述三个方面的问题，如单元网格划分、载荷处理及边界约束条件处理，将在后面加以详细说明。

3.2   单 元 分 析

要对一个整体结构进行有限元分析，首先应该对一个单元进行分析。所谓单元分析，也就是建立单元结点力与结点位移的力学关系，即建立单元的刚度方程。下面以三结点三角形单元为例来说明单元分析的过程。如图 3-4 所示为一个任意三角形单元。

首先查看单元的几何特征。假设单元的结点编号为 i、j、m(逆时针)，结点坐标为 (x_i, y_i) (i, j, m)，其结点位移为

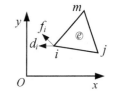

图 3-4   三结点三角形单元

$$\boldsymbol{\delta}_i = \begin{Bmatrix} u_i \\ v_i \end{Bmatrix} \quad (i, j, m)$$

其结点受力为

$$\boldsymbol{f}_i = \begin{Bmatrix} f_{ix} \\ f_{iy} \end{Bmatrix} \quad (i, j, m)$$

单元结点位移向量

$$\boldsymbol{\delta}^{(e)} = \begin{Bmatrix} \delta_i \\ \delta_j \\ \delta_m \end{Bmatrix}_{6 \times 1}$$

单元结点力向量

$$\boldsymbol{f}^{(e)} = \begin{Bmatrix} f_i \\ f_j \\ f_m \end{Bmatrix}_{6 \times 1}$$

在有限元法中，一般以结点位移为基本变量来求解其他的变量，例如应变和应力，这种方法称为位移法。$\boldsymbol{f}^{(e)}$ 及 $\boldsymbol{\delta}^{(e)}$ 的关系与单元的材料和位移分布有关。下面介绍如何得到单元内部的位移分布。

3.2.1 单元位移模式

首先研究单元内部的位移分布，针对平面三结点问题，研究单元内部的位移(u, v)与(x, y)坐标的关系，即

$$\begin{Bmatrix} u(x,y) \\ v(x,y) \end{Bmatrix}$$

由于单元的结点也是在单元内部，位移模式必须能够表征单元的结点，因此将结点坐标代入单元内部的位移分布函数，则在结点处的位移应该为已知的结点位移，即满足如下条件

$$\begin{Bmatrix} u(x,y) \\ v(x,y) \end{Bmatrix}_{(x_i,y_i)} = \begin{Bmatrix} u_i \\ v_i \end{Bmatrix} = \delta_i \quad (i,j,m)$$

所以，如何由三个结点的位移δ_i、δ_j、δ_m获得单元内部任意一点的位移，是有限元法的一个重要问题。现在通用的方法是通过构建适当的插值函数，利用已知的单元结点位移来表示单元内部任意位置处的位移，$\begin{Bmatrix} u(x,y) \\ v(x,y) \end{Bmatrix}$这种表示方法常常称为单元的位移模式。位移模式的构建和确定是有限元法的重要特色之一，也是有限元理论研究的重点和难点问题之一。

一般取(x, y)的多项式为插值函数，故三结点三角形单元的位移模式可以假设为

$$\begin{cases} u(x,y) = \alpha_1 + \alpha_2 x + \alpha_3 y \\ v(x,y) = \alpha_4 + \alpha_5 x + \alpha_6 y \end{cases} \tag{3-1}$$

式中$\alpha_1, \alpha_2, \cdots, \alpha_6$为待定系数。由于三个结点也适用于位移模式，所以式(3-1)应该满足三个结点处的结点条件，从而由$(x_i, y_i) \rightarrow (u_i, v_i) \quad (i,j,m)$可以确定6个待定系数。可见，之所以构建如式(3-1)的位移模式，也正是因为只有3个结点、6个坐标这个已知条件。

在结点i、j、m上，其位移表达式为

$$\begin{cases} u_i = \alpha_1 + \alpha_2 x_i + \alpha_3 y_i \\ v_i = \alpha_4 + \alpha_5 x_i + \alpha_6 y_i \end{cases} \quad (i,j,m) \tag{3-2}$$

由(3-2)式可以求得$\alpha_1, \alpha_2, \cdots, \alpha_6$(3个结点，6个位移分量，6个自由度，恰好可以确定这6个待定系数)。

将$\alpha_1, \alpha_2, \cdots, \alpha_6$代回式(3-1)，得

$$\begin{cases} u(x,y) = N_i(x,y)u_i + N_j(x,y)u_j + N_m(x,y)u_m \\ v(x,y) = N_i(x,y)v_i + N_j(x,y)v_j + N_m(x,y)v_m \end{cases} \tag{3-3}$$

式中

$$N_i(x,y) = \frac{1}{2A}(a_i + b_i x + c_i y) \quad (i,j,m)$$

其中，A为单元e的面积$(A>0)$，其表达式为

$$A = \frac{1}{2} \begin{vmatrix} 1 & x_i & y_i \\ 1 & x_j & y_j \\ 1 & x_m & y_m \end{vmatrix}$$

N_i、N_j、N_m 称为单元的插值函数或形状函数,对于当前情况,它是坐标 x、y 的一次函数。其中的 a_i、b_i、c_i 是常数,取决于单元的 3 个结点坐标。

将式(3-3)写成矩阵形式如下:

$$\begin{Bmatrix} u(x,y) \\ v(x,y) \end{Bmatrix} = \begin{bmatrix} N_i & 0 & N_j & 0 & N_m & 0 \\ 0 & N_i & 0 & N_j & 0 & N_m \end{bmatrix} \boldsymbol{\delta}^{(e)} = \boldsymbol{N}(x,y)\,\boldsymbol{\delta}^{(e)} \quad (3\text{-}4)$$

其中的 $\boldsymbol{N}(x,y)$ 称为形状函数矩阵。

形状函数具有以下性质:

(1)　$N_i(x,y) = \begin{cases} 1 & (x,y)=(x_i,y_i) \\ 0 & (x,y)=(x_j,y_j) \ (\text{或} =(x_m,y_m)) \end{cases} \quad (i,j,m)$

(2)　$N_i(x,y) + N_j(x,y) + N_m(x,y) = 1$

上述性质对各类单元均成立。

3.2.2　单元位移模式应该满足的条件(收敛性条件)

为了保证有限元解在单元划分越来越小时收敛于正确解,单元位移模式应该满足以下条件。

(1)　位移模式必须包含单元的常应变。

单元越小,单元的应变越应该趋于均匀,最终为常量。三结点三角形单元的位移模式包括单元的常应变,事实上,根据第 2 章中应变和位移的关系,可得

$$\varepsilon_x = \frac{\partial u}{\partial x} = \alpha_2, \quad \varepsilon_y = \frac{\partial v}{\partial y} = \alpha_6, \quad \gamma_{xy} = \frac{\partial u}{\partial y} + \frac{\partial v}{\partial x} = \alpha_3 + \alpha_5$$

(2)　位移模式必须包含单元的刚体位移

单元的位移包括两部分,一部分是单元本身受外载荷产生的变形位移,另一部分是与单元本身变形无关的刚体位移,这部分位移是单元跟随其他单元的变形或者位移所产生的,称为该单元的刚体位移。

(3)　相邻单元公共边界上的位移协调

单元在变形后,相邻单元之间的边界必须保持协调(见图 3-5(a)),既不能与相邻的单元分离(见图 3-5(b)),也不能侵入相邻的单元中(见图 3-5(c))。

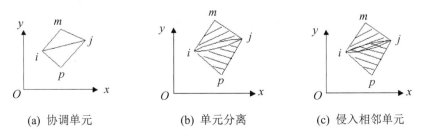

(a) 协调单元　　　　　　　　(b) 单元分离　　　　　　　　(c) 侵入相邻单元

图 3-5　变形前和变形后比较(边界上的位移是否协调)

三结点三角形单元位移模式为线性位移，因此它是协调单元。

满足条件(1)和(2)的单元为完备单元，满足条件(3)的为协调单元。

完备单元是有限元收敛于正确解的必要条件。单元同时具备完备性和协调性是有限元收敛于正确解的充分条件，在此不作证明。

3.2.3　单元内的应变和应力

根据应变的定义，由位移的表达式(3-4)，可以得到应变的公式

$$\boldsymbol{\varepsilon}_{3\times1} = \begin{Bmatrix} \varepsilon_x \\ \varepsilon_y \\ \gamma_{xy} \end{Bmatrix} = \begin{bmatrix} \dfrac{\partial}{\partial x} & 0 \\ 0 & \dfrac{\partial}{\partial y} \\ \dfrac{\partial}{\partial y} & \dfrac{\partial}{\partial x} \end{bmatrix} \begin{Bmatrix} u \\ v \end{Bmatrix} = \boldsymbol{\partial}_{3\times2} \left[N(x,y) \right]_{2\times6} \boldsymbol{\delta}^{(e)}_{6\times1} = \boldsymbol{B}_{3\times6} \boldsymbol{\delta}^{(e)} \tag{3-5}$$

式中的 $\boldsymbol{B}$ 称为应变矩阵。

因为 $N(x,y)$ 为 (x,y) 的线性函数(线性位移模式)，所以应变矩阵 $\boldsymbol{B}$ 为常量，从而单元内的应变 $\boldsymbol{\varepsilon}$ 也为常量。鉴于三结点三角形单元应变矩阵的特点，三结点三角形单元亦称为常应变单元。

根据应力与应变的关系，由式(3-5)，得应力的表达式为

$$\boldsymbol{\sigma} = \boldsymbol{D}\boldsymbol{\varepsilon} = \boldsymbol{D}\boldsymbol{B}\boldsymbol{\delta}^{(e)} \tag{3-6}$$

从式(3-6)能够看出，三结点三角形单元是常应力单元。

从上述的分析可以看出，在三结点三角形单元内部，应变和应力均为常数，这显然与实际情况不符，这也是在复杂的有限元分析中，尽量少使用或者避免使用三结点三角形单元的原因。

3.2.4　单元刚度方程

求解单元的刚度方程，需要利用变形体的虚位移原理(虚功原理)。

虚位移是指在弹性体(或结构系)上某一瞬时附加的满足约束条件及连续条件的无限小可能位移。这个定义有两个方面：①虚位移不是真实位移，是假想的；②虚位移不能任意假想，必须是约束允许的。对于虚位移要求是微小位移，即要求在产生虚位移过程中不改变原受力平衡体的力的作用方向与大小，即受力平衡体平衡状态不因产生虚位移而改变。真实力在虚位移上做的功称为虚功。

虚位移原理也称虚功原理，其内容为：一个原为静止的质点系，如果约束是理想双面定常约束，那么系统继续保持静止的条件是所有作用于该系统的主动力对作用点的虚位移所做的功的和为零。也就是说，对于一个静态平衡的系统，所有外力的作用，经过虚位移，所做的虚功总和等于零。对于结构力学中的变形体，虚功原理可以理解为：变形体在任意平衡力系作用下，给体系以几何可能的位移和变形，体系上所有外力所做虚功的总和恒等于体系各截面所有内力在微段变形上所做的虚功总和。

虚功原理是关于质点系平衡条件的普遍原理。对于处于平衡状态的变形体，如果产生约束可能的虚位移(微小)，那么根据虚功原理可以表示为

$$W_{外力虚功} = W_{内力虚功} \tag{3-7}$$

在此基础上，基于虚位移原理可求解单元的刚度矩阵。

任取单元 e，其所受到的外力为 $\boldsymbol{f}^{(e)}$，内力为应力 $\boldsymbol{\sigma}$。假设单元结点产生的虚位移为 $\boldsymbol{\delta}^{*(e)}$，则由此产生的虚应变为 $\boldsymbol{\varepsilon}^*$，单元外力所产生的虚功以及内力所产生的虚功可以表示为

$$
\begin{aligned}
W_{外力虚功} &= \boldsymbol{\delta}^{*(e)\mathrm{T}} \boldsymbol{f}^{(e)} \\
W_{内应力虚功} &= \iiint\limits_{V} \boldsymbol{\varepsilon}^{*\mathrm{T}} \boldsymbol{\sigma} \mathrm{d}V
\end{aligned}
\tag{3-8}
$$

式中，T 为转置，V 为单元 e 的体积。

由几何方程 $\boldsymbol{\varepsilon}^* = \boldsymbol{B}\boldsymbol{\delta}^{*(e)}$，将该式及物理方程代入式(3-7)和式(3-8)得

$$\boldsymbol{\delta}^{*(e)\mathrm{T}} \boldsymbol{f}^{(e)} = \iiint\limits_{V} (\boldsymbol{B}\boldsymbol{\delta}^{*(e)})^{\mathrm{T}} (\boldsymbol{D}\boldsymbol{B}\boldsymbol{\delta}^{(e)}) \mathrm{d}V$$

或

$$\boldsymbol{\delta}^{*(e)\mathrm{T}} \boldsymbol{f}^{(e)} = \boldsymbol{\delta}^{*(e)\mathrm{T}} \left(\iiint\limits_{V} \boldsymbol{B}^{\mathrm{T}} \boldsymbol{D}\boldsymbol{B} \mathrm{d}V \right) \boldsymbol{\delta}^{(e)}$$

考虑到虚位移 $\boldsymbol{\delta}^{*(e)\mathrm{T}}$ 的任意性，上式可以变为

$$\boldsymbol{f}^{(e)}_{6\times1} = \boldsymbol{k}^{(e)}_{6\times6} \boldsymbol{\delta}^{(e)}_{6\times1} \tag{3-9}$$

式(3-9)也被称为单元刚度方程，式中 $\boldsymbol{k}^{(e)} = \iiint\limits_{V} \boldsymbol{B}^{\mathrm{T}} \boldsymbol{D}\boldsymbol{B} \mathrm{d}V$，称为单元刚度矩阵。

对平面应力问题，由于单元的体积也可以简化为平面的面积乘以厚度，即

$$\boldsymbol{k}^{(e)} = \iint\limits_{A} \boldsymbol{B}^{\mathrm{T}} \boldsymbol{D}\boldsymbol{B} t \mathrm{d}x\mathrm{d}y = \boldsymbol{B}^{\mathrm{T}} \boldsymbol{D}\boldsymbol{B} t A \tag{3-10}$$

式中，A 为单元 e 的面积，t 为单元的厚度。

下面讨论单元刚度矩阵的物理意义。

刚度方程可以写为矩阵形式

$$
\begin{Bmatrix} f_i \\ f_j \\ f_m \end{Bmatrix}^{(e)} =
\begin{bmatrix}
\boldsymbol{k}_{ii} & \boldsymbol{k}_{ij} & \boldsymbol{k}_{im} \\
\boldsymbol{k}_{ji} & \boldsymbol{k}_{jj} & \boldsymbol{k}_{jm} \\
\boldsymbol{k}_{mi} & \boldsymbol{k}_{mj} & \boldsymbol{k}_{mm}
\end{bmatrix}^{(e)}
\begin{Bmatrix} \delta_i \\ \delta_j \\ \delta_m \end{Bmatrix}^{(e)}
\tag{3-11}
$$

展开第一行

$$f_i = \boldsymbol{k}_{ii}\delta_i + \boldsymbol{k}_{ij}\delta_j + \boldsymbol{k}_{im}\delta_m$$

令 $\delta_m = \delta_i = 0$，$\delta_j = \begin{Bmatrix} 1 \\ 1 \end{Bmatrix}$，则 $f_i = \boldsymbol{k}_{ij}$。因此，$\boldsymbol{k}_{ij}$ 是结点 j 产生单位位移时，在结点 i 上产生的结点力。

3.3　整体分析

整体分析的目的是建立整体结构结点载荷与结点位移的关系，也就是建立变形体的整

体刚度方程。

1. 组装矩阵的步骤

整体刚度矩阵组装的基本步骤如下。

(1) 将单元刚度矩阵中的每个子块放在整体刚度矩阵中的对应位置上，得到单元的扩大刚度矩阵。注意对于单元刚度矩阵是按照局部编码排列的，即对应单元刚度矩阵中的 i、j、m；对于整体刚度矩阵是按照整体编码排列的，即按结点号码以从小到大的顺序排列。在组装过程中，必须知道单元结点的局部编码与该结点在整体结构中的整体编码之间的关系，才能得到单元刚度矩阵中的每个子块在整体刚度矩阵中的位置。将单元刚度矩阵中的每个子块按总体编码顺序重新排列后，可以得到单元的扩大矩阵。在后续的例题中将加以说明。

(2) 将全部单元的扩大矩阵相加得到整体刚度矩阵。

组装整体刚度矩阵的一般规则在后面的例题之后，再加以详细说明。

2. 单元组集的原则

整体分析的实质是单元组集，将整体结构中的单元根据相互之间的几何或者载荷关系有机组集起来。

设平面问题的有限元模型结点数为 n。为不失一般性，假设第 i 个结点的位移为

$$\delta_i = \begin{Bmatrix} u_i \\ v_i \end{Bmatrix} \quad (i=1,2,\cdots,n)$$

则总体结构的位移向量为

$$\boldsymbol{\delta} = \begin{bmatrix} \delta_1, \delta_2, \cdots, \delta_n \end{bmatrix}^{\mathrm{T}}$$

单元组集需要遵守以下原则。

(1) 各单元公共结点位移协调。

如图 3-6 所示，4 个单元中心的交点为公共结点，为了确保协调性，该结点在 4 个单元中的位移必须相同，即

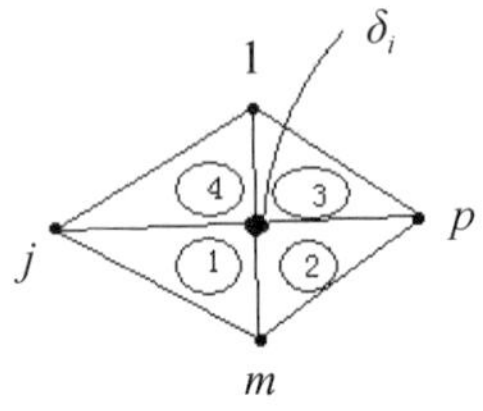

$$\delta_i^{(1)} = \delta_i^{(2)} = \delta_i^{(3)} = \delta_i^{(4)} = \delta_i \tag{3-12a}$$

图 3-6 位移协调

(2) 各结点满足力的平衡方程

$$-\sum_e f_i^{(e)} + F_i = 0 \quad (i=1, 2, \cdots, n) \tag{3-12b}$$

式中：$-\sum_e f_i^{(e)}$ 为结点 i 的相关单元(与结点 i 相连的单元)对结点 i 的作用力之和，F_i 为作用在结点 i 上的外载荷 (若结点 i 不受载荷，则 $F_i = 0$) 。

由式(3-11)

$$f_i^{(e)} = \boldsymbol{k}_{ii}\delta_i^{(e)} + \boldsymbol{k}_{ij}\delta_j^{(e)} + \boldsymbol{k}_{im}\delta_m^{(e)} = \sum_{r=i,j,m} \boldsymbol{k}_{ir}\delta_r^{(e)} \tag{3-13}$$

式(3-13)表明，单元 e 在结点 i 处的结点力与该单元所有结点位移有关。

将式(3-13)代入式(3-12b)，有

$$\sum_e \sum_{r=i,j,m} \boldsymbol{k}_{ir}\delta_r^{(e)} = F_i \quad (i=1,2,\cdots,n) \tag{3-14}$$

考虑到式(3-12a)，式(3-14)可以写成

$$\begin{bmatrix} \boldsymbol{K}_{11} & \boldsymbol{K}_{12} & \cdots & \boldsymbol{K}_{1n} \\ \boldsymbol{K}_{21} & \boldsymbol{K}_{22} & \cdots & \boldsymbol{K}_{2n} \\ & & \vdots & \\ \boldsymbol{K}_{n1} & \boldsymbol{K}_{n2} & \cdots & \boldsymbol{K}_{nn} \end{bmatrix} \begin{Bmatrix} \delta_1 \\ \delta_2 \\ \vdots \\ \delta_n \end{Bmatrix} = \begin{Bmatrix} F_1 \\ F_2 \\ \vdots \\ F_n \end{Bmatrix} \tag{3-15}$$

式(3-15)即为结构的整体刚度方程，可以写成

$$\boldsymbol{K}\boldsymbol{\delta} = \boldsymbol{F} \tag{3-16}$$

式中：$\boldsymbol{\delta}_{2n \times 1} = \begin{bmatrix} \delta_1 & \delta_2 & \cdots \delta_n \end{bmatrix}^{\mathrm{T}}$ 为整体结点位移向量；$\boldsymbol{F}_{2n \times 1} = \begin{bmatrix} F_1 & F_2 & \cdots F_n \end{bmatrix}^{\mathrm{T}}$ 为整体力向量；$\boldsymbol{K}_{2n \times 2n} \sim \sum k^{(e)}$ 为整体刚度矩阵。

式(3-16)是关于 $\boldsymbol{\delta}$ 的线性代数方程组，但是尚不能求解，这是由于整体刚度矩阵 $\boldsymbol{K}$ 具有一定的特殊性。式(3-16)一般为大维方程组，计算机存储量及速度有时难以承受，必须利用 $\boldsymbol{K}$ 的特点，使计算可行。下面通过一个简单的结构，如图 3-7 所示，该计算模型中有 4 个单元，来进一步说明整体刚度矩阵的组集过程。

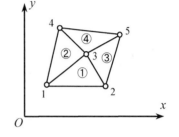

图 3-7　相邻单元及其结点编号

4 个单元的整体结点位移列阵为 $\delta = \{\delta_1^{\mathrm{T}} \delta_2^{\mathrm{T}} \delta_3^{\mathrm{T}} \delta_4^{\mathrm{T}} \delta_5^{\mathrm{T}}\}$，式中 $\delta_1^{\mathrm{T}} = \{u_i, v_i\}$ $(i=1,2,\cdots,5)$。

对每个单元都可以写出相应的单元刚度方程 $F^{(e)} = K^{(e)} \delta^{(e)}$，即单元结点平衡方程。例如，对①号单元，有

$$\begin{Bmatrix} F_1^{(1)} \\ F_2^{(1)} \\ F_3^{(1)} \end{Bmatrix} = \begin{bmatrix} K_{11}^{(1)} & K_{12}^{(1)} & K_{13}^{(1)} \\ K_{21}^{(1)} & K_{22}^{(1)} & K_{23}^{(1)} \\ K_{31}^{(1)} & K_{32}^{(1)} & K_{33}^{(1)} \end{bmatrix} \begin{Bmatrix} \delta_1 \\ \delta_2 \\ \delta_3 \end{Bmatrix}$$

式中，$F_1^{(1)}$ 为①号单元中第 $i(i=1,2,3)$ 个结点所受的力。

为了便于后面组装整体刚度矩阵，将上式以整体结点位移 δ 表示，即

$$\begin{Bmatrix} F_1^{(1)} \\ F_2^{(1)} \\ F_3^{(1)} \\ 0 \\ 0 \end{Bmatrix} = \begin{bmatrix} K_{11}^{(1)} & K_{12}^{(1)} & K_{13}^{(1)} & 0 & 0 \\ K_{21}^{(1)} & K_{22}^{(1)} & K_{23}^{(1)} & 0 & 0 \\ K_{31}^{(1)} & K_{32}^{(1)} & K_{33}^{(1)} & 0 & 0 \\ 0 & 0 & 0 & 0 & 0 \\ 0 & 0 & 0 & 0 & 0 \end{bmatrix} \begin{Bmatrix} \delta_1 \\ \delta_2 \\ \delta_3 \\ \delta_4 \\ \delta_5 \end{Bmatrix} = \boldsymbol{K}^{(1)} \boldsymbol{\delta}$$

式中，$\boldsymbol{K}^{(1)}$ 为①号单元的扩大刚度矩阵或称为单元贡献矩阵。

同理，对于②号单元，有

$$\begin{Bmatrix} F_1^{(1)} \\ 0 \\ F_2^{(1)} \\ F_3^{(1)} \\ 0 \end{Bmatrix} = \begin{Bmatrix} K_{11}^{(2)} \\ 0 \\ K_{31}^{(2)} \\ K_{41}^{(2)} \\ 0 \end{Bmatrix} \begin{bmatrix} K_{11}^{(2)} & 0 & K_{13}^{(2)} & K_{14}^{(2)} & 0 \\ 0 & 0 & 0 & 0 & 0 \\ K_{31}^{(2)} & 0 & K_{33}^{(2)} & K_{34}^{(2)} & 0 \\ K_{41}^{(2)} & 0 & K_{43}^{(2)} & K_{44}^{(2)} & 0 \\ 0 & 0 & 0 & 0 & 0 \end{bmatrix} \begin{Bmatrix} \delta_1 \\ \delta_2 \\ \delta_3 \\ \delta_4 \\ \delta_5 \end{Bmatrix} = \boldsymbol{K}^{(2)} \boldsymbol{\delta}$$

式中：$\boldsymbol{F}_1^{(2)}$ 为②号单元中第 $i(i=1,3,4)$ 个结点所受的力；$\boldsymbol{K}^{(2)}$ 为②号单元的扩大刚度矩阵或

称为单元贡献矩阵。

同样可以求出③号单元和④号单元的刚度矩阵。

对于任意一个结点，可能承受两种力的作用，一种是其他单元给予该结点的反作用力；另一种是作用在结点上的等效结点力。对整体而言，前者属于内力，后者属于外力，每个结点在两种力的作用下处于平衡。

将各单元刚度方程左边相加，即将各结点所受力相加。由于对于整体而言，单元给予结点的反作用力属于内力，在相加过程中相互抵消，所以各结点所受力相加的结果只有外力，即等效结点力，从而得到整体结点荷载列阵

$$F = \begin{Bmatrix} F_1 \\ F_2 \\ F_3 \\ F_4 \\ F_5 \end{Bmatrix} = \begin{Bmatrix} F_1^{(1)} \\ F_2^{(1)} \\ F_3^{(1)} \\ 0 \\ 0 \end{Bmatrix} + \begin{Bmatrix} F_1^{(2)} \\ 0 \\ F_3^{(2)} \\ F_4^{(2)} \\ 0 \end{Bmatrix} + \begin{Bmatrix} 0 \\ F_2^{(3)} \\ F_3^{(3)} \\ 0 \\ F_3^{(3)} \end{Bmatrix} + \begin{Bmatrix} 0 \\ 0 \\ F_3^{(4)} \\ F_4^{(4)} \\ F_5^{(4)} \end{Bmatrix}$$

将各单元刚度方程右边相加，从而得到整体刚度矩阵

$$K = K^{(1)} + K^{(2)} + K^{(3)} + K^{(4)}$$

$$= \begin{bmatrix} K_{11} & K_{12} & K_{13} & K_{14} & K_{15} \\ K_{21} & K_{22} & K_{23} & K_{24} & K_{25} \\ K_{31} & K_{32} & K_{33} & K_{34} & K_{35} \\ K_{41} & K_{42} & K_{43} & K_{44} & K_{45} \\ K_{51} & K_{52} & K_{53} & K_{54} & K_{55} \end{bmatrix}$$

$$= \begin{bmatrix} K_{11}^{(1)}+K_{11}^{(2)} & K_{12}^{(1)} & K_{13}^{(1)}+K_{13}^{(2)} & K_{14}^{(2)} & 0 \\ K_{21}^{(1)} & K_{22}^{(1)}+K_{22}^{(3)} & K_{23}^{(1)}+K_{23}^{(3)} & 0 & K_{25}^{(3)} \\ K_{31}^{(1)}+K_{31}^{(2)} & K_{32}^{(1)}+K_{32}^{(3)} & K_{33}^{(1)}+K_{33}^{(2)}+K_{33}^{(3)}+K_{33}^{(4)} & K_{34}^{(2)}+K_{34}^{(4)} & K_{35}^{(3)}+K_{35}^{(4)} \\ K_{41}^{(2)} & 0 & K_{43}^{(2)}+K_{43}^{(4)} & K_{44}^{(2)}+K_{44}^{(4)} & K_{45}^{(4)} \\ 0 & K_{52}^{(3)} & K_{53}^{(3)}+K_{53}^{(4)} & K_{54}^{(4)} & K_{55}^{(3)}+K_{55}^{(4)} \end{bmatrix}$$

3. 组装刚度矩阵的规则

通过以上组装过程可以得到组装整体刚度矩阵的一般规则。

(1) 结构中的等效结点力是相关单元结点力的叠加，整体刚度矩阵的子矩阵是相关单元的单元刚度矩阵子矩阵的集成。

(2) 当整体刚度矩阵的子矩阵 K_{rs} 中的 $r=s$ 时，该结点(结点 r 或 s)被哪几个单元所共有，则 K_{rs} 就是这几个单元的刚度矩阵中的子矩阵的 $\begin{bmatrix} 1 & 0 & 0 \\ 0 & k_1+k_2 & -k_2 \\ 0 & -k_2 & k_2 \end{bmatrix} \begin{Bmatrix} \delta_1 \\ \delta_2 \\ \delta_3 \end{Bmatrix} = \begin{Bmatrix} 0 \\ 0 \\ F \end{Bmatrix} \Rightarrow \delta$ 相加。例如 K_{33} 应该是单元①～④中对应子矩阵的集成，即 $K_{33} = K_{33}^{(1)} + K_{33}^{(2)} + K_{33}^{(3)} + K_{33}^{(4)}$。

(3) 当 K_{rs} 中的 $r \neq S$ 时，若 rs 边是组合体的内边，则 K_{rs} 就是共用该边的两相邻单元刚度矩阵中的子矩阵 $K_{rs}^{(e)}$ 的相加。若 13 边为单元①和②的共用边，则 $K_{13} = K_{13}^{(1)} + K_{13}^{(2)}$。

(4) 当 K_{rs} 中的 r 和 s 不同属于一个单元时，则 $K_{rs}=0$。若结点 $r=1$ 和 $s=5$ 不同属于一个单元，则此时 $K_{15}=0$。

4. 总体刚度矩阵的特点

总体刚度矩阵具有以下特点。

1)　K 为奇异矩阵

容易证明：$|K| = 0$（奇异）。

这种特点的数学意义是方程有无穷组解，$F \Rightarrow \delta \cdots$。其物理意义是，变形体结构在空间任意位置平衡(由于无约束，所以系统为刚体运动)。

为了求解弹性位移 δ，必须给系统施加一定的约束或消除系统刚体运动(后面将讨论)。

2)　对称性

总体刚度矩阵为对称矩阵，即

$$K = K^{\mathrm{T}}$$

3)　稀疏性和带状分布

考虑式(3-15)的第 i 行

$$F_i = K_{i1}\delta_1 + K_{i2}\delta_2 + \cdots + K_{ii}\delta_i + \cdots + K_{in}\delta_n$$

由式(3-12b)可知，F_i 仅与结点 i 的相关单元的结点(结点 i 的相关结点)位移有关，故上式右边的大部分项为零，即 $K_{i?} = 0$，则 K 矩阵为稀疏性、带状分布的，即具有以下形式

$$K = \begin{pmatrix} \oplus & * & 0 & * & 0 & 0 & 0 & 0 & 0 \\ * & \oplus & * & 0 & 0 & * & 0 & 0 & 0 \\ 0 & * & \oplus & * & 0 & * & 0 & 0 & 0 \\ & & * & \cdot & \cdot & \cdot & & * & \\ & & & * & \cdot & & \cdot & * & \\ & & & \cdot & \cdot & \cdot & & * & * \\ & & & * & & \cdots & * & \cdots & * \\ 0 & 0 & 0 & 0 & & 0 & * & * & \oplus \end{pmatrix}$$

K 矩阵第 i 行第一个非零元素到该行主对角线元素的个数称为第 i 行的半带宽。显然，半带宽与结点 i 相关结点编号有关，相关结点编号之差越大，半带宽越大。相关结点编号之差越小，则半带宽越小。

令 b 为矩阵 K 的最大半带宽，则对平面问题，b=(相关结点编号的最大差+1)×2，

不同的结点编号，最大半带宽 b 不同。例如，对于如图 3-8 所示的平面问题，由于结点编号不同，刚度矩阵 K 的最大半带宽 b 分别为 12 和 8。

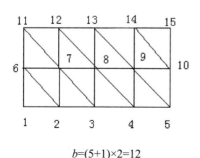

b=(5+1)×2=12

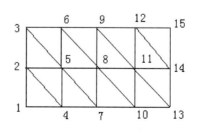

b=(3+1)×2=8

图 3-8　平面问题示意图(结点编号影响最大半带宽)

利用 $\boldsymbol{K}$ 矩阵的稀疏性和带状性，可以只存储半带宽元素，从而就可以大大节省计算机容量，加快计算速度。为了使最大半带宽 b 最小化，应该对限元网格结点的编号进行优化。现在的 CAE 软件在进行网格划分时，大多数都自动考虑了半带宽的优化。

下面通过一个简单的例题来说明上面所提及的有限元分析流程。

例题：

两个刚度系数分别为 k_1 与 k_2 的弹簧串联在一起，$\boldsymbol{K}_1$ 弹簧的左端固定约束，$\boldsymbol{K}_2$ 弹簧的右端受力为 $\boldsymbol{F}$，求其变形。

分析：

这是一个一维弹簧系统的问题，利用传统的力学知识很容易求解。在此，为了理解有限元法，按照有限元分析的流程来进行分析。

首先参照题意，建立物理模型。物理模型如图 3-9 所示。

图 3-9　例题的物理模型

根据上面所建立的物理模型，以及前面章节所叙述的有限元分析流程，进行该题目的分析。

(1)　建立有限元模型(单元划分)。

每个弹簧作为一个单元，则整个模型包括 2 个单元，3 个结点，如图 3-10 所示。

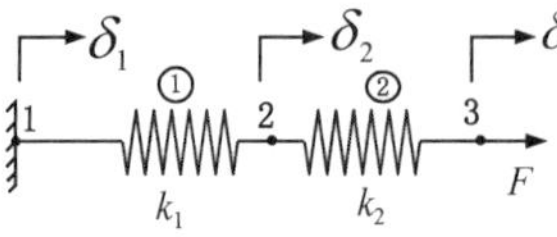

图 3-10　单元划分示意

(2)　单元分析。

不失一般性，任意取出一个单元，对其进行受力分析，如图 3-11 所示。

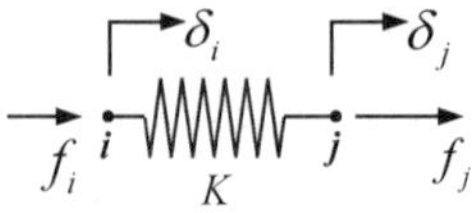

图 3-11　对一个单元进行受力分析

建立所取出单元的刚度方程(受力平衡)：

$$f_i^{(e)} = K\delta_i - K\delta_j$$
$$f_j^{(e)} = K\delta_j - K\delta_i$$

写成矩阵形式为

$$\begin{bmatrix} K & -K \\ -K & K \end{bmatrix} \begin{Bmatrix} \delta_i \\ \delta_j \end{Bmatrix} = \begin{Bmatrix} f_i^{(e)} \\ f_j^{(e)} \end{Bmatrix}$$

对单元①，参照上式得

$$\begin{bmatrix} k_1 & -k_1 \\ -k_1 & k_1 \end{bmatrix} \begin{Bmatrix} \delta_1 \\ \delta_2 \end{Bmatrix} = \begin{Bmatrix} f_1^{(1)} \\ f_2^{(1)} \end{Bmatrix}$$

对单元②

$$\begin{bmatrix} k_2 & -k_2 \\ -k_2 & k_2 \end{bmatrix} \begin{Bmatrix} \delta_2 \\ \delta_3 \end{Bmatrix} = \begin{Bmatrix} f_2^{(2)} \\ f_3^{(2)} \end{Bmatrix}$$

(3) 整体分析。

针对结点 1，其力的平衡为

$$\sum 力 = 0 \quad f_1^{(1)} = F_1$$

结点 2

$$\sum 力 = 0 \quad f_2^{(1)} + f_2^{(2)} = F_2$$

结点 3

$$\sum 力 = 0 \quad f_3^{(2)} = F_3$$

综合上面三个结点，结合单元的分析，写成

$$\begin{aligned} k_1\delta_1 - k_1\delta_2 &= F_1 \\ -k_1\delta_1 + k_1\delta_2 + k_2\delta_2 - k_2\delta_3 &= F_2 \\ -k_2\delta_2 + k_2\delta_3 &= F_3 \end{aligned}$$

用矩阵形式表示为

$$\begin{bmatrix} k_1 & -k_1 & 0 \\ -k_1 & k_1 + k_2 & -k_2 \\ 0 & -k_2 & k_2 \end{bmatrix} \begin{Bmatrix} \delta_1 \\ \delta_2 \\ \delta_3 \end{Bmatrix} = \begin{Bmatrix} F_1 \\ F_2 \\ F_3 \end{Bmatrix} = \begin{Bmatrix} R_1 \\ 0 \\ F \end{Bmatrix}$$

求解上面的方程，即可求得 R_1 为约束反力，F 为外力。

3.4　边界约束条件的处理

有限元方程在不施加约束的情况下，由于刚度矩阵为奇异的，整个模型存在刚体位移，所以有无穷多解。通过边界约束条件的处理，可以消除刚度矩阵 $\boldsymbol{K}$ 的奇异性，使无约束系统变为有约束系统。刚体位移的消除，使模型的求解结果由无穷多的解变为定解。边界条件大多数是施加零位移约束，部分情况为非零位移约束。这两种约束的处理方法稍有不同。

3.4.1　零位移约束

零位移约束是指对结点施加零位移，结点的一个或者多个自由度的位移为零。针对零位移约束的处理一般有两种方法，一种是降阶法，另一种是主元置 1 法。

1. 降阶法

以 3.3 节的弹簧系统的例题为例说明降阶法

$$\begin{bmatrix} k_1 & -k_1 & 0 \\ -k_1 & k_1+k_2 & -k_2 \\ 0 & -k_2 & k_2 \end{bmatrix} \begin{Bmatrix} \delta_1 \\ \delta_2 \\ \delta_3 \end{Bmatrix} = \begin{Bmatrix} R_1 \\ 0 \\ F \end{Bmatrix}$$

假设结点 1 为零位移约束，$\delta_1=0$，则划去 **K** 矩阵中与 δ_1 对应的行和列，同时划去未知反力，得到降阶刚度矩阵

$$\begin{bmatrix} k_1+k_2 & -k_2 \\ -k_2 & k_2 \end{bmatrix} \begin{Bmatrix} \delta_2 \\ \delta_3 \end{Bmatrix} = \begin{Bmatrix} 0 \\ F \end{Bmatrix}$$

可以看出，此时的矩阵经过降阶后，变为非奇异矩阵，方程有唯一解，可以求得位移向量 $\begin{Bmatrix} \delta_2 \\ \delta_3 \end{Bmatrix}$，进而可以求得反力

$$R_1 = -k_1\delta_2$$

从上面的处理过程能够看出，降阶法不适合计算机编程。

2. 主元置 1 法

该方法主要是将零位移约束结点所对应行和列的主元置 1，其他置 0。

仍以前文的弹簧系统为例来说明，δ_1 为零位移，将其所对应的载荷元素置 0，即

$$\begin{bmatrix} 1 & 0 & 0 \\ 0 & k_1+k_2 & -k_2 \\ 0 & -k_2 & k_2 \end{bmatrix} \begin{Bmatrix} \delta_1 \\ \delta_2 \\ \delta_3 \end{Bmatrix} = \begin{Bmatrix} 0 \\ 0 \\ F \end{Bmatrix} \Rightarrow \delta$$

可以看出，经过主元置 1 后，矩阵也是由奇异变为非奇异，模型有定解。

在主元置 1 法中，矩阵 **K** 原来的阶数保持不变，排列顺序也不变，显然，这种方法适合计算机处理。

3.4.2　非零位移约束

在结构分析中，某些时候结点的位移为已知数(例如支座沉陷或抬高、定位移加载等)，此时位移显然不是零。针对非零位移约束，一般采用乘大数法来进行处理。假设位移 $\delta_1=\beta$(已知)，用一个特别大的数(例如 10^{30})乘以 δ_1 对应的主元。将 δ_1 对应的载荷元素用 $\beta * k_1 * 10^{30}$ 代替，则乘以大数后的刚度矩阵为

$$\begin{bmatrix} 10^{30}*k_1 & -k_1 & 0 \\ -k_1 & k_1+k_2 & -k_2 \\ 0 & -k_2 & k_2 \end{bmatrix} \begin{Bmatrix} \delta_1 \\ \delta_2 \\ \delta_3 \end{Bmatrix} = \begin{Bmatrix} \beta * k_1 * 10^{30} \\ 0 \\ F \end{Bmatrix}$$

乘大数法也可以用来处理零位移约束。

3.5　刚度方程的求解

结构的整体刚度矩阵为

$$K_{2n \times 2n} \delta_{2n \times 1} = F_{2n \times 1}$$

式中，n 为平面问题有限元模型结点总数。这个方程的特点是维数大，求解时间长，计算费用高。因此，应该选择适当的求解方法和技术，否则可能不稳定或求解失败。

一般常用的求解方法有以下几种。

(1) 高斯–约当消去法。在方程阶数不是特别高时采用，例如小于 10 000 阶。

(2) 三角分解法。较高斯–约当消去法节省时间。

(3) 追赶法。

(4) 波前法。

(5) 分块法。

(6) 高斯–赛德尔迭代法。

上面的求解方法(1)～(5)为直接法，(6)为迭代法。

3.6　非结点载荷的移置

在变形体所承受的外载荷中，很多时候载荷并不在结点上。前文已经讲过，有限元法中，只有在结点上传递力，因此在这种情况下，就需要对非结点载荷进行处理，或者称为载荷移置，如图 3-12 所示。要把非结点载荷移置到结点上，应该进行等效结点载荷处理。

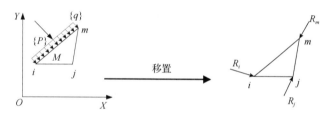

图 3-12　非结点载荷移置

考虑图 3-8 所示的平面三角形单元。假设在 i-m 边承受非结点载荷。载荷包括集中力 P 和均布载荷 q

$$P = \begin{Bmatrix} P_x \\ P_y \end{Bmatrix}, \quad q = \begin{Bmatrix} q_x \\ q_y \end{Bmatrix}$$

载荷的等效原理主要依据静力等效(两个力系等效)，即两个力系的主矢和对某点的主矩相等，两个力系在单元虚位移上做功相等。

下面来推导等效的过程。假设等效结点载荷为

$$R^{(e)} = \begin{bmatrix} R_i, R_j, R_m \end{bmatrix}^T$$

设单元 e 发生虚位移，则结点处的虚位移为

$$\boldsymbol{\delta}^{*(e)} = \begin{bmatrix} \delta_i^* & \delta_j^* & \delta_m^* \end{bmatrix}^T \tag{*1}$$

单元内的虚位移为

$$\begin{Bmatrix} u^* \\ v^* \end{Bmatrix} = \begin{bmatrix} N(x, y) \end{bmatrix} \boldsymbol{\delta}^{*(e)} \tag{*2}$$

由等效原理

$$\boldsymbol{\delta}^{*(e)\mathrm{T}}\boldsymbol{R}=\begin{bmatrix}u^*\\v^*\end{bmatrix}^{\mathrm{T}}\boldsymbol{P}+\int_{i-m}\begin{bmatrix}u^*\\v^*\end{bmatrix}^{\mathrm{T}}\boldsymbol{q}t\mathrm{d}s$$

式中：第一项为集中力作用点 M 的虚位移产生的虚功；第二项为均布载荷产生的虚功。

将(*1)和(*2)代入上式，考虑到 $\boldsymbol{\delta}^{(e)}$ 的任意性，等效载荷为

$$\boldsymbol{R}^{(e)}=\left[N(x,y)\right]_M^{\mathrm{T}}\boldsymbol{P}+\int_{i-m}\left[N(x,y)\right]^{\mathrm{T}}\boldsymbol{q}t\mathrm{d}s \tag{3-17}$$

从式(3-17)能够看出，单元等效结点载荷与单元位移模式有关。对于集中力的等效结点载荷，如图 3-13 所示的中点 M 点处承受集中力 P，则在计算单元等效结点的载荷时，根据形状函数的性质，在中点 M 处，$N_i=N_m=1/2$，$N_j=0$，因此等效力 $\boldsymbol{R}^{(e)}$ 为

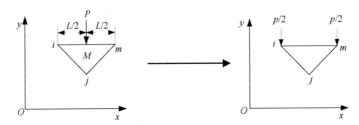

图 3-13　非结点集中力载荷移置

$$\boldsymbol{R}^{(e)}=\begin{Bmatrix}R_i\\R_j\\R_m\end{Bmatrix}=\begin{bmatrix}N_i&0\\0&N_i\\N_j&0\\0&N_j\\N_m&0\\0&N_m\end{bmatrix}\begin{Bmatrix}0\\P\end{Bmatrix}=\begin{Bmatrix}0\\-N_iP\\0\\-N_jP\\0\\-N_mP\end{Bmatrix}=\begin{Bmatrix}0\\-\dfrac{P}{2}\\0\\0\\0\\-\dfrac{P}{2}\end{Bmatrix}$$

同样可以求得均布力等效结点载荷，如图 3-14 所示。

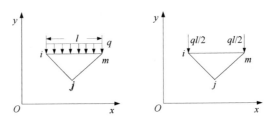

图 3-14　均布力载荷移置

3.7　计算结果的整理

施加边界条件后，即可由结构刚度方程来求解结点位移。求得了位移之后，根据第 2 章所提及的几何方程和物理方程，按照如图 3-15 所示的流程，就能够求得变形体结构的应

变和应力。求得结点位移 δ 之后，根据单元位移模式，可以得到单元内部任何位置的变形。基于所得到的变形，依据几何方程，即可得到单元内部任何位置的应变。基于应变，即可得到单元内部任何位置的应力。

$$\delta \longrightarrow \delta^{(e)} \xrightarrow{\ \begin{Bmatrix}u\\v\end{Bmatrix}=N\delta^{(e)}\ } \begin{Bmatrix}u\\v\end{Bmatrix} \xrightarrow{\ \{\varepsilon\}=B\delta^{(e)}\ } \varepsilon \xrightarrow{\ \sigma=D\varepsilon\ } \sigma$$

图 3-15　计算处理的流程

要注意的是，应力的输出一般是单元内指定位置(形心处)的应力。如果要求解如图 3-16 所示的单元结点处的应力，就要按照下式来求得。

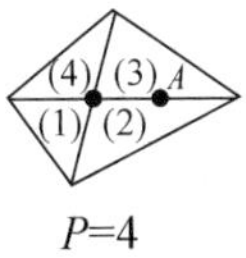

$P=4$

图 3-16　单元结点示意

$$\sigma_{\text{结点}i} = \frac{1}{p}\sum_{e=1}^{p}\sigma_{\text{形心}}^{(e)}$$

式中的 p 为结点 i 的相关单元数目。

对于相邻单元边界上的应力，应该按照下式来进行求解

$$\sigma_A = \frac{1}{2}(\sigma^{(2)} + \sigma^{(3)})$$

从上面的应力结果处理方法可以看出，最终的应力结果并不是连续的，在单元的边界和结点处存在着跳跃。因此最终的应力输出位置对结果有很大的影响，在后续的例题讲解过程中将对此展开讨论。

在变形体结构的应力求解过程中，由于应力的方向很难确定，因此在有限元计算中，经常使用标量形式的冯·米塞斯(Von Mises)应力，这种应力也比较容易与应变花所测得的试验数据进行比对，因此使用较广(注：应变花是一个术语。为同时测定一点几个方向的应变，常把几个不同方向的敏感栅固定在同一基底上，这种应变片称为应变花)。

从上面的有限元流程中可以看到，三角形三结点所求得的应力和应变均为常数，这与实际情况不符。因此，人们在三角形三结点单元的基础上，对位移模式加以改善，提出了其他的单元形式，下面加以简要介绍。

3.8　四结点矩形单元

尽管三结点三角形单元可以求解，但是最终一个单元内部的应力和应变结果均为常数，这种情况显然与实际不符，为此人们通过位移模式的研究，提出了四结点矩形单元，在变形体结构的分析中，这种单元得到了广泛的应用。

下面以四结点矩形单元为例，对其有限元流程加以简要说明。

四结点矩形单元的结点及其坐标如图3-17所示。单元的结点分别为 i、j、m、p。它们的坐标分别为 $(x_i,y_i)=(-a,-b)$，$(x_j,y_j)=(a,-b)$，$(x_m,y_m)=(a,b)$，$(x_p,y_p)=(-a,b)$。

同样假设单元结点位移列阵与结点力列阵为

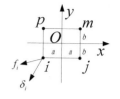

$$\boldsymbol{\delta}^{(e)}=\begin{bmatrix}\delta_i & \delta_j & \delta_m & \delta_p\end{bmatrix}^{\mathrm{T}} \qquad \boldsymbol{\delta}_i=\begin{Bmatrix}u_i\\v_i\end{Bmatrix} \qquad (i,j,m,p)$$

$$\boldsymbol{f}^{(e)}=\begin{bmatrix}f_i & f_j & f_m & f_p\end{bmatrix}^{\mathrm{T}} \qquad \boldsymbol{f}_i=\begin{Bmatrix}f_{ix}\\f_{iy}\end{Bmatrix} \qquad (i,j,m,p)$$

图 3-17 四结点矩形单元的
结点及其坐标

3.8.1 单元位移模式

考虑到四结点的坐标有 8 个已知量，为此假设单元的位移模式为

$$\begin{cases}u=\alpha_1+\alpha_2 x+\alpha_3 y+\alpha_4 xy\\v=\alpha_5+\alpha_6 x+\alpha_7 y+\alpha_8 xy\end{cases} \qquad (3\text{-}18)$$

位移模式应该满足结点条件

$$\begin{cases}(x_i,y_i)\\(u_i,v_i)=\delta_i\end{cases} \qquad (i,j,m,p)$$

将四个结点的坐标代回式(3-18)，可得 $\alpha_1 \sim \alpha_8$ 8 个待定系数，从而得位移模式为

$$\begin{Bmatrix}u\\v\end{Bmatrix}=[\boldsymbol{N}(x,y)]\delta^{(e)} \qquad (3\text{-}19)$$

其中，N 为形状函数矩阵

$$\boldsymbol{N}=\begin{bmatrix}N_i & 0 & N_j & 0 & N_m & 0 & N_p & 0\\0 & N_i & 0 & N_j & 0 & N_m & 0 & N_p\end{bmatrix}$$

$$N_i=\frac{1}{4}\left(1-\frac{x}{a}\right)\left(1-\frac{y}{b}\right) \qquad N_j=\frac{1}{4}\left(1+\frac{x}{a}\right)\left(1-\frac{y}{b}\right)$$

$$N_m=\frac{1}{4}\left(1+\frac{x}{a}\right)\left(1+\frac{y}{b}\right) \qquad N_p=\frac{1}{4}\left(1-\frac{x}{a}\right)\left(1+\frac{y}{b}\right)$$

与三结点三角形单元的形状函数特性相同，四结点矩形单元同样具有下面的特性：

$$\begin{cases}N_i(x_j,y_j)=\begin{cases}1 & (i=j)\\0 & (i\neq j)\end{cases} & (i,j,m,p)\\N_i+N_j+N_m+N_p=1\end{cases}$$

四结点矩形单元是完备和协调单元，收敛于正确解。

3.8.2 单元应变和应力

得到单元的位移模式后，即可求得单元的应变和应力的表达式。

事实上，由几何方程可以得到应变的表达式

$$\boldsymbol{\varepsilon} = \begin{bmatrix} \dfrac{\partial}{\partial x} & 0 \\[2mm] 0 & \dfrac{\partial}{\partial y} \\[2mm] \dfrac{\partial}{\partial y} & \dfrac{\partial}{\partial x} \end{bmatrix} \begin{Bmatrix} u \\ v \end{Bmatrix} = \partial \boldsymbol{N} \boldsymbol{\delta}^{(e)}$$

或

$$\boldsymbol{\varepsilon} = \boldsymbol{B} \boldsymbol{\delta}^{(e)} = \begin{bmatrix} B_i , B_j , B_m , B_p \end{bmatrix} \boldsymbol{\delta}^{(e)}$$

其中，$\boldsymbol{B}$ 为应变矩阵

$$\boldsymbol{B}_i = \begin{bmatrix} \dfrac{\partial N_i}{\partial x} & 0 \\[2mm] 0 & \dfrac{\partial N_i}{\partial y} \\[2mm] \dfrac{\partial N_i}{\partial y} & \dfrac{\partial N_i}{\partial x} \end{bmatrix} = \dfrac{1}{4} \begin{bmatrix} \left(1 + \dfrac{y}{y_i}\right)\dfrac{1}{x_i} & 0 \\[3mm] 0 & \left(1 + \dfrac{x}{x_i}\right)\dfrac{1}{y_i} \\[3mm] \left(1 + \dfrac{x}{x_i}\right)\dfrac{1}{y_i} & \left(1 + \dfrac{y}{y_i}\right)\dfrac{1}{x_i} \end{bmatrix}$$

$$(i, j, m, p)$$

由物理方程，可以得到应力的表达式

$$\boldsymbol{\sigma} = \boldsymbol{D} \boldsymbol{\varepsilon} = \boldsymbol{D} \boldsymbol{B} \boldsymbol{\delta}^{(e)} \tag{3-20}$$

　　观察四结点矩形单元的位移模式以及得到的应力应变表达式，可以看出，与三结点三角形单元不同，在一个单元内部，四结点矩形单元的应力和应变不是常数，随着单元内部位置的不同有所变化。显然，这种情况更为接近实际情况，这也是在实际应用中要求尽量使用四结点四边形单元，少用三结点三角形单元的原因。

3.8.3　单元刚度方程

　　与前面三结点三角形单元的推导过程类似，由虚功方程得单元刚度方程

$$\boldsymbol{K}_{8\times8}^{(e)} \boldsymbol{\delta}_{8\times1}^{(e)} = \boldsymbol{f}_{8\times1}^{(e)} \tag{3-21}$$

单元刚度矩阵

$$\boldsymbol{K}^{(e)} = \iiint_V \boldsymbol{B}^{\mathrm{T}} \boldsymbol{D} \boldsymbol{B} \mathrm{d}x\mathrm{d}y\mathrm{d}z$$

$$\xrightarrow{\text{平面问题}} = \iint_A \boldsymbol{B}^{\mathrm{T}} \boldsymbol{D} \boldsymbol{B} \, t\mathrm{d}x\mathrm{d}y \tag{3-22}$$

采用同样的步骤，可以通过整体矩阵和施加边界条件得到确定解。

3.9　六结点三角形单元

　　三结点三角形单元内部应变和应力为常数，四结点四边形单元有所改进，但仍然没有做到与单元内部的位置完全相关联，如果要求更高精度的结果，就需要定义其他类型的单

元。仍然以三角形单元为例，在保持原有的结点 i、j、m(顶点)之外，增加对边的三个中点 1、2、3，此时单元变为六结点三角形单元，如图 3-18 所示。

此时，结点位移为

$$\delta_i = \begin{Bmatrix} u_i \\ v_i \end{Bmatrix} \quad (i, j, m)$$

$$\delta_1 = \begin{Bmatrix} u_1 \\ v_1 \end{Bmatrix} \quad (1, 2, 3)$$

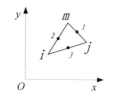

图 3-18　六结点三角形单元

6 个结点，存在 12 个已知量，因此可以假设单元位移模式为

$$\begin{cases} u = \alpha_1 + \alpha_2 x + \alpha_3 y + \alpha_4 x^2 + \alpha_5 xy + \alpha_6 y^2 \\ v = \alpha_7 + \alpha_8 x + \alpha_9 y + \alpha_{10} x^2 + \alpha_{11} xy + \alpha_{12} y^2 \end{cases} \tag{3-23}$$

式中的 $\alpha_1 \sim \alpha_3$，$\alpha_7 \sim \alpha_9$，反映刚体位移和常应变，单元边界上的位移呈抛物线变化，每个公共边三个公共结点可以唯一确定边界位移分布，所以公共边界位移协调。

六结点三角形单元是完备和协调单元。单元内应变、应力是坐标(x, y)的线性函数。这种类型的单元，由于其位移模式中含有高阶函数，所以一般称为高阶单元，能够以较少的单元达到较高的求解精度。

3.10　八结点矩形单元

与上面的六结点三角形单元类似，在保持原有的结点 i、j、m、p(顶点)之外，增加对边的四个中点 1、2、3、4，此时四结点矩形单元变为八结点矩形单元，如图 3-19 所示。

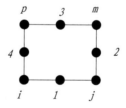

图 3-19　八结点矩形单元

八结点矩形单元存在 16 个已知量，因此可以假设单元位移模式为

$$\begin{cases} u = \alpha_1 + \alpha_2 x + \alpha_3 y + \alpha_4 x^2 + \alpha_5 xy + \alpha_6 y^2 + \alpha_7 x^2 y + \alpha_8 xy^2 \\ v = \alpha_9 + \alpha_{10} x + \alpha_{11} y + \alpha_{12} x^2 + \alpha_{13} xy + \alpha_{14} y^2 + \alpha_{15} x^2 y + \alpha_{16} xy^2 \end{cases}$$

式中，系数 $\alpha_1 \sim \alpha_{11}$ 反映常应变和刚体位移(完备单元)，单元边界上位移抛物线变化。每边 3 个结点，(唯一确定抛物线)边界位移连续(协调单元)，从而满足收敛条件。后面的过程与前面基本类似，在此不再赘述。

第4章　轴对称问题的有限元分析

4.1　基本概念

4.1.1　轴对称问题

在实际工程问题中,若结构的几何形状、约束条件以及所受载荷都对称于某个固定轴(称为对称轴),则结构在载荷作用下产生的位移、应变和应力必然也对称于该轴。这类问题称为轴对称问题,如图 4-1 所示。

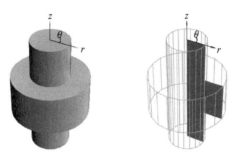

图 4-1　轴对称问题

对于轴对称问题,通常采用柱坐标(r, θ, z)进行分析,如图 4-2 所示。

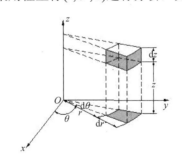

图 4-2　轴对称问题中的微体

以对称轴作为 z 轴,任意一点的位移、应变和应力都与 θ 无关,仅为 r 和 z 的函数。轴对称问题的力学参量有以下三个。

(1) 位移: $\boldsymbol{u}_i = \begin{bmatrix} u & w \end{bmatrix}^{\mathrm{T}}$, $v = 0$

(2) 应变: $\boldsymbol{\varepsilon} = \begin{bmatrix} \varepsilon_r & \varepsilon_\theta & \varepsilon_z & \gamma_{rz} \end{bmatrix}^{\mathrm{T}}$, $\gamma_{r\theta} = \gamma_{\theta z} = 0$

(3) 应力: $\boldsymbol{\sigma} = \begin{bmatrix} \sigma_r & \sigma_\theta & \sigma_z & \tau_{rz} \end{bmatrix}^{\mathrm{T}}$, $\tau_{r\theta} = \tau_{\theta z} = 0$

式中: u、v、w 分别为 r、θ 和 z 方向的位移; ε_r 为径向正应变, ε_θ 为环向正应变, ε_z 为轴向正应变, γ_{rz} 为 r 方向与 z 方向之间的剪应变; σ_r 为径向正应力, σ_θ 为环向正应力, σ_z 为轴向正应力, τ_{rz} 为圆柱面上的剪应力。

由于轴对称问题的所有力学参量仅为 r 和 z 的函数，与 θ 无关，因此轴对称问题是二维问题。

4.1.2 基本方程

由第 2 章弹性力学的知识可知，轴对称问题的基本方程如下。

(1) 平衡方程

$$
\begin{cases}
\dfrac{\partial \sigma_r}{\partial r} + \dfrac{\partial \tau_{zr}}{\partial z} + \dfrac{\sigma_r - \sigma_\theta}{r} + \bar{b}_r = 0 \\[3mm]
\dfrac{\partial \sigma_z}{\partial z} + \dfrac{\partial \tau_{rz}}{\partial r} + \dfrac{\tau_{rz}}{r} + \bar{b}_z = 0
\end{cases}
\tag{4-1}
$$

(2) 几何方程

$$
\begin{cases}
\varepsilon_r = \dfrac{\partial u}{\partial r}, \quad \varepsilon_\theta = \dfrac{u}{r} \\[3mm]
\varepsilon_z = \dfrac{\partial w}{\partial z}, \quad \gamma_{rz} = \dfrac{\partial u}{\partial z} + \dfrac{\partial w}{\partial r}
\end{cases}
$$

即

$$
\begin{Bmatrix}
\varepsilon_r \\
\varepsilon_\theta \\
\varepsilon_z \\
\gamma_{rz}
\end{Bmatrix}
=
\begin{bmatrix}
\dfrac{\partial}{\partial r} & 0 \\[2mm]
\dfrac{1}{r} & 0 \\[2mm]
0 & \dfrac{\partial}{\partial z} \\[2mm]
\dfrac{\partial}{\partial z} & \dfrac{\partial}{\partial r}
\end{bmatrix}
\begin{Bmatrix}
u \\
w
\end{Bmatrix}
\tag{4-2}
$$

(3) 物理方程

$$
\begin{Bmatrix}
\sigma_r \\
\sigma_\theta \\
\sigma_z \\
\tau_{rz}
\end{Bmatrix}
= \boldsymbol{D}_{4\times4}
\begin{Bmatrix}
\varepsilon_r \\
\varepsilon_\theta \\
\varepsilon_z \\
\gamma_{rz}
\end{Bmatrix}
\tag{4-3}
$$

其中 $\boldsymbol{D}$ 为轴对称问题的弹性系数矩阵，即

$$
\boldsymbol{D}_{4\times4} = \frac{E(1-\mu)}{(1+\mu)(1-2\mu)}
\begin{bmatrix}
1 & \dfrac{\mu}{1-\mu} & \dfrac{\mu}{1-\mu} & 0 \\[3mm]
\dfrac{\mu}{1-\mu} & 1 & \dfrac{\mu}{1-\mu} & 0 \\[3mm]
\dfrac{\mu}{1-\mu} & \dfrac{\mu}{1-\mu} & 1 & 0 \\[3mm]
0 & 0 & 0 & \dfrac{1-2\mu}{2(1-\mu)}
\end{bmatrix}
\tag{4-4}
$$

4.1.3　有限元离散

对轴对称问题，只需要取出一个截面进行网格划分和分析。其有限元离散过程如图 4-3 所示，在每一个截面，它的单元情况与一般平面问题相同，可以是三角形或四边形单元，但这些单元都是环形单元，所有的结点载荷都应该理解为作用在单元结点所在的圆周上。

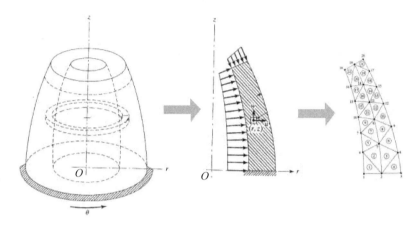

图 4-3　轴对称问题的有限元离散

4.2　三结点三角形轴对称单元

4.2.1　单元描述

三结点三角形轴对称单元如图 4-4 所示，该单元为横截面为三结点三角形的 360° 环形单元。

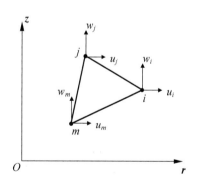

图 4-4　三结点三角形轴对称单元

结点编号为 i、j、m

结点坐标为 (r_i, z_i)，　(i, j, m)

结点位移为

$$\delta_i = \left\{ \begin{array}{c} u_i \\ w_i \end{array} \right\}, \quad (i, j, m)$$

结点力为

$$f_i = \left\{ \begin{array}{c} f_{ri} \\ f_{zi} \end{array} \right\}, \quad (i, j, m)$$

因此，单元结点位移向量为

$$\boldsymbol{\delta}^{(e)} = \left\{ \begin{array}{c} \delta_i \\ \delta_j \\ \delta_m \end{array} \right\}_{6 \times 1} \tag{4-5}$$

单元结点力向量为

$$\boldsymbol{f}^{(e)} = \left\{ \begin{array}{c} f_i \\ f_j \\ f_m \end{array} \right\}_{6 \times 1} \tag{4-6}$$

4.2.2　单元位移模式

由于有三个结点，所以在 r 方向和 z 方向上各有三个结点条件，即存在 6 个已知量，则其单元位移模式为

$$\left\{ \begin{array}{l} u(r, z) = \alpha_1 + \alpha_2 r + \alpha_3 z \\ w(r, z) = \alpha_4 + \alpha_5 r + \alpha_6 z \end{array} \right. \tag{4-7}$$

该位移模式与平面问题三结点三角形单元完全相同。同样，将结点坐标和结点位移代入上式可以解出 $\alpha_1, \alpha_2, \cdots, \alpha_6$，整理后得到单元内部位移

$$\boldsymbol{d} = \left\{ \begin{array}{c} u \\ w \end{array} \right\} = \left[\begin{array}{cccccc} N_i & 0 & N_j & 0 & N_m & 0 \\ 0 & N_i & 0 & N_j & 0 & N_m \end{array} \right] \left\{ \begin{array}{c} u_i \\ w_i \\ u_j \\ w_j \\ u_m \\ w_m \end{array} \right\} = \boldsymbol{N}(r, z) \boldsymbol{\delta}^{(e)} \tag{4-8}$$

其中形状函数矩阵 $\boldsymbol{N}(r, z)$ 及其 N_i、N_j、N_m 的表达形式与平面问题三结点单元相同。即

$$N_i = \frac{1}{2A}(a_i + b_i r + c_i z), \quad (i, j, m) \tag{4-9}$$

式中，A 是三角形轴对称单元的截面积，且

$$2A = \left| \begin{array}{ccc} 1 & r_i & z_i \\ 1 & r_j & z_j \\ 1 & r_m & z_m \end{array} \right| \tag{4-10}$$

以及

$$a_i = r_j z_m - r_m z_j, \ b_i = z_j - z_m, c_i = -(r_j - r_m) \tag{4-11}$$

4.2.3 单元的应变和应力

由轴对称问题的几何方程式(4-2)可以得到单元的应变，即

$$\varepsilon_{4\times1} = \begin{Bmatrix} \varepsilon_r \\ \varepsilon_\theta \\ \varepsilon_z \\ \gamma_{rz} \end{Bmatrix} = \begin{bmatrix} \dfrac{\partial}{\partial r} & 0 \\ \dfrac{1}{r} & 0 \\ 0 & \dfrac{\partial}{\partial z} \\ \dfrac{\partial}{\partial z} & \dfrac{\partial}{\partial r} \end{bmatrix} \begin{Bmatrix} u(r,z) \\ w(r,z) \end{Bmatrix} = \partial N(r,z)\delta^{(e)} = B(r,z)_{4\times6}\delta^{(e)} \quad (4\text{-}12)$$

式中 $[B(r,z)]$ 为应变矩阵，且

$$B = \partial N = \begin{bmatrix} \dfrac{\partial}{\partial r} & 0 \\ \dfrac{1}{r} & 0 \\ 0 & \dfrac{\partial}{\partial z} \\ \dfrac{\partial}{\partial z} & \dfrac{\partial}{\partial r} \end{bmatrix} \begin{bmatrix} N_i & 0 & N_j & 0 & N_m & 0 \\ 0 & N_i & 0 & N_j & 0 & N_m \end{bmatrix} \quad (4\text{-}13)$$

$$= \begin{bmatrix} B_i & B_j & B_m \end{bmatrix}$$

其中

$$B_i = \frac{1}{2A} \begin{bmatrix} b_i & 0 \\ \phi_i & 0 \\ 0 & c_i \\ c_i & b_i \end{bmatrix} \qquad (i,j,m) \quad (4\text{-}14)$$

$$\phi_i = \frac{a_i}{r} + b_i + \frac{c_i z}{r} \qquad (i,j,m) \quad (4\text{-}15)$$

由上式可见，单元的应变 ε_r、ε_z、γ_{rz} 都是常量，但 ϕ_i、ϕ_j、ϕ_m 与各单元中各点的位置 (r,z) 有关，环向应变 ε_θ 不是常量。当结构包含对称轴 $(r=0)$ 在内时，ϕ_i、ϕ_j、ϕ_m 是奇异的，这将给数值计算带来困难。

由轴对称问题的物理方程式(4-3)可以得到单元的应力

$$\sigma(r,z)_{4\times1} = \begin{Bmatrix} \sigma_r \\ \sigma_\theta \\ \sigma_z \\ \tau_{rz} \end{Bmatrix} = D_{4\times4}\varepsilon(r,z)_{4\times1} = D_{4\times4}B(r,z)_{4\times6}\delta^{(e)}_{6\times1} \quad (4\text{-}16)$$

4.2.4 单元的刚度方程

与平面三结点单元类似，应用虚功方程，可以得到单元的刚度方程

$$\boldsymbol{k}_{6\times6}^{(e)} \boldsymbol{\delta}_{6\times1}^{(e)} = \boldsymbol{f}_{6\times1}^{(e)} \tag{4-17}$$

其中，单元刚度矩阵为

$$\boldsymbol{k}^{(e)} = \int_V \boldsymbol{B}^{\mathrm{T}} \boldsymbol{DB} \mathrm{d}V = \iiint_V \boldsymbol{B}^{\mathrm{T}} \boldsymbol{DB} r \mathrm{d}\theta \mathrm{d}r \mathrm{d}z = 2\pi \iint \boldsymbol{B}^{\mathrm{T}} \boldsymbol{DB} r \mathrm{d}r \mathrm{d}z \tag{4-18}$$

由于几何矩阵中的元素不是常量，所以单元刚度矩阵需要通过积分得到，为了简化计算和消除对称轴上 $r=0$ 时所引起的数值上的困难，可以用三角形单元形心位置的坐标 r_c、z_c 代替应变矩阵 $\boldsymbol{B}$ 中的变量 r、z，即

$$r_c = \frac{1}{3}(r_i + r_j + r_m),$$

$$z_c = \frac{1}{3}(z_i + z_j + z_m)$$

则

$$\phi_i = \frac{a_i}{r_c} + b_i + \frac{c_i z_c}{r_c} \qquad (i, j, m)$$

由式(4-13)~(4-15)可知，此时应变矩阵变为常量矩阵。单元刚度矩阵的近似表达式为

$$\bar{\boldsymbol{K}}^{(e)} = 2\pi r_c \boldsymbol{B}^{\mathrm{T}} \boldsymbol{DB} A = \begin{bmatrix} K_{ii} & K_{ij} & K_{im} \\ K_{ji} & K_{jj} & K_{jm} \\ K_{mi} & K_{mj} & K_{mm} \end{bmatrix} \tag{4-19}$$

单元刚度矩阵的分块矩阵为

$$\bar{\boldsymbol{K}}_{rs} = \frac{\pi E(1-\mu)r_c}{2(1+\mu)(1-2\mu)A} \begin{bmatrix} b_r b_s + \phi_r \phi_s + A_1(b_r \phi_s + \phi_r b_s) + A_2 c_r c_s & A_1 c_s(b_r + \phi_r) + A_2 c_r b_s \\ A_1 c_r(b_s + \phi_s) + A_2 b_r c_s & c_r c_s + A_2 b_r b_s \end{bmatrix} \tag{4-20}$$

式中

$$A_1 = \frac{\mu}{1-\mu}, \quad A_2 = \frac{1-2\mu}{2(1-\mu)}$$

4.2.5 等效结点载荷矩阵

若作用在单元上的体积力为 $\boldsymbol{p}$，与平面问题相同，则由虚功方程可以得到等效结点载荷

$$\boldsymbol{R}^{(e)} = 2\pi \iint \boldsymbol{N}^{\mathrm{T}} \boldsymbol{p} r \mathrm{d}r \mathrm{d}z \tag{4-21}$$

若作用在单元上的表面力为 $\bar{\boldsymbol{P}}$，则结点载荷为

$$\boldsymbol{R}^{(e)} = 2\pi \int_s \boldsymbol{N}^{\mathrm{T}} \bar{\boldsymbol{P}} r \mathrm{d}s \tag{4-22}$$

在分析轴对称问题的过程中，如果直接定义结点载荷，那么载荷值是实际弹性体上绕对称轴一周的载荷的累计结果。

4.3　四结点矩形轴对称单元

4.3.1　单元描述

四结点矩形轴对称单元如图 4-5 所示，这是一个横截面为四结点矩形的 360° 环形单元。

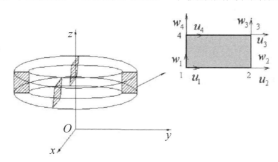

图 4-5　四结点矩形轴对称单元

如图 4-5 所示，结点编号为 1、2、3、4。

结点坐标为 (r_i, w_i)，$i=1, 2, 3, 4$。

结点位移(分别沿 r 方向和 z 方向)为 $\begin{Bmatrix} u_i \\ w_i \end{Bmatrix}$，$i=1, 2, 3, 4$。

结点力为 $\begin{Bmatrix} f_{ri} \\ f_{zi} \end{Bmatrix}$，$i=1, 2, 3, 4$。

单元结点位移表达式为

$$\boldsymbol{\delta}_{8\times1}^{(e)} = \begin{bmatrix} u_1 & w_1 & u_2 & w_2 & u_3 & w_3 & u_4 & w_4 \end{bmatrix}^{\mathrm{T}} \tag{4-23}$$

单元结点力为

$$\boldsymbol{f}_{8\times1}^{(e)} = \begin{bmatrix} f_{r1} & f_{z1} & f_{r2} & f_{z2} & f_{r3} & f_{z3} & f_{r4} & f_{z4} \end{bmatrix}^{\mathrm{T}} \tag{4-24}$$

4.3.2　单元位移模式

该单元有 4 个结点，在 r 方向和 z 方向上各有 4 个结点的坐标，类似于平面四结点矩形单元，有 8 个已知量，则设其单元位移模式为

$$\begin{cases} u(r,z) = \alpha_1 + \alpha_2 r + \alpha_3 z + \alpha_4 rz \\ w(r,z) = \alpha_5 + \alpha_6 r + \alpha_7 z + \alpha_8 rz \end{cases} \tag{4-25}$$

与平面四结点矩形单元类似，可以推出形状函数矩阵 $\boldsymbol{N}(r,z)_{2\times8}$，由轴对称问题的几何方程可以推出相应的应变矩阵 $\boldsymbol{B}(r,z)_{4\times8}$。

4.3.3　单元刚度方程

可以导出单元的刚度方程

$$\boldsymbol{K}_{8\times8}^{(e)}\boldsymbol{\delta}_{8\times1}^{(e)}=\boldsymbol{f}_{8\times1}^{(e)}\tag{4-26}$$

其中单元刚度矩阵为

$$\boldsymbol{k}_{8\times8}^{(e)}=\iiint\limits_{V}\boldsymbol{B}_{8\times4}^{\mathrm{T}}\boldsymbol{D}_{4\times4}\boldsymbol{B}_{4\times8}r\mathrm{d}\theta\mathrm{d}r\mathrm{d}z=2\pi\iint\boldsymbol{B}^{\mathrm{T}}\boldsymbol{D}\boldsymbol{B}r\mathrm{d}r\mathrm{d}z\tag{4-27}$$

后续推导过程与前面章节类似，在此不再赘述。

第 5 章　三维固体的有限元分析

在实际的应用中，大多数结构一般为三维固体。三维固体的有限元法与二维固体基本相同，只是单元类型不同而已。以下介绍几种常用的三维固体单元。

5.1　四结点四面体单元

构建如图 5-1 所示的四结点四面体单元，假设四个结点分别为 i、j、m、p。

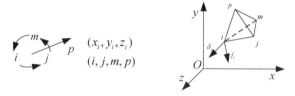

图 5-1　四结点四面体单元

假设结点位移和结点力为

$$\begin{cases} \delta_i = [u_i \quad v_i \quad w_i]^{\mathrm{T}} \\ f_i = [f_{ix} \quad f_{iy} \quad f_{iz}]^{\mathrm{T}} \end{cases} \quad (i, j, m, p)$$

单元结点位移和结点力向量为

$$\boldsymbol{\delta}^{(e)} = [\delta_i \ \delta_j \ \delta_m \ \delta_p]^{\mathrm{T}}$$

$$\boldsymbol{f}^{(e)} = [f_i \ f_j \ f_m \ f_p]^{\mathrm{T}}$$

5.1.1　单元位移模式

三维实体单元的坐标有 x, y, z 3 个方向的平动自由度，4 个结点有 12 个已知量，则可以假设单元内任一点的位移分量是坐标的线性函数，如下所示：

$$\begin{cases} u = \alpha_1 + \alpha_2 x + \alpha_3 y + \alpha_4 z \\ v = \alpha_5 + \alpha_6 x + \alpha_7 y + \alpha_8 z \\ w = \alpha_9 + \alpha_{10} x + \alpha_{11} y + \alpha_{12} z \end{cases} \quad (5\text{-}1)$$

将 4 个结点的坐标(x_i, y_i, z_i)和位移$(u_i, v_i, w_i)(i, j, m, p)$代入式(5-1)，可以求得 12 个待定系数 $\alpha_i (i = 1 \sim 12)$，再将 $\alpha_1 \sim \alpha_{12}$ 代回式(5-1)，即可得到结点位移表示的单元内部位移的插值函数

$$\begin{Bmatrix} u \\ v \\ w \end{Bmatrix} = \boldsymbol{N}(x, y, z) \boldsymbol{\delta}^{(e)} \quad (5\text{-}2)$$

形状函数矩阵为

$$N(x,y,z) = \begin{bmatrix} N_i & 0 & 0 & N_j & 0 & 0 & N_m & 0 & 0 & N_p & 0 & 0 \\ 0 & N_i & 0 & 0 & N_j & 0 & 0 & N_m & 0 & 0 & N_p & 0 \\ 0 & 0 & N_i & 0 & 0 & N_j & 0 & 0 & N_m & 0 & 0 & N_p \end{bmatrix}$$

容易证明：上述的位移模式满足收敛性条件(完备性和协调单元)。

5.1.2 单元应变与应力

对于空间问题，其应变向量为

$$\boldsymbol{\varepsilon} = \begin{bmatrix} \varepsilon_x & \varepsilon_y & \varepsilon_z & \gamma_{xy} & \gamma_{yz} & \gamma_{zx} \end{bmatrix}^{\mathrm{T}} = \begin{bmatrix} \dfrac{\partial u}{\partial x}, & \dfrac{\partial v}{\partial y}, & \dfrac{\partial w}{\partial z}, & \dfrac{\partial u}{\partial y}+\dfrac{\partial v}{\partial x}, & \dfrac{\partial v}{\partial z}+\dfrac{\partial w}{\partial y}, & \dfrac{\partial w}{\partial x}+\dfrac{\partial u}{\partial z} \end{bmatrix}^{\mathrm{T}}$$

将式(5-2)代入上式，有

$$\boldsymbol{\varepsilon} = \partial \begin{Bmatrix} u \\ v \\ w \end{Bmatrix} = \partial \boldsymbol{N}(x,y,z)\boldsymbol{\delta}^{(e)} = \boldsymbol{B}\boldsymbol{\delta}^{(e)} \tag{5-3}$$

式中，$\boldsymbol{B}$ 矩阵中各元素都是常量，单元应变分量也为常量。

$$\boldsymbol{\sigma} = \boldsymbol{D}\boldsymbol{\varepsilon} = \boldsymbol{D}\boldsymbol{B}\boldsymbol{\delta}^{(e)} \tag{5-4}$$

应力分量也是常量，因此四结点四面体单元是常应力单元。

与前文二维问题的三结点三角形单元类似，在实际的工程应用中，应该尽量避免使用这种常应力常应变单元。但对于复杂的三维固体，有时不得不用四结点四面体单元，则在整个模型中应该控制这种单元的比例，具体的应用在后续章节进行介绍。

5.1.3 单元刚度方程

单元受力与变形之间的关系为

$$\boldsymbol{K}_{12\times12}^{(e)}\boldsymbol{\delta}_{12\times1}^{(e)} = \boldsymbol{f}_{12\times1}^{(e)} \tag{5-5}$$

其中单元刚度矩阵为

$$\boldsymbol{K}^{(e)} = \iiint\limits_{V} \boldsymbol{B}^{\mathrm{T}}\boldsymbol{D}\boldsymbol{B}\mathrm{d}x\mathrm{d}y\mathrm{d}z = \boldsymbol{B}^{\mathrm{T}}\boldsymbol{D}\boldsymbol{B}V \tag{5-6}$$

5.2 八结点六面体单元

四结点四面体单元为常应变、常应力单元，与实际的情况不符，为此提出了如图 5-2 所示的八结点六面体单元。

如图 5-2 所示的单元，假设其 8 个结点的位移和结点力为

$$\begin{cases} \boldsymbol{\delta}_i = [\delta_{ix} & \delta_{iy} & \delta_{iz}]^{\mathrm{T}} \\ \boldsymbol{f}_i = [f_{ix} & f_{iy} & f_{iz}]^{\mathrm{T}} \end{cases} \quad (i=1,2,\cdots,8)$$

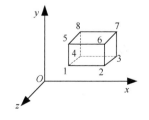

图 5-2 八结点六面体单元

则单元的结点位移和结点力向量为

$$\boldsymbol{\delta}^{(e)} = [\delta_1 \ \delta_2 \ ... \ \delta_8]^{\mathrm{T}}$$

$$\boldsymbol{f}^{(e)} = [f_1 \ f_2 \ ...f_8]^{\mathrm{T}}$$

5.2.1　单元位移模式

8 个结点，每个结点有 x，y，z 3 个方向的平动自由度，则已知量为 24 个，构建单元的位移模式如下所示：

$$\begin{cases} u = \alpha_1 + \alpha_2 x + \alpha_3 y + \alpha_4 z + \alpha_5 xy + \alpha_6 xz + \alpha_7 yz + \alpha_8 xyz \\ v = \alpha_9 + \alpha_{10} x + \alpha_{11} y + \alpha_{12} z + \alpha_{13} xy + \alpha_{14} xz + \alpha_{15} yz + \alpha_{16} xyz \\ w = \alpha_{17} + \alpha_{18} x + \alpha_{19} y + \alpha_{20} z + \alpha_{21} xy + \alpha_{22} xz + \alpha_{23} yz + \alpha_{24} xyz \end{cases} \tag{5-7}$$

将结点坐标(x_i, y_i, z_i)和结点位移 (u_i, v_i, w_i) $(i = 1, 2, \cdots, 8)$ 代入式(5-7)，可以求得式(5-7)中的 24 个待定系数 $\alpha_i (i = 1 \sim 24)$，再将 $\alpha_1 \sim \alpha_{24}$ 代回式(5-7)得到结点位移表示单元内部位移的插值函数，如下所示

$$\begin{Bmatrix} u \\ v \\ w \end{Bmatrix} = \boldsymbol{N}(x, y, z) \boldsymbol{\delta}^{(e)} \tag{5-8}$$

5.2.2　单元应变与应力

单元的应变和应力的表达式如下所示：

$$\begin{cases} \boldsymbol{\varepsilon} = \partial \begin{Bmatrix} u \\ v \\ w \end{Bmatrix} = \partial \boldsymbol{N}(x, y, z) \boldsymbol{\delta}^{(e)} = \boldsymbol{B} \boldsymbol{\delta}^{(e)} \\ \boldsymbol{\sigma} = \boldsymbol{D} \boldsymbol{\varepsilon} = \boldsymbol{D} \boldsymbol{B} \boldsymbol{\delta}^{(e)} \end{cases} \tag{5-9}$$

5.2.3　单元刚度方程

同样可以推导出单元的刚度方程如下所示：

$$\boldsymbol{K}_{24 \times 24}^{(e)} \boldsymbol{\delta}_{24 \times 1}^{(e)} = \boldsymbol{f}_{24 \times 1}^{(e)} \tag{5-10}$$

从而单元刚度矩阵如下所示：

$$\boldsymbol{K}^{(e)} = \iiint_V \boldsymbol{B}^{\mathrm{T}} \boldsymbol{D} \boldsymbol{B} \mathrm{d}x \mathrm{d}y \mathrm{d}z \tag{5-11}$$

5.3　其他种类的结构体单元

与平面单元类似，也可以构建高次单元，如图 5-3 所示的十结点四面体单元和二十结点六面体单元。从图中可以看出，在单元每个边的中心位置多布置了一个结点。

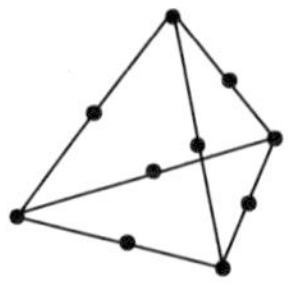

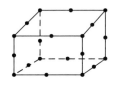

(a) 十结点四面体单元　　　　(b) 二十结点六面体单元

图 5-3　其他种类的结构体单元

按照前文类似的流程，可以构建这些单元的位移函数，以十结点四面体单元为例，10 个结点，存在 30 个已知量，则可以构建下式来表征单元内任一点的位移：

$$
\begin{cases}
u = \alpha_1 + \alpha_2 x + \alpha_3 y + \alpha_4 z + \beta_5 x^2 + \beta_6 y^2 + \beta_7 z^2 + \beta_8 xy + \beta_9 yz + \beta_{10} zx \\
v = \alpha_5 + \alpha_6 x + \alpha_7 y + \alpha_8 z + \beta_{11} x^2 + \beta_{12} y^2 + \beta_{13} z^2 + \beta_{14} xy + \beta_{15} yz + \beta_{16} zx \\
w = \alpha_9 + \alpha_{10} x + \alpha_{11} y + \alpha_{12} z + \beta_{17} x^2 + \beta_{18} y^2 + \beta_{19} z^2 + \beta_{20} xy + \beta_{21} yz + \beta_{22} zx
\end{cases}
$$

第6章 薄板弯曲问题的有限元分析

在大量的工程结构分析中，薄板是常常遇到的问题，更多的是薄板弯曲工程问题。本章首先介绍薄板弯曲的基本概念，然后说明薄板问题有限元分析的流程。

6.1 薄板弯曲问题

6.1.1 基本概念

首先说明薄板的定义。薄板是指在两个方向尺寸(a,b)远大于另一个方向(h，一般是指厚度方向)的平板，如图 6-1 所示的薄板，在长宽方向上远远大于厚度方向的尺寸。与前面的平面问题类似，所谓的远远大于，一般是在 10 倍以上即可。

一般情况下，分析薄板问题时，定义的坐标系如图 6-1 所示，其坐标系的 Oxy 平面平分板厚(称为中面)，z 轴垂直于中面(右手系)。

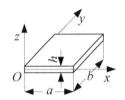

图 6-1 薄板的尺寸

薄板所受的载荷可以分解如下。

(1) 平行于中面(沿厚度均匀)的纵向载荷，即中面载荷。

(2) 垂直于板中面的横向载荷。

由中面载荷引起的位移、应力及应变等问题属于平面应力问题，在前面的章节中已经讲述，本章不再叙述。本章主要讲述由薄板弯曲横向载荷引起的位移、应力及应变等问题。在小变形情况下，上面的两种载荷所引起的位移、应力及应变独立，不耦合，最终的结果可以叠加。

薄板弯曲变形时，中面成为曲面(弹性曲面)，此时主要研究中面内各点(x,y)在 z 方向的线位移称为板的挠度 $w(x,y)$，当 $w(x,y)$远小于 h 时，称为小挠度问题。关于小挠度问题，存在下面的基本假设。

(1) 直法线假设。即变形前的中面法线，变形后仍然为弹性曲面的法线(与直梁弯曲平面假设相似)。

(2) 板中应力分量 σ_z 及 ε_z 可以略去，即平行于中面的各平面之间无挤压及板厚不变，$\sigma_z = 0, \varepsilon_z = 0$。

(3) 中面为中性层：薄板弯曲后，中面内的点没有平行于板面的位移，即中面只发生弯曲，不发生伸缩。$(u)_{z=0} = 0, (v)_{z=0} = 0$。

基于上面的假设，可以进行薄板弯曲问题的分析。

6.1.2 薄板的位移分量

由上面的小挠度假设(2)，$\varepsilon_z = 0$，可以得到

$$\varepsilon_z = \frac{\partial w}{\partial z} = 0, \qquad w = w(x, y) \tag{6-1}$$

由假设(1)，板内无剪切应变，$\gamma_{zx} = \gamma_{xz} = 0, \gamma_{zy} = \gamma_{yz} = 0$，再由弹性力学几何方程

$$\gamma_{zx} = \frac{\partial u}{\partial z} + \frac{\partial w}{\partial x} = 0, \qquad \gamma_{zy} = \frac{\partial v}{\partial z} + \frac{\partial w}{\partial y} = 0$$

或

$$\frac{\partial u}{\partial z} = -\frac{\partial w}{\partial x}, \qquad \frac{\partial v}{\partial z} = -\frac{\partial w}{\partial y}$$

将上式对 z 积分，并注意到 w、$\frac{\partial w}{\partial x}$、$\frac{\partial w}{\partial y}$ 均为 x 和 y 的函数，有

$$u = -z\frac{\partial w}{\partial x} + f_1(x, y), \qquad v = -z\frac{\partial w}{\partial y} + f_2(x, y) \tag{6-2}$$

式中，$f_1(x, y)$ 和 $f_2(x, y)$ 为任意函数。

由假设(3) $(u)_{z=0} = 0, (v)_{z=0} = 0$，代入式(6-2)得 $f_1 = f_2 = 0$，故

$$u = -z\frac{\partial w}{\partial x}, \qquad v = -z\frac{\partial w}{\partial y} \tag{6-3}$$

式(6-3)表明，薄板内任一点的位移分量 u、v 与坐标 z 成正比例。

对比梁弯曲时，截面转角 $\dfrac{\mathrm{d}w}{\mathrm{d}x}$ 可知

$-\dfrac{\partial w}{\partial x} = \theta_y$，为弹性曲面的法线绕 y 轴的转角。

$\dfrac{\partial w}{\partial y} = \theta_x$，为弹性曲面的法线绕 x 轴的转角。

有 $u = z\theta_y, v = -z\theta_x$。板内任意一点的位移分量为

$$\begin{cases} w = w(x, y) \\ u = z\theta_y \\ v = -z\theta_x \end{cases} \tag{6-4}$$

从式(6-4)可以看出，只有 w 为位移分量。

6.1.3 薄板内的应力及应变

由几何方程，薄板内的应变为

$$\boldsymbol{\varepsilon} = \begin{Bmatrix} \varepsilon_x \\ \varepsilon_y \\ \gamma_{xy} \end{Bmatrix} = z \begin{Bmatrix} -\dfrac{\partial^2 w}{\partial x^2} \\ -\dfrac{\partial^2 w}{\partial y^2} \\ -2\dfrac{\partial^2 w}{\partial x \partial y} \end{Bmatrix} = z \begin{Bmatrix} \kappa_x \\ \kappa_y \\ \kappa_{xy} \end{Bmatrix} \tag{6-5}$$

可以看出，应变与 z 成正比。式中的参数意义分别为：$\dfrac{\partial^2 w}{\partial x^2}$ 为 x 方向的曲率；$\dfrac{\partial^2 w}{\partial y^2}$ 为 y

方向的曲率；$\dfrac{\partial^2 w}{\partial x \partial y}$ 为 xy 方向的扭率。

由假设(1)的推论 $\gamma_{yz} = \gamma_{xz} = 0$，有 $\tau_{yz} = \tau_{xz} = 0$。

由假设(2)，有 $\sigma_z = 0$。

$$\sigma = \begin{Bmatrix} \sigma_x \\ \sigma_y \\ \tau_{xy} \end{Bmatrix} = \boldsymbol{D}\boldsymbol{\varepsilon} = z\boldsymbol{D}\boldsymbol{\kappa} \tag{6-6}$$

同样可以看出，应力也与 z 成正比。

6.2　薄板弯曲的有限元分析

本节讲述薄板弯曲的有限元分析流程。

6.2.1　离散化

首先对薄板结构进行离散化，一般采用矩形单元或者三角形单元来进行网格划分。如图 6-2 所示。

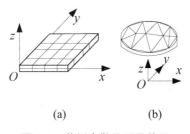

(a)　　　　　　　　(b)

图 6-2　薄板离散化所用单元

6.2.2　矩形薄板单元分析

从前面章节的分析得知，矩形单元内的应变和应力不是常数，因此在划分网格时，应该尽量使用矩形单元，本节主要讲述矩形薄板单元的分析过程。

如图 6-3 所示的矩形单元，坐标系在板的中面上，中面 4 个角点为单元结点：i、j、m、p (右手系)。

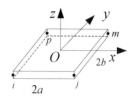

其中，单元结点坐标分别为

$$(-a,-b),(a,-b),(a,b),(-a,b)$$

i 结点的位移分量：w_i(挠度)，θ_{ix}(法线绕 x 轴转角)，θ_{iy}(法线绕 y 轴转角)。即

$$\boldsymbol{\delta}_i = \begin{Bmatrix} w_i \\ \theta_{ix} \\ \theta_{iy} \end{Bmatrix} \qquad (i,j,m,p)$$

图 6-3　矩形单元

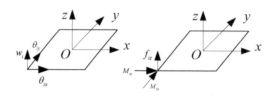

单元位移列阵为

$$\boldsymbol{\delta}^{(e)} = \begin{bmatrix} \boldsymbol{\delta}_i^{\mathrm{T}} \boldsymbol{\delta}_j^{\mathrm{T}} \boldsymbol{\delta}_m^{\mathrm{T}} \boldsymbol{\delta}_p^{\mathrm{T}} \end{bmatrix}^{\mathrm{T}} \tag{6-7}$$

i 结点的结点力为

$$\boldsymbol{f}_i = \begin{bmatrix} f_{iz}, M_{ix}, M_{iy} \end{bmatrix}^{\mathrm{T}} \qquad (i,j,m,p)$$

单元结点力列阵为

$$\boldsymbol{f}^{(e)} = \begin{bmatrix} \boldsymbol{f}_i^{\mathrm{T}} \boldsymbol{f}_j^{\mathrm{T}} \boldsymbol{f}_m^{\mathrm{T}} \boldsymbol{f}_p^{\mathrm{T}} \end{bmatrix}^{\mathrm{T}}$$

假设单元的位移模式为

$$\begin{cases} w(x,y) = \alpha_1 + (\alpha_2 x + \alpha_3 y) + (\alpha_4 x^2 + \alpha_5 xy + \alpha_6 y^2) \\ \qquad\quad + (\alpha_7 x^3 + \alpha_8 x^2 y + \alpha_9 xy^2 + \alpha_{10} y^3) + (\alpha_{11} x^3 y + \alpha_{12} xy^3) \\ \theta_x = \dfrac{\partial w}{\partial y} = \alpha_3 + \alpha_5 x + 2\alpha_6 y + \alpha_8 x^2 + 2\alpha_9 xy + 3\alpha_{10} y^2 + \alpha_{11} x^3 + 3\alpha_{12} xy^2 \\ \theta_y = -\dfrac{\partial w}{\partial x} = -\alpha_2 - 2\alpha_4 x - \alpha_5 y - 3\alpha_7 x^2 - 2\alpha_8 xy - \alpha_9 y^2 - 3\alpha_{11} x^2 y - \alpha_{12} y^3 \end{cases} \tag{6-8}$$

把单元 4 个结点坐标和结点位移代入式(6-8)，可以求得 12 个待定系数 $\alpha_1 \sim \alpha_{12}$，将它们代回式(6-8)，整理得

$$w(x,y) = \sum_{k=i,j,m,p} (N_k w_k + N_{kx}\theta_{kx} + N_{ky}\theta_{ky}) = \sum_{k=i,j,m,p} \boldsymbol{N}_k \boldsymbol{\delta}_k$$

或

$$w(x,y) = \boldsymbol{N}\boldsymbol{\delta}^{(e)} \tag{6-9}$$

形状函数矩阵为

$$\boldsymbol{N} = \begin{bmatrix} \boldsymbol{N}_i & \boldsymbol{N}_j & \boldsymbol{N}_m & \boldsymbol{N}_p \end{bmatrix}$$

$$\boldsymbol{N}_i = [N_i \ N_{ix} \ N_{iy}] \qquad (i,j,m,p)$$

$$\begin{cases} N_i = \dfrac{1}{8}(1+\dfrac{x}{x_i})(1+\dfrac{y}{y_i})[2+\dfrac{x}{x_i}(1-\dfrac{x}{x_i})+\dfrac{y}{y_i}(1-\dfrac{y}{y_i})] \\[3mm] N_{ix} = -\dfrac{y_i}{8}(1+\dfrac{x}{x_i})(1+\dfrac{y}{y_i})^2(1-\dfrac{y}{y_i}) \qquad (i,j,m,p) \\[3mm] N_{iy} = \dfrac{x_i}{8}(1+\dfrac{x}{x_i})^2(1+\dfrac{y}{y_i})(1-\dfrac{x}{x_i}) \end{cases}$$

其中，(x_i, y_i) 为 i 结点的坐标。

由位移模式(6-8)，α_1 是不随坐标变化的 z 方向刚体位移，α_3 和 $-\alpha_2$ 表示单元内不随坐标变化，绕 x 轴和 y 轴的刚体转动。应变列阵式(6-5)中的各分量包括三个常量：$[-2\alpha_4, -2\alpha_5, -2\alpha_6]^T$ 是单元的常应变。因此，矩形单元的位移模式满足收敛性必要条件，即该单元是完备单元。

单元的位移模式在单元内部是连续的。在单元边界上，例如 $i,j(y=-b)$，位移模式为

$$w = c_1 + c_2 x + c_3 x^2 + c_4 x^3$$

$$\theta_y = -\frac{\partial w}{\partial x} = -c_2 - 2c_3 x - 3c_4 x^2$$

式中，c_1、c_2、c_3、c_4 可以由 $\overline{ij}$ 边的四个条件 w_i、θ_y 及 w_j、θ_{jy} 唯一确定。相邻单元内公共边界上挠度相同，θ_y 也相同。在 $\overline{ij}$ 边上

$$\theta_x = d_1 + d_2 x + d_3 x^2 + d_4 x^3$$

在 $\overline{ij}$ 边上，两个边界条件 θ_{ix}、θ_{jx} 不能确定四个常数。也就是说，在 $\overline{ij}$ 边的边界上，相邻单元 θ_x 不连续(不协调)，因此，矩形单元是完备而不协调单元。

单元内的应力应变如下。

由薄板应变关系：$\boldsymbol{\varepsilon} = z\boldsymbol{\kappa}$

$$\boldsymbol{\varepsilon} = z\boldsymbol{\kappa} = z\begin{Bmatrix} -\dfrac{\partial^2}{\partial x^2} \\[3mm] -\dfrac{\partial^2}{\partial y^2} \\[3mm] -\dfrac{\partial^2}{\partial x \partial y} \end{Bmatrix} \boldsymbol{N}\boldsymbol{\delta}^{(e)} = z\boldsymbol{B}\boldsymbol{\delta}^{(e)} \tag{6-10}$$

由物理方程得

$$\boldsymbol{\sigma} = \boldsymbol{D}\boldsymbol{\varepsilon} = z\boldsymbol{D}\boldsymbol{B}\boldsymbol{\delta}^{(e)} = z\boldsymbol{S}\boldsymbol{\delta}^{(e)} \tag{6-11}$$

式中，$\boldsymbol{B}$ 和 $\boldsymbol{S}$ 均为 x 和 y 的函数，单元内应力和应变随 (x, y) 变化，且与 z 成正比，如图 6-4 所示。

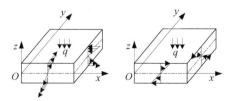

图 6-4　矩形单元中的应力应变分布

6.2.3　单元刚度方程与刚度矩阵

由虚功方程

$$\boldsymbol{\delta}^{*(e)\mathrm{T}}\boldsymbol{f}^{(e)}=\iiint_{V}\boldsymbol{\varepsilon}^{*\mathrm{T}}\boldsymbol{\sigma}\mathrm{d}x\mathrm{d}y\mathrm{d}z$$

$$=\iiint_{V}\boldsymbol{\delta}^{*(e)\mathrm{T}}\boldsymbol{B}^{\mathrm{T}}z\cdot z\boldsymbol{D}\boldsymbol{B}\left\{\boldsymbol{\delta}\right\}^{(e)}\mathrm{d}x\mathrm{d}y\mathrm{d}z$$

$$=\boldsymbol{\delta}^{*(e)\mathrm{T}}\iint_{A}\boldsymbol{B}^{\mathrm{T}}\boldsymbol{D}\boldsymbol{B}\mathrm{d}x\mathrm{d}y\int_{-\frac{h}{2}}^{\frac{h}{2}}z^{2}\mathrm{d}z\boldsymbol{\delta}^{(e)}$$

得

$$\boldsymbol{f}^{(e)}=\frac{h^{3}}{12}(\iint_{A}\boldsymbol{B}^{\mathrm{T}}\boldsymbol{D}\boldsymbol{B}\mathrm{d}x\mathrm{d}y)\boldsymbol{\delta}^{(e)}=\boldsymbol{k}_{12\times12}^{(e)}\boldsymbol{\delta}^{(e)} \tag{6-12}$$

从而，单元刚度矩阵为

$$\boldsymbol{k}^{(e)}=\frac{h^{3}}{12}\iint_{A}\boldsymbol{B}^{\mathrm{T}}\boldsymbol{D}\boldsymbol{B}\mathrm{d}x\mathrm{d}y \tag{6-13}$$

至于三角形薄板单元，采用三角形单元可以较好地模拟任意边界形状的板结构。在边界较为复杂的结构中，三角形单元的应用较多。但是，由于三角形单元为常应变、常应力单元，因此，在规则结构中很少使用，在复杂结构中要控制三角形单元的使用比例。

如图 6-5 所示三结点三角形薄板单元，其单元结点列阵为

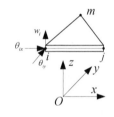

图 6-5　三角形薄板单元

$$\boldsymbol{\delta}^{(e)}=\left\{w_{i}\ \theta_{ix}\ \theta_{iy}\ w_{j}\ \theta_{jx}\ \theta_{jy}\ w_{m}\ \theta_{mx}\ \theta_{my}\right\}^{\mathrm{T}}$$

$$\boldsymbol{f}^{(e)}=\left\{f_{i}\ M_{ix}\ M_{iy}\ f_{j}\ M_{jx}\ M_{jy}\ f_{m}\ M_{mx}\ M_{my}\right\}^{\mathrm{T}}$$

6.3　薄壳结构的有限元简化计算

结构在两个方向尺寸(a,b)远大于另一个方向，但中面在无载荷下为曲面，这种结构称为薄壳结构，如图 6-6 所示。显然薄板(平板)是薄壳的一种特例。

可以由很小的薄板单元对薄壳结构离散化。单元分析在局部坐标系进行。在整体坐标系中组集。薄板假设仍然适用于薄壳，但对薄壳单元，其结点位移与薄板不同。

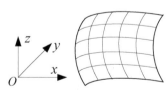

图 6-6　薄壳结构

$$\boldsymbol{\delta}_{i}^{(e)}=\left[u_{i}\ v_{i}\ w_{i}\ \theta_{ix}\ \theta_{iy}\right]^{\mathrm{T}}$$

$$\left.\boldsymbol{f}_{i}^{(e)}=\left[f_{ix}\ f_{iy}\ f_{jx}\ f_{jy}\ M_{ix}\ M_{iy}\right]^{\mathrm{T}}\right\}(i,j,m,p)$$

单元结点位移

$$\boldsymbol{\delta}_{20\times1}^{(e)} = \begin{bmatrix} \delta_i^{\mathrm{T}} & \delta_j^{\mathrm{T}} & \delta_m^{\mathrm{T}} & \delta_p^{\mathrm{T}} \end{bmatrix}^{\mathrm{T}}$$

单元结点力

$$\boldsymbol{f}_{20\times1}^{(e)} = \begin{bmatrix} f_i^{\mathrm{T}} & f_j^{\mathrm{T}} & f_m^{\mathrm{T}} & f_p^{\mathrm{T}} \end{bmatrix}^{\mathrm{T}}$$

其余过程与前面类似，不再赘述。

注意，严格来说，薄壳单元的每个结点只有 5 个自由度，但在有限元软件中会加以处理，使之变为 6 个自由度，在后面的实例中将对此展开。

第7章 有限元分析软件的应用

随着计算机软硬件的发展，有限元分析的应用越来越广泛，利用有限元软件进行结构的力学性能分析也成为工程技术人员采用的一种常用的手段。但是，大部分人在使用有限元软件的时候，其过程存在很多问题，所做的定性分析结果都难以服众，更不要说定量分析了，其分析结果难以用来指导设计和生产。

基本上所有的商业化有限元软件都经过了大量的理论或者实验的验证，在软件适用的领域或者范围内，在正确使用的前提下，有限元分析方法能够得到可靠的定量分析结果。因此，使用有限元软件应该尽可能地获得可以定量指导设计的分析结果，而不是定性分析的指导结果。

要正确、合理地使用有限元软件，不是一件容易的事情，它有很多注意事项。有限元分析人员不仅要精通软件的使用，还要有着丰富的数学、力学等知识以及行业工程应用经验。作为一个有限元分析人员，要做到能够系统地提出分析的目的，针对有限元计算结果提出对所分析结构的看法，提出结构可能的改进方向。作为一个成熟的有限元分析人员，不能仅仅满足于完成一次有限元的分析，而是应该通过分析结果，找出结构设计可能存在的问题，提出解决方案，并针对所提出的解决方案再次进行求解，不断地进行迭代，直至得到一个在设计、工艺和生产上都能满足要求的方案。

下面首先简要介绍有限元分析的流程，然后说明使用有限元分析之前的规划、分析设置以及对结果的解读。

7.1 有限元分析的流程简介

有限元分析一般都包括三个流程。

1. 前处理

在前处理这部分流程里，一般是有限元分析人员自行决定建立对象的几何模型，进行有限元网格划分(手工、自动)、边界条件处理及加载、设置求解类型等。

2. 分析

在分析这个流程中，一般是有限元软件自动进行的，有限元分析人员难以干涉(在前处理分析类型和求解参数设置确定之后)，软件自行求解刚度方程，得到需要的结果。

3. 后处理

在后处理这个流程中，需要有限元分析人员参与，决定输出的计算结果，例如应力、应变、位移、振型等，后处理软件形成应力图、变形图、振型图等以及计算结果数据的输出。

很多读者对上面三个流程所对应的软件常常混淆，例如，经常有人说 HyperMesh 分析软件，这是错误的，HyperMesh 只是前处理软件，不具备分析能力，分析软件是 OptiStruct，后处理软件是 HyperView。

对于其他公司的软件也有类似的问题，例如 MSC 公司的 Patran 软件主要是前处理，MSC 公司的分析软件是 Nastran。ANSYS 公司的 LS-DYNA(原为 LSTC 公司产品，现被ANSYS 并购)只是分析软件，其前后处理器可以用 LSTC 公司自己开发的 LS-PrePost，或者ANSYS。

Altair 公司在汽车和航空航天等领域的应用比较广泛，一个很大的原因是其中的HyperMesh 可以作为多个求解器可靠的前处理软件，其 HyperView 可以作为多个求解器的后处理软件。

7.2　有限元分析的规划

在进行有限元分析之前，必须进行战略上的规划。很多人在进行有限元分析时，没有一个规划，盲目地进行分析，得到的结果自己都没有自信，更不可能基于已有的分析结果进行讨论。

在进行有限元分析之前，第一步要明确分析的目的是什么。一般情况下，结构分析的目的是获取在一定的约束状态下，承受一定的载荷时，结构的响应。所谓结构的响应，也就是关注的求解结果，一般是结构的峰值应力、负载下的刚度、极限强度、疲劳寿命或者振动特性等。

只有明确了分析的目的，才能够弄清楚约束和载荷，才能清楚希望获取的结果，这样才能决定分析类型是简单的线弹性静力学、小扰动下的动力学(一般也可以理解为线弹性下的动力学)、非线性静力学、非线性动力学、流体分析还是 NVH 分析，等等。

确定了分析对象和分析类型，这个时候就要进行大量的文献阅读，查看其他的研究人员针对类似的分析对象和类型是如何进行分析的，分析的技术路线是什么，结论是什么，采用的手段和技术有什么优缺点，等等。尽管目前几乎所有的有限元软件都声称能够解决大部分的工程问题，但是不同的行业认可的软件不一定相同，这也是在进行有限元分析之前要广泛地查阅文献和进行行业调研的原因。

7.2.1　有限元分析的战略规划

1. 明确分析要求

在进行分析之前，首先要弄清楚问题是什么，能不能使用有限元法来解决。如果问题无法使用有限元法来解决，或者现有的手段难以解决，就应该通过其他手段来解决。

确定可以使用有限元法之后，要明确分析的要求是什么，有的要求是定量分析，有的要求是定性分析，甚至是趋势分析。不同的要求意味着有限元分析难度和投入的差异。有限元分析应该追求的是具有较好的指导意义的定量分析。

同时，还要明确分析的对象是全局还是局部，也就是要确定关注的区域在哪里。明确

了关注区域后，可以决定网格的划分策略。针对局部的关注区域，与其细化整体网格，不如将单元集中在关注的区域，粗网格通常足够用于传递力，可以在不需要应力信息的区域中使用。如果事先不知道关注的区域，那么也可以先进行粗网格分析，根据分析结果，确定后续分析中需要细化的区域。

明确了分析的要求，分析人员就能确定有限元分析的精度要求、时间成本、人力成本，确定是否需要进行实验验证。如果需要，能否进行验证，怎样进行实验验证。同时，根据分析要求，可以确定是否需要进行改进分析。如果需要进行改进分析，那么改进分析的要求是什么，现有工艺是否支持，成本是否合理，等等。

2. 明确分析类型

明确了分析要求之后，就可以根据分析要求，来选择分析类型，进行静力学、动力学、疲劳、非线性静力学、非线性动力学、流体、NVH、流固耦合或者热固耦合分析。

不同的分析类型对分析人员的要求、设备的要求和模型的要求差别很大，因此，明确分析类型非常重要。例如，非线性分析往往比线性分析有更严格的网格要求。接触非线性问题可能需要一个更精细的网格来捕捉变化的状态行为；高级材料，例如塑性、超弹性等，通常需要更精细的网格来捕捉大应变梯度；大变形分析需要更精细的网格来适应分析过程中形状的大变化。

3. 明确分析基础

在确定分析要求和分析类型之后，分析人员要明确自己的分析能力、理论水平和经验，自己所具有的硬件条件和软件条件，根据这些分析基础来确定分析应该使用的软件、选择的单元类型、模型的规模、材料模型、载荷与约束等。

一般情况下，分析人员应该根据自己行业的具体情况来选择合适的软件。

7.2.2　有限元分析的战术规划

在明确有限元分析的战略规划后，整个分析的难点是如何将现实的物理问题转化为有限元模型。整个过程需要分析人员有着丰富的力学基础、相关的工程经验、有限元建模经验和实验经验。这一步是整个有限元分析是否成功的关键，因为有限元单元属性的限制，现实的物理问题很难完全在有限元模型中重现，如何尽可能地复现现实物理问题的加载和约束，对于有限元分析人员是一个很大的考验。

一个经验丰富的分析人员，必须具有丰富的工程经验以及实验经验，这样才能保证所建立的有限元模型紧贴实际，能够复现实验的场景，否则会导致有限元分析计算的结果与实验结果相差很大。现在很多分析人员不熟悉实验，这样的问题很大，最终的加载和约束可能与实验完全不一致，导致最终的分析结果意义不大。

在建立有限元模型的时候，即进行前处理的时候，要进行大量的规划，例如几何模型是否经过处清、单元的选择、网格大小、材料模型、约束和加载以及分析类型等。在进行这些工作之前，最重要的是要确定模型的单位制。

1．单位制

结构分析中使用的基本测量单位是长度、质量、时间和温度，所有其他参数量的单位都基于这些基本单位。在不考虑温度影响时，一般通过长度、质量和时间来选择单位制。

在进行有限元分析计算中出现的很多错误都可以归结为对模型中单位的错误使用。很多分析人员在开始使用有限元软件时，总是对单位制不是很明白，甚至期盼软件自动调整单位制。实际情况是，不管哪种软件，即使软件确定了单位制，也要求分析人员自己根据单位制来输入正确的数值，软件只负责对所输入的数据进行计算，不考虑单位制的匹配。因此，分析人员必须自行决定使用哪种单位制，输入什么数值，自己来计算、转换输入的数值，并注意输出结果的单位。例如，假设时间的单位是秒(s)，那么固有频率计算结果的单位就是赫兹(Hz)。如果时间单位是毫秒(ms)，那么固有频率的单位就应该是千赫兹(kHz)。另外，在输入一些系数或者参数时，一定要注意这些数值可能也有单位。例如考虑材料应变率效应的 Cowper Symonds 本构模型中 C 和 P 两个参数，C 是与应变率相关的参数，是有单位的，与应变率相同，单位为 1/s，而 P 是没有单位的。因此在使用不同的单位制时，必须明确这些参数的意义。

在进行结构分析时，常常使用 CAD 软件来进行几何模型的构建，大多数 CAD 软件默认的输出单位是 mm。一般情况下，常用的单位制有三种，即国际单位制(m-s-kg)、mm-ms-kg 以及 mm-s-10^3kg 单位制。在不同的单位制下，基本的长度、质量和时间以及根据它们推导出来的其他单位制如表 7-1 所示。

表 7-1　三种单位制及相关的量和单位

物理量	国际单位制(SI)的单位	mm-ms-kg 单位制的单位	mm-s-10^3kg 单位制的单位
长度	m	mm	mm
时间	s	ms	s
质量	kg	kg	10^3kg
力	N	kN	N
密度	kg/m^3	kg/mm^3	10^3kg/mm^3
应力	Pa(N/m^2)	GPa(10^9 N/m^2)	MPa(10^6 N/m^2)

表 7-2 以工程中常用的两种材料，Q345 钢材和 T6 铝合金来说明输入数值的变化，建议读者自行推导一下。

表 7-2　两种材料的输入数值

材料及参数名称		国际单位制(SI)	mm-ms-kg 单位制	mm-s-10^3kg 单位制
Q345 钢材	杨氏模量	210E9	210	210E3
	密度	7840	7840E-9	7840E-12
	泊松比	0.3	0.3	0.3
	屈服强度	345E6	345E-3	345

续表

材料及参数名称		国际单位制(SI)	mm-ms-kg 单位制	mm-s-10³kg 单位制
T6 铝合金	杨氏模量	70E9	70	70E3
	密度	2700	2700E-9	2700E-12
	泊松比	0.27	0.27	0.27
	屈服强度	210E6	210E-3	210

在进行有限元分析时，很多时候会缺乏材料的参数，分析人员需要在网络上搜索他人所使用的参数作为参考。此时一定要注意，这些参数在书写时可能经过了转换，但没有清楚地说明。例如，有些论文作者会说明自己使用了 mm-s-10³kg 单位制，但在介绍材料属性时，依然会说杨氏模量为 210 GPa，这时分析人员自己要清楚，在建立有限元模型输入参数时，要转换为 210E3(MPa)。

为了避免错误，对于同一个项目，只使用一套单位制。在初始分析时，最好是使用国际单位制，尤其是在对所研究内容的理论不是很精通的情况下，否则理论公式中的参数很可能会因为单位制的原因用错。

在对参数不清楚的时候，尽可能地阅读软件的参考手册或者用户手册，在这些手册里面对软件输入参数的意义会给出一些介绍。以角度为例，有些软件会在输入和输出中使用角度来度量，而有的软件则以弧度来定义。

2. 几何模型的处理

有限元分析的结构形状一般较为复杂，在有限元前处理中很难建立这些结构的几何模型。最常见的是，有限元前处理软件，例如 HyperMesh，从三维 CAD 软件中导入组件(或零件)的几何模型，这些几何模型的格式通常为 PARASOLID、CATIA、STEP、UG、IGES 等。

1) 小特征几何形状的处理

在三维几何模型建模时，为了设计制造或者加工等方面的要求，几何模型中存在大量的倒角、小孔以及小台阶等几何形状，这些小特征形状的存在，将极大地影响后续的网格划分质量，小孔、圆角、凸角、窄边都将自动生成一个非常精细、局部化的网格。对于复杂的非线性问题，网格质量太差，很容易导致迭代不收敛而出现求解中止。因此，从三维几何软件中导入的几何模型一般需要进行一定的处理。

分析人员在进行小特征处理之前，需要评估这些特征是否会影响分析：它是否在关键区域？它是否影响加载路径？必须明确这些小特征是否对后续的分析结果造成影响，只有在确保不影响计算结果的时候，才能删除，否则即使影响网格质量，也不能删除这些小的特征。这些方面就需要分析人员在求解精度与时间中做出权衡和折中。

例如汽车车架中存在一些工艺孔，是为了各种电源线或者信号线的布局，这些小孔是可以删除的。在车架前端存在导引槽，其目的是在减小最大碰撞力的同时，确保结构在设置导引槽的位置产生溃变，从而保证车内乘员的生存空间，显然，这些导引槽是不能去除的。在一些非关键区域的小倒角(半径小于 5 mm 左右)，可以删除，但在一些存在应力集中的区域，这些倒角不能删除。

2) 几何形状的拆分

有限元前处理软件自动划分的功能一般较差，因此，为了提高后续网格划分的质量或者为了共结点处理，经常要对各种几何形状，例如线、面以及体等进行处理，一般是打断或者切割处理。经过分析人员的干预和处理之后，网格的质量会有明显的提升。具体的操作技巧，可以参考相应软件的操作说明或者一些培训资料。

3) 几何形状的缝合

还有一些几何形状，在三维几何建模软件中是连续的，但在导入有限元前处理之后，由于计算误差或者算法的原因，本来连接在一起的表面，会出现一些缝隙，此时要进行处理，将这些断开的几何形状缝合在一起。

3. 单元选择

在有限元分析时，选择什么单元种类，所建立的有限元模型规模，是影响计算时间、精度和计算成本的重要因素。目前，对于使用多少单元来建立有限元模型以及用什么类型的单元来建模，这两个问题没有单一的正确答案，所以在进行建模的决策时要加以研究。

单元的选择基于要解决问题的类型、边界条件、几何考虑和所需提供的计算结果等。大多数工程问题可以用许多不同的方法来解决，对于单元选择的问题一般没有"对"或者"错"的标准答案(当然，如果在不满足单元使用条件下，强行使用这种单元来建模，那么肯定是错误的，例如，在明显不符合壳单元使用规则下使用壳单元来分析一个体)。但是在建模之前，做好规划，做出一个好的选择，可以减少建模以及后续处理的工作量、计算时间和结果中可能出现的错误。

同时，分析人员要认真研究所使用软件中对单元使用的要求，选择用来解决问题的求解器可能对某些元素类型有限制，而对其他元素类型没有限制。以 Altair 公司的 OptiStruct 求解器为例，在进行橡胶材料的计算时，求解器中所使用的 MATHE 材料只能用于体单元，在后续例题中，所研究的橡胶哑铃试件，即使其结构形状满足壳单元的使用条件，但因为求解器不支持，所以也只能用体单元来对结构进行网格划分，将其属性定义为体，才能进行计算。如果定义为壳单元，那么在后续计算时将报错。

有限元软件中的单元种类一般有四种，即 0D 单元、1D 单元、2D 单元和 3D 单元。在建立模型中所需要的连接单元，例如 RBE(rigid body element，刚体单元)单元、弹簧单元等一般都归属于 1D 单元。下面分别介绍一下这四种单元。

1) 0D 单元

在有限元软件中，0D 单元一般是用来模拟质量单元的。在有限元建模时，如果只考虑质心位置处的质量，那么可以采用 0D 单元来模拟点荷载质量，来表征附着结构的质心。在不需要考虑细节时，这是表示复杂结构的极好方法。

例如，在分析车架时，如果要考虑发动机重量的影响，那么在知道发动机质心位置以及相应的转动惯量等参数时，可以不对发动机进行建模，只需要在质心位置输入相应的参数来模拟发动机，然后利用 RBE3 单元，将表征发动机的质量点与车架上的三点悬置位置连接即可。

如果无法获取复杂结构的质心位置，或者转动惯量等参数，就不能使用质量点来进行建模，可以对复杂结构进行网格划分(复杂结构一般是采用四面体单元来划分，为了提高计算精度，可以采用高阶十结点四面体单元)，赋予其各种属性，由软件自行计算。

2) 1D 单元

如果所分析结构中一个方向的维度与另外两个维度相比非常大(一般是 5～10 倍)，那么

可以使用 1D 单元来对该结构进行网格划分。1D 单元类型较多，一般有杆、棒、梁、管以及各种连接单元等。在实际的应用中，长轴、梁、销接头和连接件等一般都采用 1D 单元来建模。

在使用梁单元时，要注意梁单元本身的局部坐标系。梁单元要考虑其横截面的属性，因此在定义梁单元时，要定义其方向矢量。如图 7-1 所示为 CBAR 单元的坐标系统。单元局部坐标系中的 x 方向由其第一个点(A)及第二个点(B)确定，单元的局部 xy 平面(平面 1)，由方向 v 和局部的 x 轴定义，该平面的法向方向即为 z 方向。详细的梁单元坐标系定义可以参考软件的使用手册。

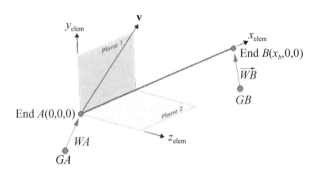

图 7-1　梁单元局部坐标系

在有限元发展的过程中，限于计算机软硬件的计算能力，对车架的计算，曾经采用梁单元来进行建模。近年来，随着计算机软硬件的发展，一般都采用壳单元来进行建模，来获取更加详细和准确的计算结果。目前，梁单元多用于连接单元、焊接以及弹簧阻尼单元等的建模，在结构方面的应用不是很多。

不同的梁单元自由度不同，从 1 个自由度到 6 个自由度不等。因此在一些特殊的情况下，例如模拟转轴或铰链接头时，可以利用梁单元在单元的末端释放一个或多个自由度来模拟一个垂直轴上的旋转或平移，也可以模拟各种铰接。

在实际的工程项目中，例如车架结构，一般都是多个零件通过点焊、堆焊或者螺栓连接而构成一个子系统。在分析这些子系统时，部件之间的连接大多数采用刚性连接(RBE2、RBAR)、点焊(SPOTWELD)、梁单元或者共用结点来实现。

刚性连接(RBE2、RBAR)通过独立结点和从属结点来形成一组放置在刚度矩阵中的方程。一般来说，刚性连接只是一个约束方程或一组约束方程。根据连接自由度的不同定义，这些结点在所定义的自由度上形成刚性的共同运动。现实中，并不存在完美的刚性材料，所以刚性连接单元通常不能很好地表征所要分析的结构组件。在最终的结果中，在刚性连接单元附近往往会存在着应力集中现象，分析人员需要仔细评判这些应力集中是因为载荷所导致的，还是因为使用了刚性连接单元而导致的奇异性或者伪应力集中现象。

如果一个刚性元件很长或长度与结构相似，并且与结构紧密耦合，那么它可能会过度加固，会导致与结构连接的位置刚度过大。当结构的一部分相对于被研究的结构具有更大的刚度，并且耦合较为轻微时，可以考虑应用刚性元件来模拟。例如，发动机通过悬置连接到车架上，如果忽略发动机对车架变形的影响，那么可以认为发动机是刚性的。

在对机构(各种铰链、键槽)进行建模时，往往采用刚性单元。在这种情况下，两个结点被放置在相同的位置，并且只有耦合的自由度被约束在一起。事实上，这种长度为零的刚性单元是一种非常重要的应用。很多有限元软件在模拟球铰、键槽的时候，经常采用这种方法。

为了克服刚性单元可能出现应力集中的缺点，软件公司开发了点焊单元，通过定义单元的材料属性和单元属性来模拟点焊的连接。点焊连接通常用于较薄的金属部件之间，例如车身以及车架设计使用的部件。点焊单元一般是在两个单元之间形成，不是通过结点的刚性连接，因此避免了刚度的奇异性。

使用梁单元对螺栓或者一些连接进行建模不仅能给出更好的变形，还能输出准确的力的大小。用梁单元代替刚性单元，很容易发现并自动消除奇异性，避免出现伪应力集中现象。

共用结点也是一种很好的消除奇异性的方法，要求连接的结构的结点位置相同，通过 equivalence 来删除多余的结点，只在同一个位置处保留一个结点来传递载荷。这种方法对有限元网格划分的要求比较高，需要对相邻的边或者面进行打断，划分同样数量的网格来保证结点位置相同或相近。

弹簧单元并不是真正意义的单元。弹簧单元通过定义刚度值或者阻尼值，直接耦合两个结点的自由度或将单个自由度连接到地面。在使用弹簧单元时，要注意弹簧单元只有一个方向的自由度。如果连接的自由度在全局坐标系中不对齐，那么将出现问题，可能会引入不存在的扭矩。另外，在使用弹簧单元时，有分析人员对距离较远的两个结点之间可能会划分多个弹簧单元，此时要注意多个单元串联或者并联时，所定义的刚度值会发生变化。

3) 2D 单元

2D 单元也经常被称为壳单元。在汽车结构的分析中，大量使用 2D 单元，例如车身板、金属板、注塑塑料或满足 2D 单元几何要求的零件。2D 单元在一个方向的尺寸远远小于另外两个方向，一般表征为具有较小的厚度，工程中一般认为在最小尺寸为其他尺寸的 1/10～1/5 时，即可使用壳单元。

严格来说，根据壳单元的位移模式，壳单元每个结点有 5 个自由度、3 个平动和 2 个转动，缺少了绕单元法向转动的自由度。在 Nastran 软件中，针对缺少的第六个自由度，使用了 K6ROT 参数，提供了一个面内旋转刚度(所谓的法向刚度)。K6ROT 提供的绝对刚度值，以相同的方式应用于所有壳单元。这样就避免了壳模型的刚度矩阵奇异。在 OptiStruct 软件中，壳单元具有内置的法向刚度。每个单元的法向刚度是利用形状函数，根据单元的属性计算而得到的。这样，OptiStruct 中的壳元素每个结点有 6 个自由度、3 个位移和 3 个旋转。相对来说，OptiStruct 的方法更为准确，因为它从每个单元的属性中通过计算来得到法向刚度。对于壳单元所建立的有限元模型，在使用不同软件(例如 OptiStruct 和 Nastran)之间，结果存在着不同。

另外还要注意，不同的软件默认的应力输出位置不一定一样，大多数商业软件的默认设置是输出单元结点处的应力。OptiStruct 在默认情况下只计算和输出单元中心点的应力，而不会计算输出单元结点的应力。如果要计算结点处的应力，就需要在分析类型对应的输出中进行设置。在关注结构强度时，一般更需要用户去指定输出单元结点的应力。评估板结构的强度时，可以选取单元形心处的应力作为工作应力。

另外，在使用壳单元建立有限元模型时，要注意尽量采用四边形单元，避免采用三结

点三角形单元。主要原因是根据三结点三角形单元的位移模式，其内部的应变和应力为常数，与实际的应变和应力分布不符。工程中一般要求三结点三角形的使用比例不超过5%。

当然在实际的应用中，在某些情况下，不可避免地要使用三角形单元。例如：①作为网格过渡。在复杂形状的结构分析中，为了减小计算的规模，一般在关键区域使用小的单元尺寸，在一般区域使用粗网格或更大的单元尺寸，这样既可以保证较好的计算精度，又可以保证整个模型的自由度可控。三角形单元有助于创建从密集网格到粗糙网格的平滑网格过渡。②复杂的几何形状。对于一些像肋端或尖锐切口这样的几何特征，需要使用三角形单元。如果用四边形单元，那么会导致整个模型的单元质量变差。③更好的网格流动。对于碰撞或强非线性分析问题，整个有限元模型的网格流动性非常重要，其中所有单元都满足所需的质量参数。使用混合模式的单元类型代替纯四边形单元类型有助于获得更好的网格流动性和求解的收敛性。

4) 3D单元

当结构在三个方向的几何尺寸具有可比性时，应该使用3D单元(结构体单元)进行建模。

同样，根据结构体单元的位移模式，在整个有限元模型中，要控制四结点四面体单元的比例。如果因为结构复杂且不规则，必须用四面体单元进行网格划分时，那么可以采用十结点四面体单元来提升分析的精度。

另外，结构体单元的每个结点只有3个平动自由度，在施加载荷和约束的时候要注意，因为结点不存在转动自由度，所以在结点上施加转矩的时候要小心，法向方向的转矩是无法施加的。在施加约束的时候，要防止因为缺少转动自由度而导致结构没有被完全约束住。

4. 单元网格划分的质量

单元网格划分的质量是一个在有限元分析中经常被谈论但很难被完全理解的话题。其原因很复杂，但主要是因为单元网格质量是相对的，没有一个绝对的定义或者评判准则。在有限元公式中，假设每种单元类型都有一个局部参数坐标系，并且单元和全局的物理坐标系与参数规定的单元网格质量相匹配。不管是软件推荐的默认值，还是分析时的经验值，这些关于单元网格质量的规则，有限元分析人员应该尽可能地遵守，但并不意味着必须全部遵守。如果教条地费力将所有单元的网格质量都放在规定的接受标准之内，所花费的人力成本和计算成本太大，也并不会使计算结果的精度提升很多。一般情况下，有限元分析人员应该始终对创建的单元网格执行质量检查，针对所使用的有限元软件，了解软件完成计算求解所需的每种单元类型的单元网格质量检查的极限值，从而在划分网格时，避免出现较差质量的单元网格，导致求解失败。这也就意味着，单元网格划分质量的标准都是相对的，能够保证求解完成，且仿真计算结果与实验结果较为吻合。在这些情况下，所谓好的网格质量与不好的网格质量之间的范围可能非常宽。

最理想的单元形状是：针对三角形壳单元，为等边三角形；针对四边形单元，则为正方形；针对六面体单元，则为正方体。

一般来说，单元网格质量的检查主要有以下几个指标。

1) 最小单元尺寸

最小长度，计算使用以下两种方式：①对于非四面体网格，选择单元的最短边长；②从结点到对角边(或面)的最短距离，如图7-2所示。

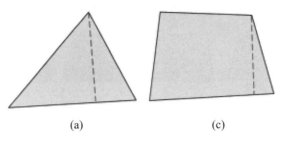

(a)　　　　　　　　　　　(c)

图 7-2　最小单元尺寸

它通常用于检查网格的最小特征长度和任何零长度元素的存在。在非线性计算的碰撞分析(时间步长计算)中，是一个非常重要的检查。

2)　歪斜

三角形单元网格的歪斜(扭曲度，Skew)，是从每个结点到相对边中点的向量与两个相邻边中点生成的向量之间的最小角度的余角，即 90°减去形成的最小角度，Skew = 90° − $\min(\alpha_1, \alpha_2, \alpha_3)$，如图 7-3 所示。

(a)　　　　　　(b)　　　　　　(c)　　　　　　(d)

图 7-3　单元的歪斜

四边形中的偏斜，是连接单元相对边的中点得到的两条直线之间的最小角度的余角，即 90°减去形成的最小角度，Skew = 90° − α。

3)　长宽比

2D 单元的长宽比是单元的最大长度边除以单元的最小长度边，一般要求这个值在 1～5 之间。Aspect Ratio=L_{max}/L_{min}。如图 7-4 所示。

3D 单元的每个面看做一个 2D 单元并且计算长宽比。最大的长宽比作为 3D 单元的长宽比。

4)　翘曲度

依次沿对角线将四边形分为两个三角形，寻找这两个三角形所在面构成夹角的最大夹角，该角即为翘曲度。默认值是小于 5°。翘曲度的定义如图 7-5 所示。

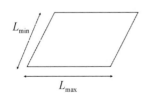

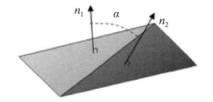

图 7-4　单元的长宽比　　　　　　　　　图 7-5　单元的翘曲度

5)　锥度

分别连接四边形对角结点，连线将四边形分割成 4 个三角形。锥度为 1 减去最小三角形面积除以四边形一半面积的比值。4 个三角形分别如图 7-6 中的(a)、(b)、(c)和(d)所示。

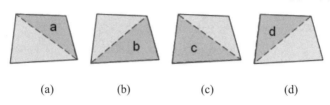

图 7-6　锥度计算

6)　Jacobian Ratio

Jacobian 值用来衡量网格偏离理想单元形状的程度，是评价单元质量好坏的一个重要指标，较差的值往往导致分析终止。

数学上 Jacobian 是进行坐标变换的 Jacob 矩阵的行列式$|J|$，它的取值可以在$(-\infty,+\infty)$之间变化。abs($|J|$)>1 说明面积扩大，abs($|J|$)<1 说明面积缩小。$|J|$<0 说明组成微元的两个向量所成角度的正弦值(sin)发生了符号变化(比如从锐角变成大于 180°)。

HyperMesh 中的 Jacobian 并不是上面讲的数学意义上的 Jacobian，而是在自然坐标(s,t)中的微元向量 dS、dT(在自然坐标中成 90°)，对应在全局坐标中的向量 dS'、dT'所成角度的正弦值。HyperMesh 在每个元素的积分点(也称为高斯点)或元素的角结点处计算雅可比矩阵的行列式，并报告最小和最大之间的比率。在高斯点的雅可比估值的情况下，0.6 及以上的值通常是可接受的。分析人员可以从"检查元素设置"窗口中选择要使用的评估方法(高斯点或角结点)。这个值在[-1,1]之间变化，但是由于负值表示单元发生了"反转"或者"穿透"(比如 Tetra 中一个结点运动到了另外三个结点组成三角形的另一侧)，软件认为此时的单元是完全不可用于有限元计算的，所以分析人员必须保证 Jacobian 的取值范围是[0,1]。

以 QUAD 单元为例，如果 Jacobian=1，就说明该单元的四个角都是直角，单元质量是最好的，是所谓的"理想形状"。如果 Jacobian=0，就说明该单元发生了严重的变形，某个内角变为 0° 或者 180°；如果 Jacobian<0，就说明该单元发生了非常严重的变形，某个内角变为负值(反转)或者大于 180°。

7)　网格塌陷

这是四面体单元网格质量检查的一项指标。其计算公式为：对于每一个单元，计算各个结点到对应面的距离值与对应面面积的平方根之比，取其中的最小值并除以 1.24，即为 tet collapse 值。tet collapse = min (h_i / sqrt(A_i))/1.24(i=1,2,3,4)。

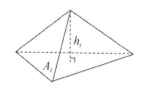

图 7-7　四面体单元网格塌陷的计算

四面体单元网络塌陷的计算如图 7-7 所示。

数值 1 表明是具有最大体积的理想单元，数值 0 则表明是一个完全坍塌的没有体积的单元。非四面体单元统一赋值为 1，以免 HyperMesh 误以为是质量差的四面体单元。

在进行上述单元网格质量检查后，如果软件警告单元质量较差，甚至在提交计算后，因为网格质量终止计算，那么如何改善元素的质量呢？

①　手动调整：通过手动平移结点或在网格质量不好的区域重新进行网格划分，来提高网格的质量。尽管这种方法会耗费分析人员大量的时间，但这是非常有效的，在很多时候也是唯一可用的手段。

在手动调整过程中，拖动结点是经常用的方法。用户拖动网格质量较差单元的结点，软件实时显示在所有关联单元上拖动结点的效果。

② 自动质量改进：现有软件所提供的提升单元网格质量的最新选择。用户提交质量不好的单元网格来提高其质量，并且软件程序在后台运行自动改善单元的网格质量。

使用自动网格改进时，对于 2D 网格的翘曲改善和十结点 Tetra 网格的雅可比/失真改善，有时软件可能会将结点从单元中移出太大的量，从而会导致单元更加明显的扭曲和变形。

5. 单元网格尺寸大小

有限元分析人员在开始进行项目的分析时，建立有限元模型必须考虑单元网格的大小，对于经验缺乏的新手来说，使用多大的网格合适，需要进行长时间的探索才能根据经验获得一个合理的答案。

那么为什么不总是用最大可能数量的结点和单元去创建一个非常精细的有限元模型呢？这里面有两方面的原因，一方面是求解结果是否正确的问题。

根据有限元的理论，在建模都正确的情况下，单元网格越小，越接近实际的物体，其计算结果应该越逼近理论解。实际上，有限元的计算结果通常取决于是否建立了正确的模型。在建模策略正确的情况下，求解能否获得良好的刚度矩阵，这在很大的程度上取决于网格的划分质量。在单元网格质量较好的情况下，单元加密，在计算机精度内趋于真解。反之，如果有限元网格质量不好，即使尽可能地缩小单元尺寸，也很容易出现刚度奇异情况，尤其是在动力学或者非线性计算的问题中，几何尺寸太小的单元将导致过短的时间步长，会引起残差积累，可能会引起更大的误差(注意，有限元求解所得到的解不一定是真实解，如果建模策略错误，那么几乎不可能得到真实解)。

另一个原因是单元数目的增加，对于模型的求解和查看会造成很大的困难。目前随着计算机软硬件的发展，通过自动网格来建立大型模型通常花费较少的时间，并且增加的计算机容量减少了使用特殊技术来最小化单元数量的需要。一般而言，模型的规模与有限元模型的自由度数目的平方成正比，求解时间随着结点数的立方而增长。例如，如果结点数量增加一倍，那么所需的内存将增加四倍，求解的时间将增加八倍。由于显卡内存的限制，所以大规模的有限元模型在计算机上不容易操作。项目分析人员必须在求解的精度和单元尺寸之间保持一个良好的折中，根据计算机可用的硬件配置以及项目的进度要求等来平衡精度与计算成本。

在有限元分析过程中，为了获得准确的结果必须在模型中捕捉最小的几何细节。非常小的半径可能导致应力集中，但同时，它可能不在组件的承载部件中。捕捉这个细节所需的建模，可能需要在对整体结构或组件进行分析后，再进行单独的局部分析。这也是通常的准则是在关键区域的孔周围至少应该划分 12～16 个单元网格的原因。

针对不同的项目，不同的分析类型，对于单元网格尺寸的大小要求是不一样的。对于线性静态分析可以通过大量结点和单元较为容易地进行求解，但非线性大变形，例如碰撞分析、计算流体动力学或动态分析时，较小的单元尺寸会导致非常小的时间步长，从而导致求解时间大幅延长。

针对线性静力学问题，单元网格尺寸的确定一般是分析并观察高应力区域。通常的方法是，将上一次的单元尺寸减半，重新计算求解，比较两次计算结果之间的差异。不断继续该过程，在两次结果之差小于10%时，即可确定分析所使用的单元网格尺寸。

6. 约束

边界条件的应用是一个非常棘手的问题，它基于分析人员的工程经验、技巧和常识。约束在开始根据物理模型建立有限元模型的规划时，就要加以考虑，而不是在划分好网格之后才考虑。

模型或者部件的约束有多种，分析人员应该尽可能地明确，不同的约束，有限元计算的结果差别非常大。简支、柱销、球铰或者固支，不同的支撑方式最终的结果是不一样的。很多时候定义一个正确的约束，需要从实践和现场经验中不断学习，需要与经验丰富的CAE工程师、现场工程师和测试部门工程师进行讨论或者请教。如果所建立的有限元模型计算的结果不正确，就需要不断地确认模型的建立过程或者设置是正确的，在确认其他部分没有问题之后，不断地修改边界条件。反复修改有限元模型，直到达到令人满意的相关性。这也是有限元分析人员应该尽可能地参与实验的设计和实施的原因，否则边界的条件的模拟很难与实际的情况完全一致。现在很多的有限元分析工程师不愿意去车间、测试部门或现场，不去研究部件的制造、功能和故障，这种脱离实际的分析很难取得较好的结果。分析人员应该至少接受完整的数据采集和测试方法的基本培训，定期访问测试部门，观察结构的变化，并将实际性能与计算机模型的结果进行比较。只有这样，有限元分析才能贴近实际，分析水平才能提高。

在施加约束时，要注意不同的单元结点的自由度不同，必须清楚单元的自由度才能正确地施加约束。例如，壳单元的每个结点有 6 个自由度，从理论上讲，约束一个结点可以将整个模型约束住。结构体单元每个结点只有 3 个自由度，从理论上讲，一个结点不可能将一个模型完全约束住，至少用不在一条直线上的三个结点才可能将一个模型完全约束。

整个模型如果存在约束不足的情况，那么在计算求解时，会出现较大的位移结果(当然，也可能是单位制错误导致的)，或者直接报错终止计算。分析人员看到这方面的提示，要马上检查自己的约束是否充分。

7. 施加载荷

在有限元模型中，施加的载荷主要有集中载荷、分布载荷、力矩(弯矩或转矩)以及重力载荷等。

1) 集中载荷

集中载荷主要是施加在单个或多个结点上的集中力。在 HyperMesh 中，用单箭头表示力，同时指向了施加力的方向。对单个结点施加集中力可能会导致结点附近区域出现应力集中现象。一般情况下，应该根据圣维南原理，观察远离受力结点区域的应力，避免直接查看集中力作用区域的应力。

2) 分布载荷

分布载荷既可以是压力，也可以是有一定的分布关系的力，在施加这类载荷时，要注意施加的方向。一般情况下，压力是沿着单元的法向方向。在施加之前，应该查看整个结构的法向方向是否正确，对于不正确的，要加以调整。分析人员也可以计算整个区域施加压力时，所有结点所承受的合力，然后根据结点的数目，将合力均布在每个结点上。

3) 力矩

在 HyperMesh 中，力矩用双箭头表示，其中力矩的方向由右手定则来决定。施加转矩时要注意单元结点的自由度，例如，对实心单元(六面体/四面体)施加扭矩，由于实体单元的结点没有旋转自由度(只有 3 个平移自由度)，因此直接将扭矩和力矩施加到实体单元的结点上是不起作用的，正确的方法是使用 RBE2 或 RBE3 单元，通过刚体单元将施加的力矩作为力分配到实体单元模型中。

4) 重力载荷

在定义重力载荷时，需要指定重力的方向和材料密度。针对 Altair 公司的 OptiStruct 求解器，可以通过定义一个 Load Collector、GRAV 来进行定义，定义时一定要注意输入的数值要和整个模型的单位制匹配。

对于汽车的整体分析，要根据不同的应用场合给予车体承受的 z 方向垂直加速度(车轮越过障碍物或者跌落所造成的冲击)、y 方向加速度(车辆转向时所受到的作用力)以及制动和加速时所产生的 x 方向加速度(制动或突然加速)。

载荷既可以施加在几何模型上，也可以直接施加在结点上。施加在几何模型上的好处是，在重新进行网格划分时，载荷依然在，但施加在几何模型上，因为有些载荷可能需要计算，因此分析人员可能会对实际施加的载荷缺乏准确的了解。载荷直接施加在结点上，分析人员非常清楚所施加的载荷大小和种类，但每次调整网格时，所施加的载荷会随着网格的重新划分而消失，必须重新定义。

有限元法规定了只有在结点处传递载荷，不管哪种载荷定义方式，对于软件而言，都是将载荷最终施加在结点上。熟练的分析人员可以查看有限元分析软件的计算文件，例如 OptiStruct 的 FEM 文件，会提供结点施加载荷的详细情况。

7.3　本 章 小 结

本章针对有限元分析中建立有限元模型的过程进行了各种说明，这些要求或者经验对于初学者是很有帮助的，分析人员在建立模型之前的规划，将节省后期大量无谓的时间。在下一章的有限元实例操作中，着重点也会放在为什么这样操作，输入的参数意义是什么等，具体的有限元操作技巧不是本书的重点，读者可以咨询相应的软件公司或者在网上搜索对应的教程。

第8章 静力学分析实例

基于前面的有限元理论和第 7 章对有限元分析应用的总体讲解，本章主要利用 HyperMesh 前处理，结合 Altair 公司的 OptiStruct 求解器，进行有限元静力学分析方面的讲解。

前面已经提及，有限元分析的基本流程是前处理、求解和后处理。在前处理阶段，首先要明确项目的要求，使用有限元分析的类型、单位制、网格规模等。在确定好建模策略之后，一般是按照以下流程进行有限元分析。

1. 建立几何模型

对于简单的工程问题，可以在前处理软件中进行几何建模，但有限元前处理软件的几何建模功能一般都很差，对于复杂的工程问题，建议在 CAD 软件中进行建模，并根据有限元分析的要求，直接在 CAD 软件中进行几何清理工作。

2. 定义材料属性

很多单元属性在定义时，需要指定单元的材料属性，因此一般是在定义单元属性之前来定义材料的属性。在输入材料属性时，要注意单位制，有限元软件计算时，只对所输入的数值进行计算，根据量纲的对应关系来进行换算，一般的有限元软件不进行单位制的换算。复杂的有限元模型要进行多次试算，查找调试失败的原因。为了明确所建立的有限元模型，建议分析人员自己进行单位制的换算，确保理解所输入的参数和系数的物理意义。

对于复杂的工程问题，或者对所使用的参数或者系数单位制不明确的，建议使用国际单位制。

3. 定义单元属性

根据建模前的规划，选择适当的单元类型，并定义相应的单元属性。对于质量单元，一般是定义质量以及转动惯量等。对于梁单元，一般是定义梁单元种类、材料属性以及截面属性等。对于壳单元，一般是定义材料属性和单元厚度。结构体单元只需要定义材料属性即可。

4. 定义 component

定义所分析结构的 component(组件)，指定该 component 的单元属性和材料属性。

5. 划分单元网格

根据前期的规划，采用适当的单元尺寸，来划分结构的单元网格。

要注意以下几点。

(1) 划分网格时，要注意当前的 component 是否为结构所在的 component。在操作时，为了显示方便，经常会在其他的 component 中显示不同的结构，分析人员应该注意界面右下角的当前 component 名称是否为要划分单元的结构。如果不是，就可能会因为不同

component 单元属性的不同，出现定义错误或者定义无效。例如，如果定义了两个 component，分别为 Shell 和 Solid，Shell 的单元属性为壳单元，Solid 的单元属性为结构体单元，如果当前 component 为 Shell，那么在 Shell 中划分的结构体单元将没有单元属性。在求解时，程序会提醒单元属性没有定义，分析人员在检查错误时，觉得自己定义了 Solid 的单元属性，不应该出错。这是因为划分网格时，没有选择在 Solid 中进行结构体单元的网格划分，而是在错误的 Shell 中进行了网格划分，从而导致出错。改正的方法是，在 HypenMesh 界面的功能选择区中选中 Tool 单选按钮，在出现的命令面板中单击 organize 按钮，在弹出的界面中将在 Shell 中划分的结构体单元 Move(移动)到 Solid 中。

(2) 在进行梁单元网格划分时，要注意定义梁单元的方向向量，否则施加的载荷可能会出现错误。

(3) 进行壳单元网格划分时，要注意网格法线的方向是否一致，如果不一致，那么在进行压力载荷加载时可能出现错误。

(4) 进行结构体单元划分时，至少要两层单元。

6. 定义结构之间的连接

在一个有限元模型中，一般存在多个零件，这些零件是各自独立的，如果不做处理，就难以实现力的传递，甚至出现约束不足求解出错的问题。因此，在建模时，要考虑结构之间的连接。一般采用 RBE2、刚性杆或者共用结点来实现，为了避免应力集中，可能的话，建议采用共用结点的方法，采用这种方法需要在划分网格之前进行规划，将不同零件可能相交的区域打断，划分同样数目的结点，通过 equivalence(等值)，删除多余的结点。

7. 定义载荷

定义时，要注意在所建立的 Load Collector(载荷集)中进行操作，否则可能会出现错误。如果存在多个载荷共同作用，那么可以通过 Load Add 将所有的载荷按照一定的权重叠加。

8. 定义约束

和载荷的定义类似，也要注意在所建立的 Load Collector 中进行操作。还要注意不同单元结点自由度的数量，避免约束不足出现较大的刚体位移或者计算出错。

9. 定义求解类型

根据建模规划，选择适当的求解类型，选择载荷和约束，指定单元结点应力的输出位置。OptiStruct 在默认情况下只计算和输出单元中心点的应力，如果要计算结点处的应力，就需要在分析类型对应的输出中进行设置。

10. 求解

如果只是进行求解计算，那么在 HyperMesh 界面中单击 Analysis 之后，接着选择求解器为 OptiStruct，在选择 Run Option(运行选项)时，选择 Analysis 即可。注意观察弹出的求解信息，如果出现错误，就返回建模界面，根据错误提示修改模型，直至开始求解。

如果求解结果的位移结果较大，那么应该返回建模界面，核实所输入的材料属性数值、约束等，避免出现刚体位移。

11. 后处理

在后处理中查看变形和应力结果，对整个模型的应力分布和变形分布进行分析，根据

计算结果，构思改进措施，返回 CAD 设计和 CAE 分析，不断迭代，直至最终的分析结果满足设计要求。

下面通过多个静力学分析的例题来进行讲解。

8.1 梁中心受力分析

问题描述：如图 8-1 所示的梁，两端约束情况在图中已经标明，梁的截面尺寸高×宽=20mm×10mm；长度为1000mm，中心受 1000N 的力，材料为钢材，杨氏模量 $E = 210000\text{MPa}$，泊松比$\upsilon=0.3$，求梁的变形和应力分布。

图 8-1　梁单元的受力

8.1.1　问题分析

这个例题很简单，利用材料力学中的梁单元理论，将已知条件代入，可以求得梁的挠度值和应力值。

$$\sigma_{max} = \frac{M_{max}c}{I} = \frac{\dfrac{FL}{4} \times \dfrac{H}{2}}{\dfrac{BH^3}{12}} = \frac{3FL}{2BH^2} = 375\text{MPa}$$

$$U_{max} = -\frac{FL^3}{48EI} = -\frac{FL^3}{48E\dfrac{BH^3}{12}} = -\frac{FL^3}{4EBH^3} = 14.881\text{mm}$$

作为有限元分析来说，分析人员要进行建模前的规划，明确分析时采用的单元类型、单元尺寸以及单位制等。本例题将通过梁单元和结构体单元来进行计算，读者可以分析能否采用壳单元来进行计算。

所选择的单位制为 mm、s、10^3kg、N。

8.1.2　基于梁单元的分析

首先采用梁单元来进行分析。

1. 选择求解器

进入 HyperMesh 界面，选择求解器为 OptiStruct(在弹出的 User Profiles 对话框的 Application 下拉列表框中选择 HyperMesh 选项，并在下面的求解器选项区域中选中 OptiStruct 单选按钮，然后单击 OK 按钮)，如图 8-2 所示。

进入 HyperMesh 后，弹出工作界面，主要有菜单栏、工具栏、功能选项区(有的资料称其为页面菜单或功能页)、图形区、命令面板和模型树，如图 8-3 所示。大多数操作都是在模型树区域进行的。

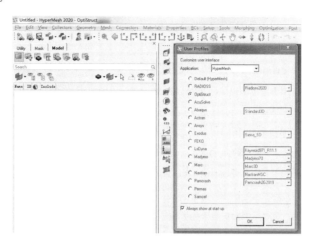

图 8-2　进入 HyperMesh 界面

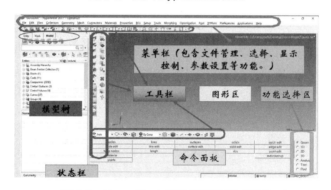

图 8-3　HyperMesh 工作界面的组成部分

2. 定义材料属性

将鼠标指针移动到模型树的空白区域(Model Browser)并右击，在弹出的快捷菜单中选择 Create 命令，在弹出的子菜单中选择 Material 命令，在左下方出现的对话框里，文本框 E 中输入材料的杨氏模量 210000(MPa)，文本框 NU 中输入泊松比 0.3，将材料名称改为 steel，如图 8-4 所示。输入完成后，单击模型树的空白区域，完成材料参数的定义。

图 8-4　材料定义

3. 定义单元属性

定义梁单元属性，并和适当的材料相关联。

首先选择单元类型，并创建梁单元的截面形状。

在菜单栏中，单击 Properties 菜单，在出现的下拉菜单中选择 HyperBeam 命令，在出现的 HyperBeam 面板左侧的选项组中，选中 standard section 单选按钮(见图 8-5(b))，在 standard section library(标准载面库)下面的下拉列表框中，选择 HYPER BEAM 选项，在 standard section type(标准截面类型)下面的下拉列表框中选择 solid rectangle 选项。单击右端的 create 按钮，出现 HyperBeam 程序的输入界面，在 Parameter Definition 下面的两个 Dimension 文本框中分别输入梁的截面尺寸 20(mm)与 10(mm)(见图 8-5(c))。右击空白区域中的截面名称 rectangle-section1，在弹出的快捷菜单中选择 Rename 命令，修改梁截面名称为 A1。单击菜单栏中的 File 菜单，选择 Exit 程序，退出 HyperBeam 程序，单击 Return 按钮，退出 HyperBeam 面板。

(a) 选择 HyperBeam 命令

(b) 在 HyperBeam 面板中定义

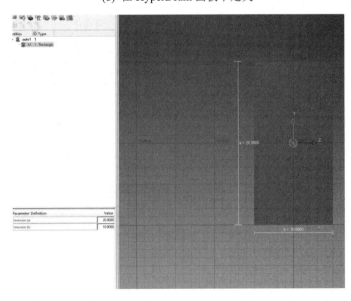

(c) 在 HyperBeam 程序的输入界面中定义梁截面尺寸

图 8-5　梁单元截面尺寸定义

然后定义梁单元属性。在 HyperMesh 界面中，右击模型树的空白区域，在弹出的快捷菜单中选择 Create 命令，在弹出的子菜单中选择 Property 命令(以下菜单与命令的引用有时采用简写形式，两者之间用箭头(→)连接)。在左下方出现的对话框中，在 Name 文本框中输入 A1，来修改属性的名称。在 Card Image 下拉列表框中，选择 PBEAML 选项(分析人员可以自行尝试使用不同的梁单元，部分梁单元尽管可以求解，但是在后处理中不输出应力)，如图 8-6 所示。选中 Material 选项旁边的 Material 单选按钮，在弹出的 Select Material 选项区域中，单击材料 steel 前面的圆形，单击 OK 按钮来完成材料的选择。选中 Beam Section 选项旁边的 Beamsection 单选按钮，在弹出的 Select Beamsection 选项区域中，单击梁单元截面 A1 前面的圆形，单击 OK 按钮来完成梁截面的选择。

图 8-6 梁单元属性定义

4. 创建 component，选择对应的材料和单元属性

右击模型树的空白区域，在弹出的快捷菜单中选择 Create→Component 命令，创建一个 componet(组件)对象。在左下方的对话框中，在文本框 Name 中输入 A1 来修改 component 的名称，选中 Property 选项旁边的 Property 单选按钮，选择 A1，单击模型树的空白区域完成 component 的定义。此时，整个 Model Browser 的界面如图 8-7 所示。

这也就意味着，在这个 component 对象中，所有的单元都应该具有梁单元 A1 的属性，材料为 steel，截面为 A1。

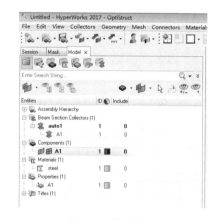

图 8-7 模型界面

5. 创建有限元模型，划分网格

本例题的几何模型较为简单，直接在 HyperMesh 中建立几何模型，然后划分有限元网格。

首先创建几何模型。几何模型仅有一条直线，长度为 1000，因此在坐标的 x 方向先建

立两个结点，然后连接为直线即可。按快捷键 F8，即执行 Create Nodel(创建结点)命令，在出现的界面中选择利用 x、y、z 坐标来创建，分别在 x、y、z 坐标的文本框中输入(0,0,0)，单击 create 按钮，然后再输入(1000,0,0)，接着单击 create 按钮。

注意，在 HyperMesh 中创建的结点，既可以直接作为有限元模型中的结点，又类似几何中的点，基于这些结点可以创建直线和面。很多分析人员在初学阶段，很容易混淆结点和点。在提交分析之前，最好删除所有的 temp node(临时结点)，否则很容易出错。建立的无效或者临时 node 可以在 HyperMesh 工作界面的功能选择区中选中 Geom 单选按钮，在出现的命令面板中单击 temp nodes 按钮，在弹出的界面中单击 clear all 按钮来删除所有的临时结点，之后单击 return 按钮返回。

在 HyperMesh 工作界面的功能选择区中选中 Geom 单选按钮，接着在出现的相应命令面板中，单击 lines 按钮，在弹出的界面中单击图标 Linear Nodes，单击刚刚创建的两个结点，单击 create 按钮来生成长度为 1000 的直线。这样就完成了几何模型的建立。

接着用 1D 单元来划分有限元网格，创建有限元模型。在 HyperMesh 界面的功能选择区中选中 1D 单选按钮，在出现的命令面板中单击 element type 按钮，确认 bars=选项框为 CBEAM(如果不是，就单击 bars=按钮，选择 CBEAM 选项)，单击 return 按钮返回。单击 line mesh 按钮，直接单击上面创建的直线，或者单击 lines 按钮选择弹出的 displayed 选项，选择要划分网格的直线。在 element size 文本框中输入 1000，单击 property=按钮，选择定义好的属性 A1，确定 element config 下拉列表的选项为 bar2。梁单元的方向矢量对施加载荷直接相关，从而会影响最终的计算结果。单击 auto 按钮左边的下拉按钮，在弹出的下拉列表中选择 vectors 选项，在下拉列表框中选择 y-axis 选项，如图 8-8 所示，单击 B 按钮，然后单击直线左端的结点，指定梁单元的方向矢量。单击 mesh 按钮，完成有限元网格的划分。单击 return 按钮返回。

图 8-8　梁单元方向矢量定义

注意，创建梁单元时可以在面板中指定梁单元的方向和偏置。方向有 auto(自动)、vectors(向量)、components(坐标系)以及 node(指定方向结点)等选项，auto 选项指定梁单元在全局坐标系下的方向排列。

HyperMesh 会根据用户选择的曲线或者结点路径自动确定一个定位方向，并将 HyperBeam 中截面的 y 轴沿此方向排列。offsets 文本框下的 6 个文本框中可以分别输入对应梁单元两个结点在全局坐标系下的偏置量。

在施加载荷时，必须确保梁单元的方向矢量定义正确，否则将出现错误的计算结果。在图形区，通过查看梁的形状来核实方向矢量的定义是否正确。

单击工具栏的图标 (1D Traditional Element Representation)，将默认的梁单元 1D Traditional Element Representation 改为 1D Traditional and Detailed Element Representation，查看梁的截面是否正确，如图 8-9 所示。

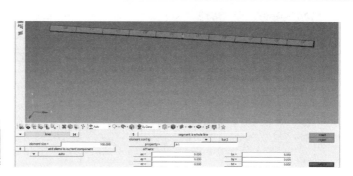

图 8-9　查看梁的截面形状

6. 创建约束和载荷

右击模型树的空白区域，在弹出的快捷菜单中选择 Create→Load Collector 命令，如图 8-10(a)所示。在 Name 文本框中，输入对象名称为 SPC。在菜单栏中选择 BCs→Create→Constraints 命令，如图 8-10(b)所示。在弹出的界面中单击 nodes 按钮，选择左边结点，选中自由度(dof)1,2,3,4,5 左边的复选框，单击 create 按钮。单击 nodes 按钮，选择右边结点，选中自由度 2,3 左边的复选框(见图 8-10(c))，单击 create 按钮。单击 return 按钮返回。也可以在 HyperMesh 工作界面的功能选择区中选中 Analysis 单选按钮，在出现的命令面板中单击 constraints 按钮来定义。

同样再次选择 Load Collector 命令，在 Name 文本框中，输入对象名称为 force。在菜单栏中选择 BCs→Create→Forces 命令，在弹出的界面中单击 nodes 按钮，选择中间的结点，在 magnitude 文本框中输入 1000，单击最下端的下拉列表，选择 y-axis 选项，再单击 create 按钮，来实现在中间结点沿 y-axis 施加 1000(N)的力，如图 8-10 (d)所示。单击 return 按钮返回。

在定义 SPC 和 force 这两个 Load Collector 对象时要注意，确保在定义约束和载荷时，右下角显示的名称要对应所定义的 Load Collector 对象。如果不是，就要单击来切换，否则在后续的求解时，容易出现问题。

(a) 选择 Load Collector 命令

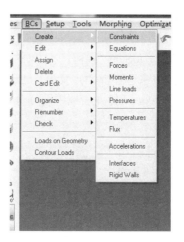

(b) 在菜单栏中定义约束

图 8-10　约束和载荷的施加

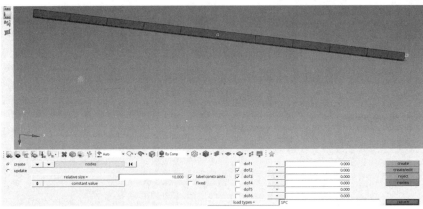

(c) 约束的施加

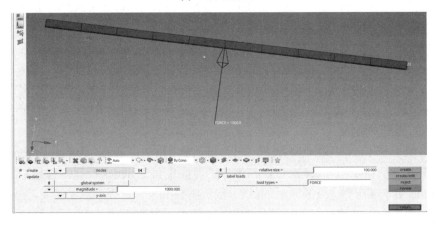

(d) 载荷的施加

图 8-10　约束和载荷的施加(续)

7. 设置载荷步

在菜单栏中选择 Setup→Create→LoadSteps 命令，如图 8-11(a)所示。同样也可以在模型树区域右击，在弹出的快捷菜单中选择 Create→LoadSteps 命令来创建分析步。如图 8-11(b)所示，在设置 LoadSteps(载荷步)对象的对话框中分别单击 SPC 选项和 LOAD 选项旁边的 LOADCOL 按钮来选择上面定义好的 SPC 和 force 两个 Load Collector 对象，如图 8-11(c)所示，在 Analysis type 下拉列表框中选择分析类型为 Linear Static(线性静力学)选项，如图 8-11(d)所示。

(a) 从菜单栏中选择命令定义载荷步

图 8-11　载荷步的设置

(b) 模型树中定义分析步　　　　　　(c) 选择约束和载荷

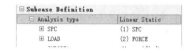

(d) 设置载荷步的分析类型为线性静力学

图 8-11　载荷步的设置(续)

8. 提交分析

在菜单栏中选择 Application→OptiStruct 命令，或者在 HyperMesh 工作界面的功能选择区中选中 Analysis 单选按钮并在弹出的命令面板中单击 OptiStruct 按钮，出现如图 8-12 所示的界面，此时单击 OptiStruct 按钮来运行求解。如果弹出计算结束的菜单意味着计算成功。如果出现错误，就要根据错误提示，进行模型的修改。

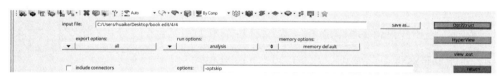

图 8-12　提交分析

9. 查看结果

求解结束后，单击图 8-12 所示界面中的 HyperView 按钮，进入后处理界面，单击 (contour)图标，在 Result type 下拉列表框中选择 Displacement(v)选项，单击 Apply 按钮来查看变形云图，如图 8-13(a)所示，整个梁的变形如图 8-13(b)所示。在 Result type 下拉列表框中选择 CBAR/CBEAM von Mises Stress(s)选项，单击 Apply 按钮来查看应力云图。

(a) 查看变形

图 8-13　查看梁的变形

(b) 梁的变形

图 8-13　查看梁的变形(续)

8.1.3　基于 solid 单元的分析

下面采用 solid 单元进行分析。

1. 选择求解器

进入 HyperMesh, 同样选择求解器为 OptiStruct。

2. 定义材料属性

右击模型树的空白区域, 在弹出的快捷菜单中选择 Create→Material 命令, 在左下方出现的对话框里, 在 E 文本框中输入材料的杨氏模量 210000, 在 NU 文本框中输入泊松比 0.3, 输入完成后, 单击模型树的空白区域, 完成材料参数的定义。

3. 创建单元属性

右击模型树的空白区域, 在弹出的快捷菜单中选择 Create→Property 命令, 在左下方出现的对话框的 Name 文本框中输入 beam, 在 Card Image 下拉列表框中选择 PSOLID 选项, 选中 Material 选项旁边的 Material 单选按钮, 在弹出的 Select Material 选项区域中, 单击材料 steel 前面的圆形, 单击 OK 按钮来完成材料的选择, 如图 8-14 所示。

4. 创建 component, 选择材料和属性

右击模型树的空白区域, 在弹出的快捷菜单中选择 Create→Component 命令, 在左下方出现的对话框里, 在 Name 文本框中输入 beam, 选中 Property 选项旁边的 Property 单选按钮, 在弹出的 Select Property 选项区域中, 单击定义的属性 beam 前面的圆形, 单击 OK 按钮来完成材料的选择。此时, 整个 Model Browser 的界面如图 8-15 所示。

这也就意味着, 在这个 component 对象中, 所有的单元都应该具有 solid 单元 beam 的属性, 材料为 steel。

图 8-14　solid 属性的定义　　　　　图 8-15　定义了 component 的界面

5. 划分有限元网格

利用结构体单元来进行分析，可以用结构体来建立梁的几何模型，对于可以通过面拉伸来建立结构体的结构，也可以先建立面的几何，用壳单元来划分面，然后拉伸为结构体单元。下面演示如何用面来生成结构体单元。

直接建立几何模型，按 F8 功能键，利用 X、Y、Z 坐标来创建两个结点，单击 X、Y、Z 按钮，在弹出来的 X、Y、Z 坐标文本框中分别输入(0,0,0)和(0,20,0)来创建。也可以如图 8-16(a)所示，在 HyperMesh 工作界面的功能选择区中选中 Geom 单选按钮，在弹出的界面中单击 nodes 按钮，出现同样的 X、Y、Z 文本框，输入相应的结点 X、Y、Z 坐标。选中功能选择区中选中的 Geom 单选按钮，在弹出的界面中单击 lines 按钮，选择刚刚建立的两个结点，单击 create 按钮来创建一条直线。单击 Geom 相关界面的 surfaces 按钮，选择第二行左边第 7 个图标 drag along vector 按钮，如图 8-16(b)所示。在左边的下拉列表框中选择 lines 选项，单击刚刚建立的线，单击右边第一行下拉列表框的下拉按钮，选择 x-axis 选项，在 Distance 文本框中输入 1000，单击 Drag+命令按钮，从而将直线沿轴线 X 拉伸距离为 1000，形成一个面，如图 8-16(c)所示。单击 Return 按钮返回。

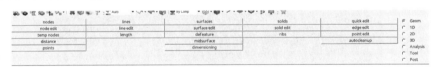

(a) Geom 选项及对应的命令面板

(b) drag along vector 创建面的图标

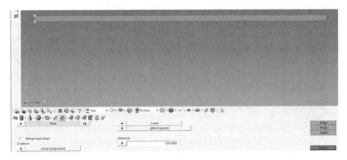

(c) 拉伸线来创建面

图 8-16　面的建立

划分结构体单元，可以先建立壳单元，然后拉伸为结构体单元，也可以直接划分结构体单元网格。

在 HyperMesh 工作界面的功能选择区中选中 2D 单选按钮，在出现的命令面板中单击 automesh 按钮，在弹出的界面中的第一行左侧的下拉列表框中选择 surfs 选项，选中 size and bias 单选按钮，单击刚刚生成的面，在 element size 文本框中输入 10，单击 mesh 按钮来完成网格划分，如图 8-17 所示。

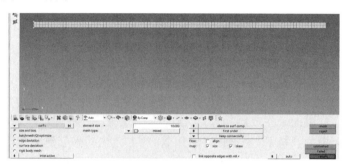

图 8-17　面的网格划分

在 HyperMesh 工作界面的功能选择区中选中 3D 单选按钮，在出现的命令面板中单击 drag 按钮，在弹出的界面中选择 drag elems 单选按钮，选中 2d elem 下面的 elems 选项，在弹出的界面中选择 all 选项，在 distance 文本框中输入 10，在 on drag 文本框中输入 2，单击左下角下拉列表框的下拉按钮，将拉伸方向改为 z-axis 选项，单击 drag 按钮，如图 8-18(a) 所示，拉伸出来的结构体单元有限元模型如图 8-18(b)所示。

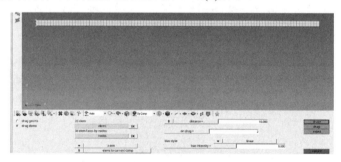

(a) Drag 拉伸面单元来生成结构体单元

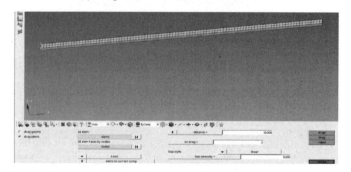

(b) 生成的结构体单元

图 8-18　结构体单元的生成

通过拉伸壳单元来生成结构体单元时，要注意开始生成的壳单元一直存在，不会被软件自动删除，所在的 component 是结构体单元，这些壳单元也没有被赋予单元属性，因此在后续计算中，OptiStruct 将提示这些单元没有属性。为了避免后续计算出现问题，应该删除这些单元。

单击工具栏中红色的 ✖ 图标按钮，或者直接按 F2 功能键，在下拉菜单中设置删除对象为 elems 选项，选中 elems 单选按钮，在弹出的界面中选择 by geometry 选项，选择 surfs 选项，单击所建立的面，单击 select entities 按钮，单击 delete entity 按钮，如图 8-19 所示。也可以选择 elems 选项，选择 by config 选项，在弹出的界面中，单击 config=按钮旁边的白色区域，在弹出的界面中选择 quad4 选项，单击 select entities 按钮，单击 delete entity 按钮来删除单元。

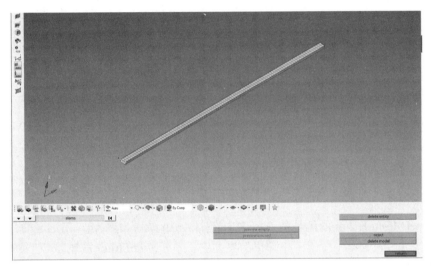

图 8-19　删除面单元

也可以将面拉伸为体，直接划分体单元，或者建立体的几何模型来划分。

6. 创建约束和载荷

在模型树的空白区域右击，在弹出的快捷菜单中选择 Create→Load Collector 命令，创建一个 Load Collector 对象。在出现的对话框的 Name 文本框中输入 SPC。在菜单栏中选择 BCs→Create→Constraints 命令，创建 Constraints 对象，将左下角三个结点的自由度 1、2、3 全部约束，对右下角三个结点，约束自由度 2、3(读者可以自行分析，在梁单元中设置的自由度是 1、2、3、4、5，但结构体单元不存在自由度 4、5，因此无法约束，用结构体单元计算的结果与梁单元计算的结果肯定会存在差异。如果要保证和梁单元的约束类似，那么不仅仅约束左下角的三个结点，感兴趣的读者可以自行探究)。

同样创建一个 Load Collector 对象，在 Name 文本框中输入 force，在菜单栏中选择 BCs→Create→Forces 命令，在 nodes 选项下，选择整个梁中间的三个结点，在 magnitude 文本框中输入-333.33，单击最下端下拉列表框的下拉按钮，选择 y-axis 选项，从而实现对中间三个结点分别沿 y-axis 施加-333.33(N)的力，如图 8-20 所示。也可以在 HyperMesh 工作界面的功能选择区中选中 Analysis 单选按钮，在出现的命令面板中单击 forces 按钮来定义。

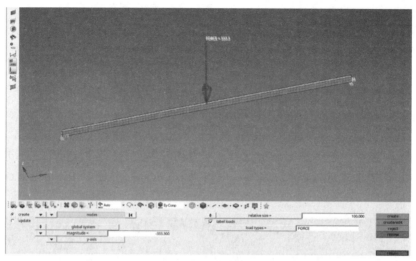

图 8-20 结构体单元模型施加载荷

7. 设置载荷步

在模型树的空白区域右击，在弹出的快捷菜单中选择 Create→Load Step 命令，在对话框中的 Analysis type 选项中，选择下拉列表框中的分析类型 Linear Static 选项，分别设置 SPC 选项和 Load 选项为上面定义的约束和载荷。

8. 提交分析

在 HyperMesh 工作界面的功能选择区中选中 Analysis 单选按钮，在出现的命令面板(见图 8-21)中单击 OptiStruct 按钮，在弹出的界面中，单击 OptiStruct 按钮(参见图 8-22)来运行求解。弹出计算结束的菜单意味着计算成功。如果出现错误，就要根据错误提示，进行模型的修改。

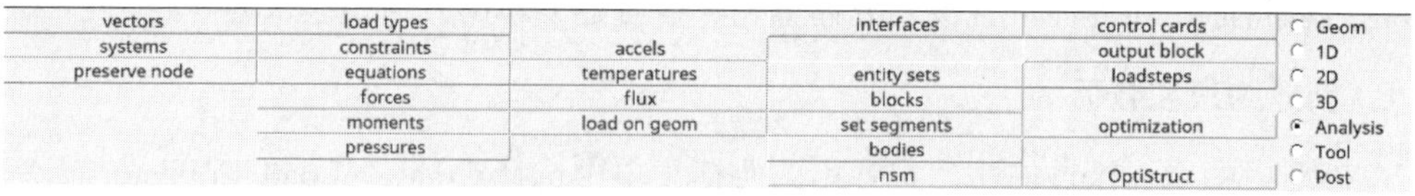

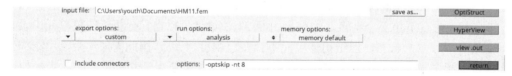

图 8-21 在功能选择区中选中 Analysis 单选按钮出现的命令面板

图 8-22 在命令面板中单击 OptiStruct 按钮出现的界面

9. 查看结果

求解结束后，返回在命令面板中单击 OptiStruct 按钮弹出的界面，单击 HyperView 按钮，进入后处理界面，单击 (contour)图标，在 Result type 下拉列表框中选择 Displacement(v)选项，单击 Apply 按钮来查看变形云图。为了更清楚地看出结构的变形，单击 (deformed)

图标按钮，在弹出的 Value 对话框中输入 10，结果如图 8-23 所示。

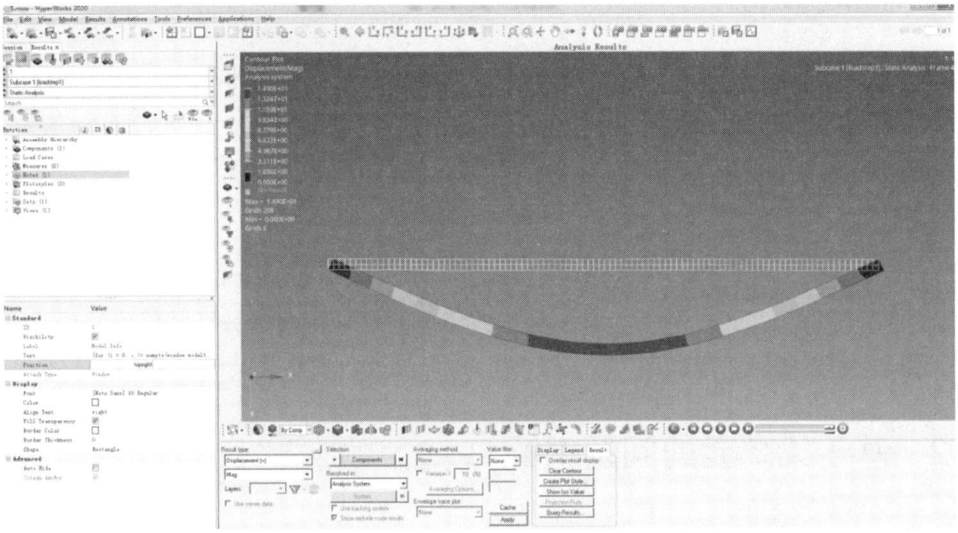

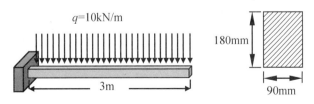

图 8-23 放大倍数来查看变形

单击 contour 图标，在 Result type 下拉列表框中选择 Element Stress 选项来查看应力。

8.1.4 探究训练

(1) 尝试用不同的梁单元来进行分析，比较计算结果。

(2) 尝试不同的单元数量来进行分析，比较结果。

(3) 分析结构体单元与梁单元分析结果不同的原因，尝试修改约束条件来使二者的计算结果相近。

(4) 分析梁的截面，判断能否使用 shell 单元来进行分析。

8.2 悬臂梁承受均布载荷

问题描述：

如图 8-24 所示，一个悬臂梁左端固支，其上表面受均布载荷 $q=10\text{kN/m}$ 作用，求梁左端截面的应力和梁右端的挠度并与梁理论解对比。已知悬臂梁的长度 $L=3\text{m}$，截面形状为 180mm×90mm，所使用材料的杨氏模量 $E=196\text{GPa}$，泊松比 0.3。

图 8-24 悬臂梁承受均布载荷

8.2.1　问题分析

这个例题很简单，利用材料力学中的梁单元理论，将已知条件代入，可以求得悬臂梁的挠度值和应力值为

$$\delta = \frac{qL^4}{8EI_z} = 0.01181$$

$$\sigma = \frac{qL^2}{2I_z} \cdot \frac{h}{2} = 92.59\text{MPa}$$

作为有限元分析来说，分析人员要进行建模前的规划，明确分析时采用的单元类型、单元尺寸以及单位制等。本例题主要是希望分析人员进一步熟悉梁单元。

8.2.2　基于梁单元的问题求解

首先单元类型选择梁单元，单元大小为0.3m，单位制为国际单位制，即 m、s、kg、N。具体的分析求解过程如下所示。

1. 选择求解器

进入 HyperMesh 界面，选择求解器为 OptiStruct。

2. 创建材料属性

与前面的例题类似，创建 material 选项，在左下方的对话框中输入相应的杨氏模量 E=196e9，泊松比 NU=0.3，完成材料属性的定义(注：为了节省篇幅，在后续的例题中，有的操作步骤，例如单击 return 按钮返回，将不再提及；有些步骤将不再详细叙述)。

3. 创建单元属性

定义梁单元属性，并和适当的材料相关联。

首先选择单元类型，并创建梁单元的截面形状。

在菜单栏中选择 Properties→HyperBeam 命令，在出现的 HyperBeam 对话框中，选中 standard section 单选按钮，在 standard section library 下拉列表框中，选择 OptiStruct 选项，在 standard section type 下拉列表框中选择 Bar 选项。单击右端的 create 按钮，出现 OptiStruct 程序的输入界面，在 Parameter Definition 下面的两个文本框 Dimension 中分别输入梁的截面尺寸 0.09 与 0.18，在菜单栏中选择 File→Exit 命令，退出 OptiStruct 程序，单击 Return 按钮，退出 HyperBeam 选项区域，完成梁单元类型和截面的定义。

然后定义梁单元属性。右击模型树，在弹出的快捷菜单中选择 Create→Property 命令，在左下方 Card Image 下拉列表框中选择 PBEAML 选项(分析人员可以自行尝试使用不同的梁单元，部分梁单元尽管可以求解，但是在后处理中不输出应力)，选中 Material 选项旁边的 Material 单选按钮，选择上面定义的材料 material1，选中 Beam Section 选项旁边的 Beamsection 单选按钮，选择上一步建立的梁单元截面 rectangle_section.1。

4. 创建 component，选择对应的材料和单元属性

用同样的方法创建 component 对象，在左下方的对话框中，选中 Property 选项旁边的 Property 单选按钮，选择上面定义的单元属性 property1。也就意味着，在这个 component 对象中，所有的单元都应该具有梁单元 property1 的属性，材料为 material1，截面为 rectangle_section.1。

5. 创建有限元模型，划分网格

本例题的几何模型较为简单，直接在 HyperMesh 中建立几何模型，然后划分有限元网格。

首先创建几何模型。几何模型仅有一条直线，长度为 3，因此在坐标的 x 方向先建立两个结点，然后连接为直线即可。按快捷键 F8，出现创建结点菜单。在 x 文本框中分别输入 0；3，分别单击 create 按钮，创建 2 个结点。

在 HyperMesh 工作界面的功能选择区中选中 Geom 单选按钮，在出现的命令面板中单击 lines 按钮，在弹出的界面中单击 △·图标(Linear Nodes)，单击刚刚创建的两个结点，单击 create 按钮，生成长度为 3 的直线。这样就完成了几何模型的建立。

接着划分有限元网格，创建有限元模型。创建 1D 单元，选中功能选择区的 1D 单选按钮，在出现的命令面板中单击 line mesh 按钮，在下拉列表中选择 lines 选项，单击上面创建的直线，在 element size 文本框中输入单元大小 0.3，注意，梁的类型 element config 右端的下拉列表框中应选择 BAR2 选项。双击 property 按钮，选择创建的属性 property1，在下拉列表中，选择 vectors 选项来指定梁单元的方向矢量，选择 y-axis 选项，单击 B 按钮，然后单击直线左端的结点，单击 mesh 按钮，完成有限元网格的划分。

单击工具栏的图标 1D Traditional Element Representation，将默认的梁单元 1D Traditional Element Representation 改为 1D Traditional and Detailed Element Representation，查看梁的截面是否正确。

6. 创建约束和载荷

创建 Load Collector 对象，在 Name 文本框中修改其名称为 SPC，在菜单栏中选择 BCs→Create→constraints 命令，将最左边结点的自由度 1、2、3、4、5、6 全部约束。

创建 Load Collector 对象，修改其名称为 force，在菜单栏中选择 BCs→Create→line loads 命令。在弹出的对话框中，将 Select Region 下拉列表框中的 lines 选项修改为 nodes 选项，选中 nodes 单选按钮，单击 all 选项来选择所有结点，单击 proceed 按钮，在 Load Distribution 下拉列表框中的 Total Load 选项修改为 Load per unit length，Magnitude 文本框中输入 10000，选中 Direction 旁边的 Direction 单选按钮，在弹出来的下拉列表中选择 y-axis 选项，单击 proceed 按钮，单击 Apply 按钮完成载荷施加，单击 Cancel 按钮退出对话框。定义过程如图 8-25 所示。

在定义 SPC 和 force 这两个 Load Collector 对象时要注意，确保定义时，右下角显示的名称是所定义的 Load Collector 对象，

图 8-25　梁单元施加均布力

即在定义 force 时，右下角最右端的当前 Load Collector 区域应该显示 force。如果显示的是 SPC，那么可以单击 SPC 区域，在弹出的对话框中单击 force 按钮切换。

7. 设置载荷步

定义 Load Step，选择分析类型为 Linear Static 选项，设置 SPC 和 LOAD 为上面定义的约束及载荷。

8. 提交分析

在 HyperMesh 工作界面的功能选择区中选中 Analysis 单选按钮，在出现的命令面板中单击 OptiStruct 按钮，在弹出的界面中单击 OptiStruct 按钮来运行。弹出如图 8-26 所示的界面意味着计算成功。

图 8-26　计算成功时弹出的界面

9. 查看结果

返回在命令面板中单击 OptiStruct 按钮弹出的界面，单击 HyperView 按钮，进入后处理界面，单击 contour 图标，在弹出的界面中选择 displacement 选项来查看变形，如图 8-27 所示。选择 CBAR/CBEAM von Mises Stress 选项来查看应力，如图 8-28 所示。

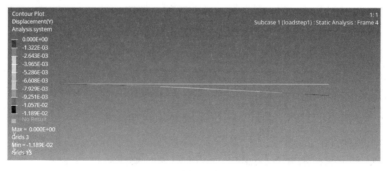

图 8-27　计算得到的变形图

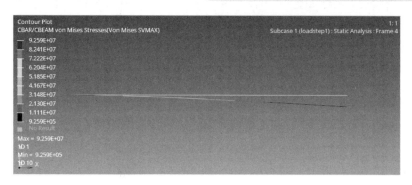

图 8-28 计算所得到的应力结果

8.2.3 探究训练

读者可以在这个分析的基础上，进行一些探究训练。

(1) 将均布载荷自行计算，转换为集中力的加载，查看结果是否有区别。

(2) 更换单元尺寸，查看结果。

(3) 更换其他的梁单元类型，进行计算。

(4) 参考 8.1 节，利用 solid 单元进行计算，比较计算结果。

8.3 悬臂梁承受集中载荷

问题描述：

如图 8-29 所示，一个悬臂梁左端固支，右端受 1kN 垂直集中载荷作用，求梁右端(L=1m 处)的挠度并与梁理论解对比。已知：L=1m，r=0.0475m，R=0.0525m；E=210GPa，μ=0.3。

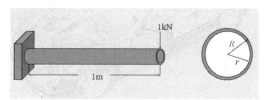

图 8-29 悬臂梁承受集中载荷

8.3.1 问题分析

这个例题很简单，利用材料力学中的梁单元理论，将已知条件代入，可以求得悬臂梁的挠度值和应力值为

$$I = \frac{\pi(D^4 - d^4)}{64} = \frac{\pi(0.105^4 - 0.095^4)}{64} = 1.968e^{-6}$$

$$挠度 = -\frac{Pl^3}{3EI} = -\frac{1000 \times 1}{3 \times 210e^9 \times 1.968e^{-6}} = 8.066e^{-4}$$

进行建模前的规划，明确分析时采用的单元类型、单元尺寸以及单位制等。通过对问题的研究，可以采用梁单元来进行分析。考虑到梁的结构特点，其壁厚的几何尺寸远远小于另外两个方向的尺寸，显然可以采用壳单元来进行分析。鉴于结构体单元分析需要的单元尺寸太小，从计算成本来看，显然是不适宜的，因此不宜采用结构体单元进行分析。

本例题主要是希望分析人员进一步熟悉梁单元，同时学习壳单元的分析过程，比较梁单元和壳单元的分析结果，然后进行结构体单元建模分析的探究。

8.3.2 基于梁单元的分析

首先利用梁单元来建模分析，单位制采用 m、s、kg、N。

1. 选择求解器

进入 HyperMesh 界面，选择求解器为 OptiStruct。

2. 定义材料属性

右击 Model Browser，在弹出的快捷菜单中选择 Create→Material 命令，在左下方的对话框对应的文本框中填入材料参数杨氏模量 E=210e9，泊松比 NU=0.3。

3. 创建单元属性

在菜单栏中选择 Properties→HyperBeam 命令，在出现的 HyperBeam 对话框中选中 standard section 单选按钮，在 standard section library 下拉列表框中，选择 OptiStruct 选项，在 standard section type 下拉列表框中选择 Tube 选项。单击右端的 create 按钮，出现 OptiStruct 程序的输入界面，在 Parameter Definition 下面的两个文本框 OuterRadius 和 InnerRadius 中分别输入 DM1=0.0525，DM2=0.0475。软件默认的截面名称为 tube_section.1。在菜单栏中选择 File→Exit 命令，退出 OptiStruct 程序，单击 Return 按钮，退出 HyperBeam 面板，完成了梁单元类型和截面的定义。

右击 Model Browser，在弹出的快捷菜单中选择 Create→Property 命令，在左下方的对话框中，Card Image 下拉列表框中选择 PBEAML 选项，选中 Material 选项旁边的 Material 单选按钮，选择上面定义好的材料 material1，选中 Beam Section 选项旁边的 Beamsection 单选按钮，选择上面建立的梁单元截面 tube_section.1，如图 8-30 所示。

Name	Value
Solver Keyword	PBEAML
Name	property1
ID	1
Color	☐
Include	[Master Model]
Defined	☑
Card Image	PBEAML
⊞ Material	(1) material1
User Comments	Hide In Menu/Export
⊞ Beam Section	(1) tube_section.1
pbeamlintStationslen =	0
SECTION_FOR_VABS	☐
TYPE	TUBE
DIM1A	0.0525
DIM2A	0.0475
NSM	0.0

图 8-30　在梁单元属性中选择梁截面

4. 创建 component，选择材料和属性

右击 Model Browser，在弹出的快捷菜单中选择 Create→Component 命令，在左下方的对话框中，选中 Property 选项旁边的 Property 单选按钮，选择单元属性 property1。此时，在创建的这个 component 对象中，所有的单元都应该具有梁单元 property1 的属性，材料为 material1，截面为 tube_section.1。

5. 划分有限元网格

本例题的几何模型较为简单，直接建立有限元模型即可。

按 F8 功能键，出现创建结点对话框。在文本框 x 中分别输入 0 和 1，分别单击 create 按钮，创建两个个结点。在 HyperMesh 工作界面的功能选择区中选中 Geom 单选按钮，在出现的命令面板中单击 lines 按钮，在弹出的界面中单击 Linear Nodes 图标，单击两个结点，单击 create 按钮来生成线。

划分有限元网格，创建 1D 单元，在 HyperMesh 工作界面的功能选择区中选中 1D 单选按钮，在出现的命令面板中单击 line mesh 按钮，在弹出的界面中选中 lines 单选按钮，单击上面生成的直线，在 element size 文本框中输入单元大小 0.1，双击 property 按钮，修改梁单元的属性 property 为上面创建的单元属性 property1。注意，element config 下拉列表框中应该为 BAR2 选项，选择方向向量，单击 mesh 按钮来完成网格的划分。

6. 创建约束和载荷

右击 Model Browser，在弹出的快捷菜单中选择 Create→Load Collector 命令，创建一个 LoadCollector 对象，在左下方的对话框中，修改其名称为 SPC。在菜单栏中选择 BCs→Create→Constraints 命令，创建 Constraints 对象，将最左边结点的自由度 1、2、3、4、5、6 全部约束。

同样创建 Load Collector 对象，修改其名称为 force，在菜单栏中选择 BCs→Create→Force 命令，在弹出的界面中的 magnitude 文本框中输入-1000，单击左下角的下拉列表，将力的方向修改为 y-axis 选项，单击最右边结点，单击 create 按钮，完成沿负 y 方向对结点施加 1000(N)的力。

7. 设置载荷步

右击 Model Browser，在弹出的快捷菜单中选择 Create→Load Step 命令，创建 Load Step 对象，在对话框中选择分析类型为 linear static 选项，设置 SPC 和 load 为上面定义的约束及载荷。

8. 提交分析

在 HyperMesh 工作界面的功能选择区中选中 Analysis 单选按钮，在出现的命令面板中单击 OptiStruct 按钮，在弹出的界面中单击 OptiStruct 按钮来运行。弹出计算完成的界面意味着计算成功。

9. 查看结果

返回在命令面板中单击 OptiStruct 按钮弹出的界面，单击 HyperView 按钮，进入后处理

界面，单击 contour 图标，在弹出的界面中选择 displacement 选项来查看变形，如图 8-31 所示。选择 CBAR/CBEAM von Mises Stress 选项来查看应力，应力结果如图 8-32 所示。

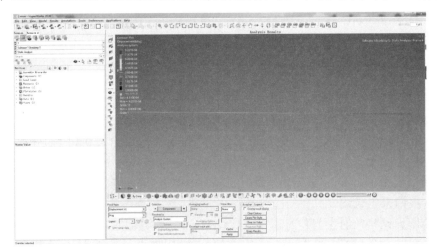

图 8-31　计算得到的变形云图

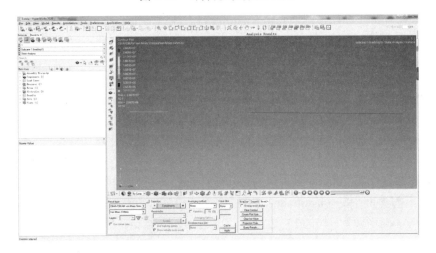

图 8-32　计算得到的应力云图

8.3.3　基于壳单元的分析

分析结构的几何尺寸，梁的长度为 1000mm，内径为 47.5mm，外径为 52.5mm，相当于中性面直径为 50mm 的管，厚度为 5mm，参考壳单元的使用范围，壁厚远远小于直径和长度，可以使用壳单元来建模。在此单位制采用 mm、s、10^3kg、N。

1. 选择求解器

进入 HyperMesh 界面，选择求解器为 OptiStruct。

2. 创建材料属性

右击 Model Browser，在弹出的快捷菜单中选择 Create→Material 命令，创建一个

Material(材料)对象 material1，在左下方的对话框对应的文本框中填入材料参数杨氏模量 E=210e3，泊松比 NU=0.3。

3. 创建单元属性

OptiStruct 软件在计算时，必须明确所使用的单元的属性和材料，对于壳单元来说，需要明确的是壳单元的厚度和材料。本例题中，结构的厚度是 5 mm，因此在属性中要输入厚度值为 5。

右击 Model Browser，在弹出的快捷菜单中选择 Create→Property 命令，在 Card Image 下拉列表框中选择 PSHELL 选项，选中 Material 选项旁边的 Material 单选按钮，选择上面定义好的材料 material1，对话框 T 中输入厚度 5。

4. 创建 component，选择材料和属性

右击 Model Browser，在弹出的快捷菜单中选择 Create→Component 命令，在左下方的对话框中，选中 Property 选项旁边的 Property 单选按钮，选择上面定义的单元 property1。也就意味着，在这个 component 对象中，所有的单元都应该具有壳单元 property1 的属性，材料为 material1，厚度为 5mm。

5. 划分有限元网格

本例题的几何模型较为简单，直接建立有限元模型即可。

按 F8 功能键，出现创建结点的界面。在文本框 x、y、z 中分别输入 0,0,0，单击 create 按钮，完成结点的创建。

在 HyperMesh 工作界面的功能选择区中选中 Geom 单选按钮，在出现的命令面板中单击 lines 按钮，在弹出的界面中单击 Circle Center and Radius 图标，单击所生成的结点，在下拉列表框中选择方向为 x-axis 选项；在文本框 Radius 中输入半径 50，单击 create 按钮来生成圆线，如图 8-33 所示。

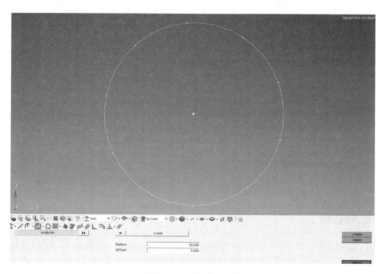

图 8-33　圆的生成

单击 surface 按钮，单击 drag along vector 图标，选择上面生成的圆，在拉伸方向的下拉

列表框中选择 x-axis 选项，在 Distance 文本框中输入 1000，单击 drag+按钮，生成圆壳，如图 8-34 所示。

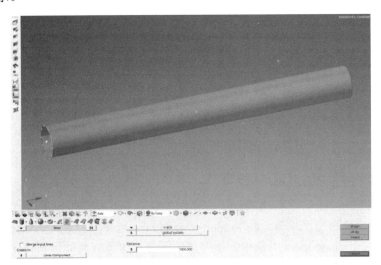

图 8-34　拉伸圆生成壳

创建 2D 单元，在 HyperMesh 工作界面的功能选择区中选中 2D 单选按钮，在出现的命令面板中单击 automesh 按钮，单击上面生成的面，在出现的界面中的 element size 文本框中输入单元大小 5，单击 mesh 按钮，所得到的有限元网格如图 8-35 所示。

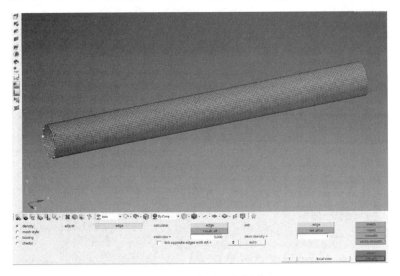

图 8-35　圆壳的网格划分

6. 创建约束和载荷

右击 Model Browser，在弹出的快捷菜单中选择 Create→Load Collector 命令，在左下方的对话框中，修改其名称为 SPC，在菜单栏中选择 BCs→Create→Constraints 命令，将最左边所有结点的自由度 1、2、3、4、5、6 全部约束(按住 Shift 键，同时按住鼠标左键，利用出现的方框来选择。如果选择错误，那么可以按住 Shift 键，同时按住鼠标右键来撤销选择)。

同样创建 Load Collector 对象，修改其名称为 force，在菜单栏中选择 BCs→Create→Force 命令，在 magnitude 文本框中输入-15.873，在左下角的下拉列表框中，将力的方向修改为 y-axis 选项，单击最右边所有结点，单击 create 按钮，完成载荷的施加，如图 8-36 所示。

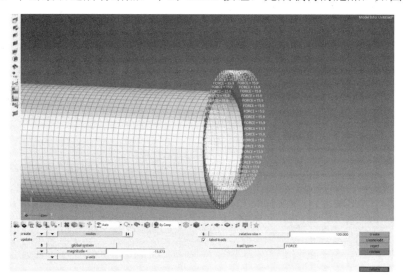

图 8-36　在圆壳的端部结点施加载荷

7. 设置载荷步

定义 Load Step 对象，在对话框中选择分析类型为 Linear Static 选项，设置 SPC 和 LOAD 为上面定义的约束和载荷。

OptiStruct 软件在输出应力时，默认是形心位置处的应力，为了在后处理中比较结点应力输出与形心应力的区别，应该设置求解结果输出结点应力。在设置 Load Step 对象的对话框中，单击 SUBCASE OPTIONS 对话框里的 output 选项右边的方框，在出现的 STRESS 选项中找到 LOCATION 选项的下拉列表，选择 CORNER 选项，这样软件将同时输出结点应力。

8. 提交分析

在 HyperMesh 工作界面的功能选择区中选中 Analysis 单选按钮，在出现的命令面板中单击 OptiStruct 按钮，在弹出的界面中单击 OptiStruct 按钮来运行。查看提示，如果有错误提示，就返回前面的建模步骤进行检查。

9. 查看结果

返回在命令面板中单击 OptiStruct 按钮弹出的界面，单击 HyperView 按钮，进入后处理界面，单击 contour 图标，在 Result type 下拉列表框中选择 displacement 选项来查看变形，如图 8-37 所示。在下拉列表框中选择 Element Stress(2D&3D)(t)选项以及 vonMises 选项来查看应力，应力结果如图 8-38 所示，其中图 8-38(a)所示为没有输出结点应力(没有选中 Use corner data 复选框)的应力云图，图 8-38(b)所示为是输出结点应力(选中了 Use corner data 复选框)的应力云图。

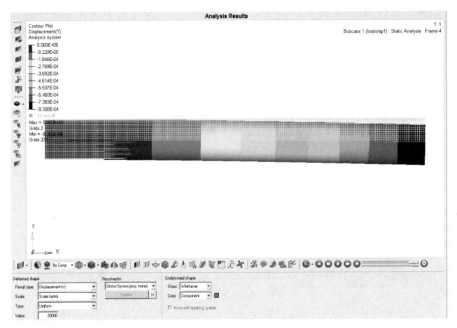

图 8-37　计算得到的变形云图

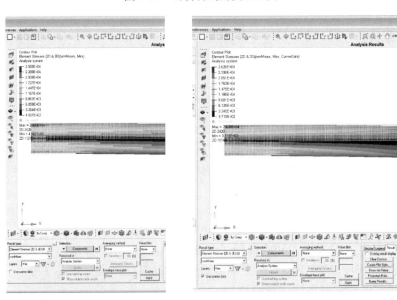

(a)　没有输出 corner data　　　　　　(b)　输出 corner data

图 8-38　计算得到的应力云图

8.3.4　探究训练

读者可以在这个分析的基础上，进行一些探究训练。

(1)　将均布载荷自行计算，转换为集中力的加载，查看结果是否有区别。

(2)　更换单元尺寸，查看结果。

(3) 更换其他的梁单元类型，进行计算。

(4) 在利用 shell 单元计算时，尝试在设置 Load Step 时，针对其中的 output 选项，设置应力输出的位置。

(5) 在最开始的问题分析中，说明了采用结构体单元分析是不合适的，读者可以自行采用结构体单元进行分析，对比一下模型的规模、计算时间以及计算结果等。需要注意的是，在壁厚方向，结构体单元的数量不得少于 2 个，即在壁厚方向，单元尺寸大约为 2.5 mm。

8.4 变截面梁承受轴向力——ROD 单元

问题描述：

如图 8-39 所示变截面杆，L_1=100mm；r 为 10 mm，L_2=200mm；r 为 5mm，承受轴向力 10kN，左端完全约束。材料为钢材，E=210GPa，泊松比为 0.3。

图 8-39　变截面梁承受轴向力

8.4.1 问题分析

利用梁单元的理论，很容易求解出本例题的理论解，变截面处变形为 0.0152mm，受力处为 0.1364mm，结构的最大应力为 0.127GPa。完全可以采用梁单元来求解，也可以采用结构体单元。本例题主要是演示两个 component 的定义方法，为后续多个 component 的应用打好基础。

采用的单位制为 mm、ms、kg。

8.4.2 分析过程

1. 选择求解器

进入 HyperMesh 界面，选择求解器为 OptiStruct。

2. 定义材料属性

右击 Model Browser，在弹出的快捷菜单中选择 Create→Material 命令，在左下方的对话框对应的文本框中填入材料参数杨氏模量 E=210，泊松比 NU=0.3。

3. 创建单元属性

在菜单栏中选择 Property→HyperBeam 命令。在出现的 HyperBeam 选项区域中，选中

standard section 单选按钮，在 standard section library 下拉列表框中，选择 Hyper Beam 选项，在 standard section type 下拉列表框中选择 solid circle 选项。单击右端的 create 按钮，出现 HyperBeam 命令的输入界面，在 Parameter Definition 下面的 Radius 文本框中输入梁的半径 10。右击空白区域中的截面名称 circle-section.1，在弹出的快捷菜单中选择 Rename 命令，修改梁截面名称为 A1。在菜单栏中选择 File→Exit 命令，退出 HyperBeam 命令。然后按照同样的方法定义 r=5 mm 的梁截面，并设置其名称为 A2。

右击 Model Browser，在弹出的快捷菜单中选择 Create→Property 命令，在左下方的对话框中，在 Name 文本框中输入 A1，在 Card Image 下拉列表框中选择 PROD 选项，选中 Material 选项旁边的 Material 单选按钮，选择上面定义好的材料 steel，选中 Beam Section 选项旁边的 Beamsection 单选按钮，选择上面建立的梁单元截面 A1。用同样的方法创建 Property 选项 A2，选择材料 steel，选中 Beam Section 选项旁边的 Beamsection 单选按钮，选择上面建立的梁单元截面 A2。

4. 创建 component，选择材料和属性

右击 Model Browser，在弹出的快捷菜单中选择 Create→Component 命令，在左下方的 Name 文本框中输入 A1。单击 Property 选项旁边的 Property 单选按钮，选择定义的属性 A1，完成 component 对象 A1 的创建。

用同样的方法，选择属性 A2，完成 component 对象 A2 的创建。

5. 划分有限元网格

本例题模型较为简单，直接建立有限元模型即可。

在模型树区域中，右击 component 对象下的 A1，在弹出的快捷菜单中选择 Make Current 命令，设置当前 component 对象为 A1。也可以单击软件界面下方的 Set Current Component 区域，在弹出来的菜单中，选择 A1 选项来设置当前 component。

此时进行的所有操作都将在当前 component 对象 A1 里显示，如果切换当前 component 对象为 A2，那么在 component 对象 A1 中所建立的结点、直线、面以及单元等，都不会在 A2 中显示。在本例题中，component 对象 A1 为具有 A1 属性的 ROD 单元，则在 A1 中的所有梁单元均为 A1 属性的 ROD 单元。如果在 A1 中存在着其他类型的单元，例如 shell 或者 solid 单元，那么在提交计算时，将给出错误提示，模型中存在没有定义属性的单元。

按 F8 功能键，出现创建结点的对话框。在文本框 x 中分别输入 0、100、300，分别单击 create 按钮，创建 3 个结点。

在 HyperMesh 工作界面的功能选择区中选中 1D 单选按钮，在出现的命令面板中单击 elem types 按钮，在弹出的界面中单击 rod= 按钮，在弹出的子菜单中选择 CROD 选项，单击 return 按钮返回。单击 RODS 按钮，单击 properties 按钮，在弹出的菜单中选择属性 A1，注意 elem types 文本框是否为 CROD，确认当前 component 选项为 A1，依次单击左边两个结点，软件自动生成一个 ROD 单元。

切换当前 component 对象为 A2，按上面同样的方法，单击 properties 按钮，在弹出的菜

单中选择属性 A2，依次单击右边两个结点，来生成另外一个 ROD 单元。

6. 创建约束和载荷

为了避免在临时结点上施加约束或者载荷，应该清除临时结点，在 HyperMesh 工作界面的功能选择区中选中 Geom 单选按钮，在出现的命令面板中单击 temp nodes 按钮，在弹出的界面中单击 clear all 按钮来清除模型中的临时结点(在几何或者单元中使用的结点不会被清除)。

右击 Model Browser，在弹出的快捷菜单中选择 Create→Load Collector 命令，在左下方的对话框中，修改其名称为 SPC，在菜单栏中选择 BCs→Create→Constraints 命令，将最左边结点的自由度 1、2、3 全部约束，另外两个结点，约束其自由度 2、3。

同样创建 Load Collector 对象，修改其名称为 force，在菜单栏中选择 BCs→Create→Force 命令，在 magnitude 文本框中输入-10，单击左下角的下拉列表框，将力的方向修改为 x-axis 选项，单击最右边结点，单击 create 按钮，完成沿负 x 方向对结点施加 10kN 的力。

7. 设置载荷步

定义 Load Step 对象，选择分析类型为 Linear Static 选项，设置 SPC 和 LOAD 为上面定义的约束和载荷。

8. 提交分析

在 HyperMesh 工作界面的功能选择区中选中 Analysis 单选按钮，在出现的命令面板中单击 OptiStruct 按钮，在弹出的界面中单击 OptiStruct 按钮来运行。

9. 查看结果

返回在命令面板中单击 OptiStruct 按钮弹出的界面，单击 HyperView 按钮，进入后处理界面，单击 Contour 图标，在对话框中选择 displacement 选项，单击 Apply 按钮来查看变形云图。

单击 Measures 图标，在出现的第二个对话框中的下拉菜单里，选择 relative displacement 选项，选中 Nodes 单选按钮，选择结点 2、3，单击 add 按钮，查看相对位移结果。

在 Contour 图标的对话框中，选择 CBAR/CBEAM von Mises Stress 选项来查看应力，单击 Apply 按钮来查看应力云图。

单击 Build Plots 图标，选中 Nodes 单选按钮，在弹出的子菜单中，单击 all 按钮或者 by id 按钮(输入 id 号)，单击 Apply 按钮，查看绘制的图。单击绘制的图，在菜单栏中选择 File→export→curves 命令，查看所输出的 curve。

8.4.3　探究训练

(1) 读者可以尝试其他梁单元来进行分析。

(2) 尝试用结构体单元来进行分析。

8.5 发动机活塞的有限元分析

问题描述：

计算如图 8-40 所示活塞的结构强度。活塞顶部受到向下的均布载荷为 10MPa，下端固定。材料弹性模量 E=210GPa，泊松比为 0.3。

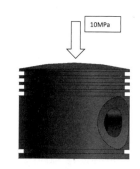

8.5.1 问题分析

从问题的要求看，是要分析活塞结构在承受压力下的应力，观察活塞的结构特征，只能采用结构体单元来进行有限元建模。

图 8-40 活塞承受均布载荷

从问题的描述看，上端承受压力，下端固定，根据题目所给的条件进行载荷和约束的施加。本例题同时讲述了几何模型的导入方法。

求解类型属于静力学范畴，采用的单位制为 m、s、kg、N。

8.5.2 分析过程

1. 选择求解器

进入 HyperMesh 界面，选择求解器为 OptiStruct。

2. 定义材料属性

右击 Model Browser，在弹出的快捷菜单中选择 Create→Material 命令，在左下方的对话框对应的文本框中填入材料参数杨氏模量 E=210e9，泊松比 NU=0.3。

3. 创建单元属性

右击 Model Browser，在弹出的快捷菜单中选择 Create→Property 命令，在 Card Image 下拉列表框中选择 PSOLID 选项，选中 Material 选项旁边的 Material 单选按钮，选择上面定义好的材料 material1。

4. 创建有限元模型，并为相应的单元赋属性

在菜单栏中选择 File→Import→Geometry 命令来导入几何模型，在 Import 选项卡中单击 Import Geometry 图标，在 File type 下拉列表框中选择 Parasolid 选项，单击 Select files 图标，找到并选择 piston.x_t 文件，单击 import 按钮，之后自动生成名称为 piston 的 component，如图 8-41 所示。单击 pistoncomponent，在左下方的对话框中，选中 Property 选项旁边的 Property 单选按钮，在弹出的菜单中选择上面定义的属性 property1。

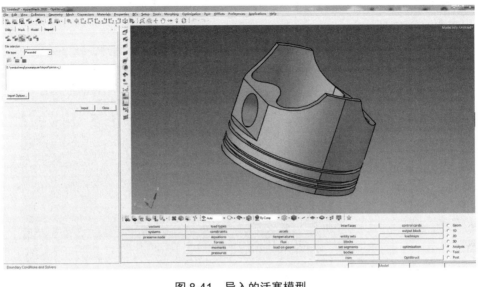

图 8-41　导入的活塞模型

在 HyperMesh 工作界面的功能选择区中选中 3D 单选按钮，在出现的命令面板中单击 tetramesh 按钮，在弹出的界面中选择 Volume tetra 单选按钮，在 element size 文本框中输入 0.0025(即 2.5 mm)，单击 mesh 按钮(在 HyperMesh 中首次打开软件，一般是利用 mm 作单位，因此最小尺寸在 0.1mm 左右，此例题中利用 m 作单位，软件将认为最小尺寸为 0.1m，输入 0.0025 没有显示。在菜单栏中选择 Preference→Geometry Options 命令，在对话框的 geometry 选项中的 cleanup tol 文本框中输入 0.0001。单击 mesh 选项，在 node tol 文本框中输入 0.0001)。得到的有限元网格如图 8-42 所示。

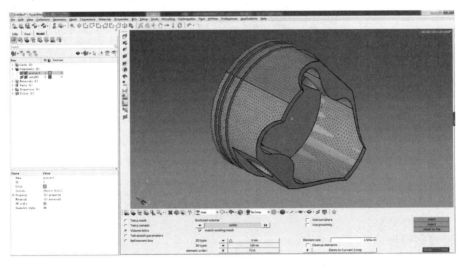

图 8-42　对活塞进行体单元网格划分

5. 创建约束和载荷

右击 Model Browser，在弹出的快捷菜单中选择 Create→Load Collector 命令，在左下方的对话框中，修改其名称为 SPC。在菜单栏中选择 BCs→Create→Constraints 命令，选择下

图视角的最上端所有结点，将自由度 1、2、3 全部约束(自由度 4、5、6 即使约束了，也不起作用)，如图 8-43 所示。

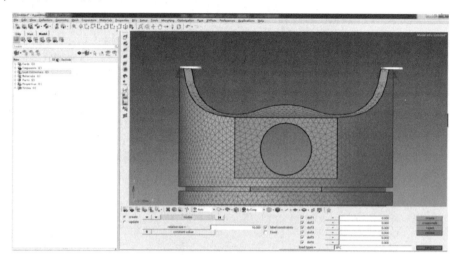

图 8-43　对活塞施加约束

同样创建 Load Collector 对象，修改其名称为 force，在菜单栏中选择 BCs→Create→Pressure 命令，在弹出的界面的 magnitude 文本框中输入 10e6，单击下拉菜单选择 face 选项，单击上表面，单击 create 按钮，完成压力的施加，如图 8-44 所示。

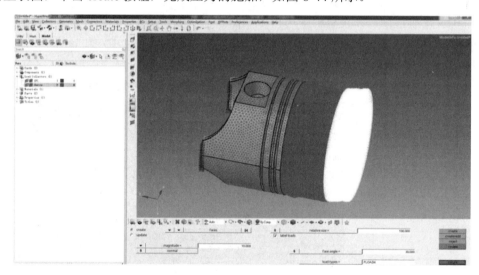

图 8-44　对活塞施加载荷

6. 设置载荷步

定义 Load Step 对象，选择分析类型为 Linear Static 选项，设置 SPC 和 LOAD 为上面定义的约束和载荷。

7. 提交分析

在 HyperMesh 工作界面的功能选择区中选中 Analysis 单选按钮，在出现的命令面板中

单击 OptiStruct 按钮，在弹出的界面中单击 OptiStruct 按钮来运行。查看提示，如果有错误提示，就返回前面的建模步骤进行检查。

8. 查看结果

返回在命令面板中单击 OptiStruct 按钮弹出的界面，单击 HyperView 按钮，进入后处理界面，单击 Contour 图标，在对话框中选择 displacement 选项来查看变形云图。

8.5.3 探究训练

(1) 读者可以尝试不同大小网格进行体单元的划分，比较计算结果。

(2) 自己计算表面的合力，在结点上施加相应的集中力，比较计算结果。

(3) 导入其他 CAD 格式的几何模型，根据实际的工况进行加载和约束，进行分析。

8.6 薄板中心受力分析

问题描述：

如图 8-45 所示的正方形薄板边长 L=2m，厚度 h=0.01m，四边固支。薄板弹性模量 E=200GPa，泊松比 μ=0.3。板中心受垂直集中载荷 Q=400N 作用。试采用有限元法求板中心挠度并与理论解对比。

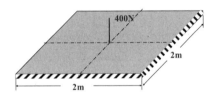

图 8-45 正方形薄板中心受力分析

8.6.1 问题分析

从问题的要求看，是要分析在中心受力下平板的变形，观察平板的结构特征，显然满足壳单元的几何要求，因此采用壳单元来进行建模。平板在中心位置受力，根据有限元理论的要求，只在结点传递力，所以在板的中心位置处应该有结点，即在两个方向的单元数目应该为偶数。

根据弹性力学理论，本例题的变形量为

$$w = -0.0056\frac{QL^2}{D} = 0.0056\frac{QL^2}{\dfrac{Eh^3}{12(1-\mu^2)}} = -0.0004892$$

求解类型属于静力学范畴，采用的单位制为 m、s、kg、N。

8.6.2 分析过程

1. 选择求解器

进入 HyperMesh 界面，选择求解器为 OptiStruct。

2. 定义材料属性

右击 Model Browser，在弹出的快捷菜单中选择 Create→Material 命令，在左下方的对话框对应的文本框中填入材料参数杨氏模量 E=200e9，泊松比 NU=0.3。

3. 创建单元属性

右击 Model Browser，在弹出的快捷菜单中选择 Create→Property 命令，在 Card Image 下拉列表框中选择 PSHELL 选项，选中 Material 选项旁边的 Material 单选按钮，选择上面定义好的材料 material1，在对话框 T 输入厚度 0.01。

4. 创建 component，选择材料和属性

右击 Model Browser，在弹出的快捷菜单中选择 Create→Component 命令，在左下方的对话框中，选中 Property 选项旁边的 Property 单选按钮，选择上面定义好的属性。

5. 创建有限元模型，划分网格

本例题的模型较为简单，直接建立几何模型，按 F8 功能键，出现创建结点对话框。在文本框 x 和 z 中输入 0，y 中分别输入 0 和 2，分别单击 create 按钮，创建两个结点。在 HyperMesh 工作界面的功能选择区中选中 Geom 单选按钮，在出现的命令面板中单击 lines 按钮，单击 Linear Nodes 图标，单击两个结点，单击 create 按钮来生成线。在 HyperMesh 工作界面的功能选择区中选中 Geom 单选按钮，在出现的命令面板中单击 surfaces 按钮，单击 Drag along Vector 图标，单击刚刚建立的线，在下拉列表框中选择沿轴线 x-axis 选项，在文本框 Distance 中输入拉伸距离 2，单击 drag+按钮完成面的创建。

创建 2D 单元，在 HyperMesh 工作界面的功能选择区中选中 2D 单选按钮，在出现的命令面板中单击 auto mesh 按钮。在下拉列表框中，选择 surfs 选项，选中 surfs 单选按钮，单击上面生成的面，在 element size 文本框中输入单元大小 0.1，单击 mesh 按钮来完成网格的划分。

6. 创建约束和载荷

右击 Model Browser，在弹出的快捷菜单中选择 Create→Load Collector 命令，在左下方的对话框中，修改其名称为 SPC。在系统菜单中选择 BCs→Create→constraints 命令。在下拉列表框中选择 nodes 对象，单击 nodes 单选按钮。在弹出的窗口中选择 by path 选项，将四个边的结点自由度 1、2、3、4、5、6 全部约束。

同样创建 Load Collector 对象，修改其名称为 force。在菜单栏中选择 BCs→Create→Force 命令，在 magnitude 文本框中输入-400。单击左下角的下拉菜单，将力的方向修改为 z-axis 选项，单击中间结点，单击 create 按钮，完成沿负 z 方向对结点施加 400N 的力。

可以按照下面的方法来找寻中间结点的位置。

(1)　在 HyperMesh 工作界面的功能选择区中选中 Geom 单选按钮，在出现的命令面板中单击 nodes 按钮，在弹出的界面中单击 as node 按钮，单击所要查询的结点，即可看到坐标值。

(2)　在工具栏中，单击 card edit 图标。在下拉列表框中选择 nodes 选项，单击要查看的结点，单击 edit 按钮，查看弹出的对话框。用同样的方法可以查看 element 的信息。

(3)　还可以在中心点(1,1,0)附近建立一个参考结点，例如(1.01,1,0)，则这个参考结点附近的那个结点即为中心点(注意在建立好有限元模型后，清除临时结点)。

7. 设置载荷步

定义 Load Step 对象，选择分析类型为 Linear Static 选项，设置 SPC 和 Load 为上面定义的约束和载荷。

8. 提交分析

在 HyperMesh 工作界面的功能选择区中选中 Analysis 单选按钮，在出现的命令面板中单击 OptiStruct 按钮，在弹出的界面中单击 OptiStruct 按钮来运行。查看弹出的对话框，如果有错误提示，就返回前面的建模步骤进行检查。

9. 查看结果

返回在命令面板中单击 OptiStruct 按钮弹出的界面，单击 HyperView 按钮，进入后处理界面。单击 Contour 图标，在对话框中选择 displacement 选项来查看变形云图。选择 Element Stress(2D&3D)(t) 选项，在下拉列表框中选择 von Mises 选项来查看应力云图。单击 Deformed 图标，在 Deformed type 对话框中，在 Value 文本框中输入 100 来放大变形，便于观察。

也可以同时显示两个窗口。单击 Page window layout 下拉菜单中的 □ 图标，进行两个窗口显示。右击左边的窗口，在弹出的快捷菜单中选择 Active Model→Copy 命令。右击右边的窗口，在弹出的快捷菜单中选择 Active Model→Paste 命令，单击 Contour 图标，将右侧改为 Element Stress(2D&3D)(t)选项，如图 8-46 所示。

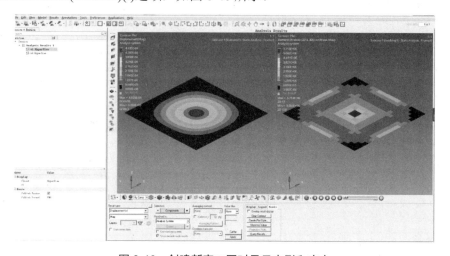

图 8-46　创建新窗口同时显示变形和应力

可以在变形云图中单击结点，显示该结点的计算结果，如图 8-47 所示。

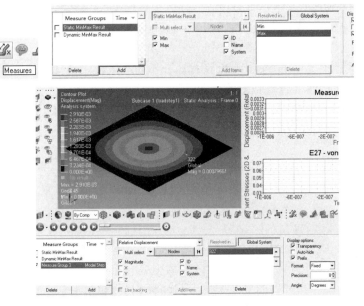

图 8-47　显示结点的计算结果

也可以如图 8-48 所示，单击 Build Plots 图标来创建曲线，画图并输出结果。

图 8-48　创建结果的 curve

单击生成的图，在菜单栏中选择 File→Export→Curves 命令，来输出曲线。

8.6.3　探究训练

(1)　读者可以尝试不同大小网格进行壳单元的划分，比较计算结果，画出误差与单元数目的关系曲线。

(2)　尝试用奇数单元来划分，思考如何施加载荷，比较与偶数单元划分以及理论值之间的差别。

(3)　设置不同的应力输出位置，center、corner、gauss，查看不同位置处输出结果的差别。

8.7　钢支架均布载荷

问题描述：

导入如图 8-49 所示支架的 CATIA 模型，板厚为 3mm，小圆孔的半径为 7.5mm，其他尺寸如图所示。支架上端承受 10 MPa 的均布载荷，左端完全约束，材料属性为 $E=210\text{GPa}$，泊松比=0.3，求支架的应力分布。

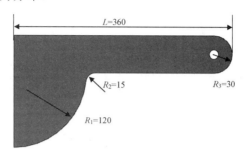

图 8-49　钢支架均布载荷分析

8.7.1　问题分析

从问题的要求看，是分析在上端承受压力的情况下，支架的应力分布。观察支架的几何特征和受力情况，本例题属于平面应力问题。鉴于平面应力是壳单元的一种特例，因此可以采用壳单元来进行建模。根据支架的几何特点，显然在承受压力时，R_2 倒角处的应力应该最大。根据上一章对有限元分析的规划总则，这个倒角附近应该用较小的网格来体现。7.5mm 的小圆孔非常影响网格划分质量，但该结构不能忽略，因此划分网格时，在这个结构附近要注意网格数量。

求解类型属于静力学范畴。考虑到几何模型是从 CATIA 中导入，一般情况下 CAD 软件默认的单位是 mm，采用的单位制为 mm、s、10^3kg。

8.7.2　分析过程

1. 选择求解器

进入 HyperMesh 界面，选择求解器为 OptiStruct。

2. 创建有限元模型

导入结构的 CAD 模型。在菜单栏中选择 File→Import→Geometry 命令，在 File type 下拉列表框中选择 CATIA V6 选项，单击 Select files 图标，找到文件 zhijia.CATPart，单击 Import 按钮，导入支架后的界面如图 8-50 所示。

支架的几何模型为结构体，首先抽取其中面。在 HyperMesh 工作界面的功能选择区中选中 Geom 单选按钮，在出现的命令面板中单击 midsurface 按钮，软件自动建立一个 Middle surface 的 component，如图 8-51(a)和(b)所示。

3. 定义材料属性

右击 Model Browser，在弹出的快捷菜单中选择 Create→Material 命令，在左下方的对话框对应的文本框中填入材料参数杨氏模量 $E=210\text{e}3$，泊松比 NU=0.3。

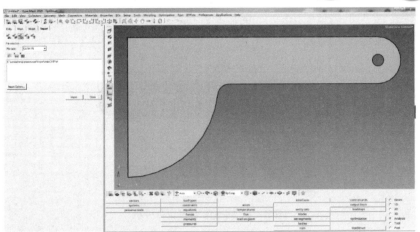

图 8-50　导入的支架模型

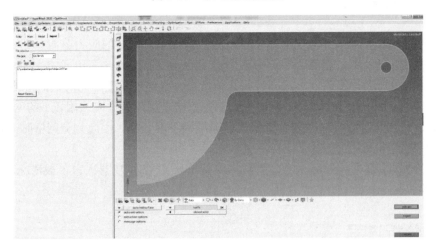

(a) 对导入的支架抽取中面

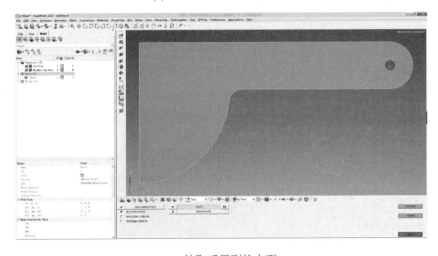

(b) 抽取后得到的中面

图 8-51　抽取支架中面

4. 创建属性

右击 Model Browser，在弹出的快捷菜单中选择 Create→Property 命令，在 Card Image 下拉列表框中选择 PSHELL 选项，选中 Material 选项旁边的 Material 单选按钮，选择上面定义好的材料 material1，在对话框 T 中输入厚度 3。

5. 创建 component，选择材料和属性

右击 Model Browser，在弹出的快捷菜单中选择 Create→Component 命令，在左下方的对话框中，选中 Property 选项旁边的 Property 单选按钮，选择上面定义好的 PSHELL 属性。

6. 划分有限元网格

创建 2D 单元，在 HyperMesh 工作界面的功能选择区中选中 2D 单选按钮，在出现的命令面板中单击 auto mesh 按钮。在弹出的界面的下拉列表中，选择 surfs 选项，选中 surfs 单选按钮，单击上面生成的面。在 element size 文本框中输入单元大小 5，注意 R_2 倒角处的网格以及小圆孔附近的网格。如果发现圆弧为折线，就意味着划分网格的单元数量不足，可以在倒角处或者小圆孔处单击鼠标左键来增加单元数量，单击 mesh 按钮来完成网格的划分。对支架划分的有限元网格如图 8-52 所示。

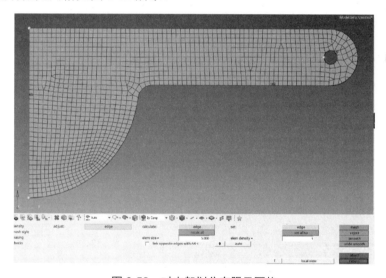

图 8-52　对支架划分有限元网格

7. 创建约束和载荷

右击 Model Browser，在弹出的快捷菜单中选择 Create→Load Collector 命令，在左下方的对话框中，修改其名称为 SPC。在菜单栏中选择 BCs→Create→constraints 命令，将最左端边上结点的自由度 1、2、3、4、5、6 全部约束。

同样创建 Load Collector 对象，首先计算上端每个结点应该施加的力的大小：上表面面积为 s=0.36*0.003=1.08e-03；承受的力为 F=S*P=(1.08e-03)*1e7=10800N。框选上表面所有结点，左下角显示选择了 63 个结点，即上端结点数量为 63，每个结点所承受的集中力为 171.43 N。修改其名称为 force，在菜单栏中选择 BCs→Create→Force 命令，在 magnitude 文本框中输入-171.43。单击左下角的下拉菜单，将力的方向修改为 z-axis 选项。单击最右

边结点，单击 create 按钮，完成沿负 z 方向对结点力的施加，如图 8-53 所示。

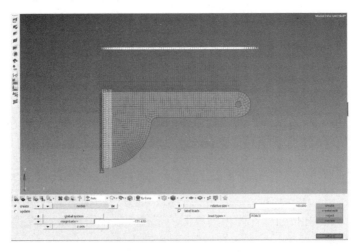

图 8-53　对支架上端施加载荷

8. 设置载荷步

定义 Load Step，选择分析类型为 Linear Static 选项，设置 SPC 和 Load 为上面定义的约束和载荷。

9. 提交分析

在 HyperMesh 工作界面的功能选择区中选中 Application 单选按钮，在出现的命令面板中单击 OptiStruct 按钮，在弹出的界面中单击 OptiStruct 按钮来运行。

10. 查看结果

返回在命令面板中单击 OptiStruct 按钮弹出的界面，单击 HyperView 按钮，进入后处理界面，单击 Contour 图标，在对话框中选择 displacement 选项来查看变形云图。

同样可以选择两个窗口来显示，左边的窗口显示位移云图，右边的窗口显示应力云图，如图 8-54 所示。

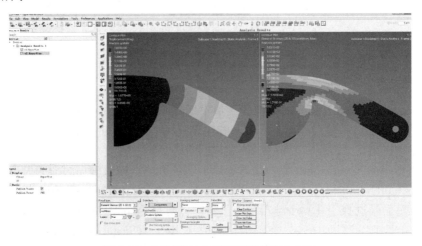

图 8-54　同时显示支架的变形和应力云图

8.7.3　探究训练

(1)　尝试在上端加载应力来进行计算，比较结果。
(2)　改变单元尺寸，比较最大应力计算结果。
(3)　输出 R_2 倒角处结点的应力。
(4)　在求解输出设置中，输出不同位置的应力。

8.8　椅子静力学分析

问题描述：

导入如图 8-55 所示椅子的 CATIA 模型，计算自己坐在椅子上面时，椅子的受力情况。椅子面厚度为 22mm，材料为竹子，假设为各向同性材料，杨氏模量为 20GPa，泊松比为 0.39。椅子腿为钢材，杨氏模量为 200GPa，泊松比为 0.3，厚度为 2mm。每个椅子腿和面之间通过两个螺栓连接。

8.8.1　问题分析

以前的例题都是单一材料的有限元分析，本例题涉及两种材料，两种结构。题目的要求是分析承受一定的重量时，椅子的变形

图 8-55　椅子模型

和应力。观察椅子面和椅子腿的结构特征，显然都满足壳单元的几何要求，因此可以采用壳单元来进行建模。椅子面和椅子腿是两个物体，必须通过连接才能传力。在前面讲过，连接的方式有刚性连接、共用结点以及点焊等形式。从本问题的实际情况看，可以采用刚性连接和点焊的形式。考虑载荷和约束的施加。读者可以自行在椅子面上参考自己的实际情况，在结点上施加集中力。为了简化，本例题在椅子面上施加了压力。椅子腿的四个底端全部约束来简化问题，否则需要用非线性的接触问题来进行处理。

求解类型属于静力学范畴。CATIA 模型的单位一般是 mm，因此，本例题采用的单位制为 mm、s、10^3kg。

8.8.2　分析过程

1. 选择求解器

进入 HyperMesh 界面，选择求解器为 OptiStruct。

2. 定义材料属性

右击 Model Browser，在弹出的快捷菜单中选择 Create→Material 命令，在左下方的对话框中修改材料名称为 steel，对应的文本框中填入材料参数杨氏模量 E=210e3，泊松比 NU=0.3。同样创建新的材料 bamboo，输入杨氏模量 E=20e3，泊松比 NU=0.39。

3. 创建单元属性

右击 Model Browser，在弹出的快捷菜单中选择 Create→Property 命令，在 Card Image 下拉列表框中选择 PSHELL 选项，选中 Material 选项旁边的 Material 单选按钮。选择上面定义好的材料 steel，在对话框 T 中输入厚度 2。同样创建第二个属性，选择材料 bamboo，在对话框 T 中输入厚度 22。

4. 划分有限元网格

导入几何模型，chair_V5_R20.CATPart，如图 8-56 所示。之后自动生成两个 component 对象，更改两个 component 对象的名称和颜色，如图 8-57 所示。

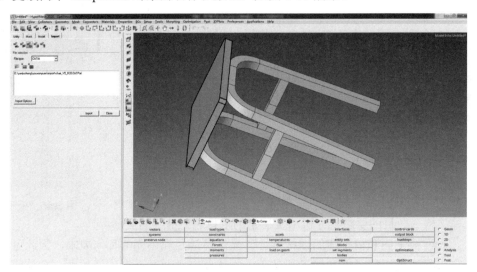

图 8-56　导入的椅子几何模型

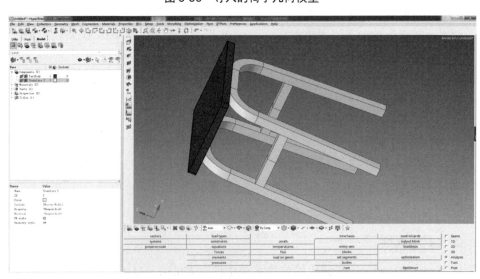

图 8-57　修改两个 component 的颜色

导入的几何中，椅子面是一个体。根据壳单元的建模原则，其厚度远远小于长度和宽度，可以采用壳单元来进行建模。在 HyperMesh 工作界面的功能选择区中选中 Geom 单选按钮，在出现的命令面板中单击 midsurfaces 按钮，在弹出的界面的下拉列表中选择 auto midsurface 选项，单击代表椅子面的几何体，单击 extract 按钮来抽取中面，如图 8-58 所示。

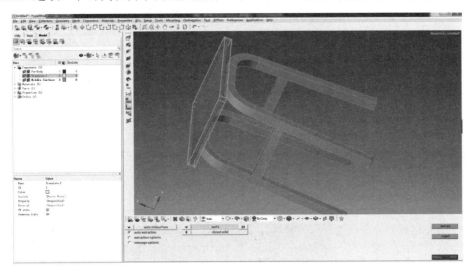

图 8-58　抽取椅子上端的中面

为中面和腿这两个 component 对象分别命名并赋属性为 steel 和 bamboo。在 HyperMesh 工作界面的功能选择区中选中 2D 单选按钮，在出现的命令面板中单击 auto mesh 按钮，在弹出的界面中选择抽出的椅子面的中面，输入单元大小 10，单击 mesh 按钮，所得到的有限元模型如图 8-59 所示。

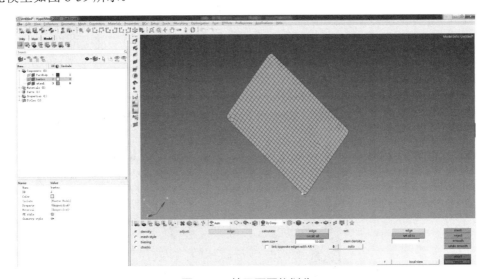

图 8-59　椅子面网格划分

同样对椅子腿的表面进行网格划分，得到的有限元模型如图 8-60 所示。

接着来定义焊点。为了避免误操作，尽量把不需要显示的一些单元隐藏。按 F5 功能键，选择不需要的单元，单击 mask 按钮来隐藏，界面如图 8-61(a)(b)所示。

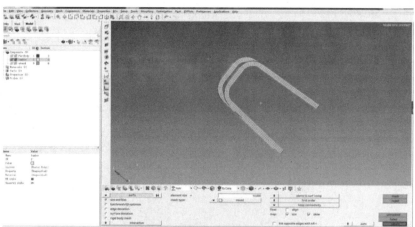

图 8-60　椅子腿网格划分

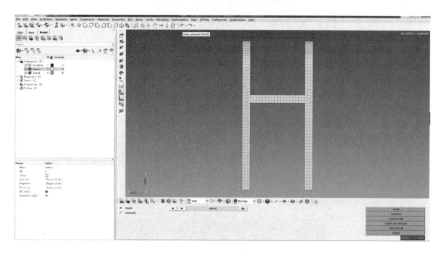

(a) 隐藏单元界面

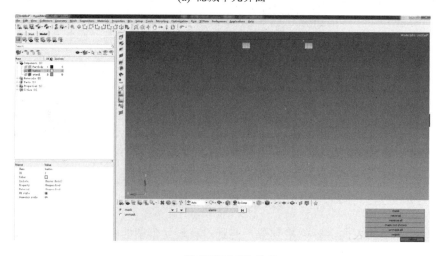

(b) 隐藏不需要的单元

图 8-61　隐藏不需要的单元

为了方便进行焊点定义，单元显示选择如图 8-62 所示的 wireframe 模式。

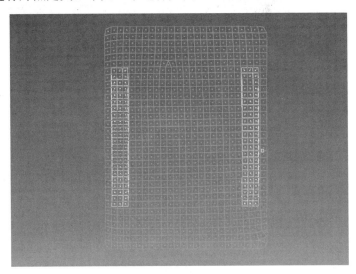

图 8-62　wireframe 模式显示

可以自行在椅子面和椅子腿上端面接触处，选择两个焊点的位置。在 HyperMesh 工作界面的功能选择区中选中 1D 单选按钮，在出现的命令面板中单击 rigids 按钮，在弹出的界面的 dependent 下拉列表框中选择 multiple nodes 选项，选择椅子腿上面的 1 个结点作为 independent node，在椅子面上选择几个结点作为 dependent，确保 dof1—dof6 均框选，单击 create 按钮来创建。左右两侧总共定义 4 组 RBE2，如图 8-63(a)和(b)所示。

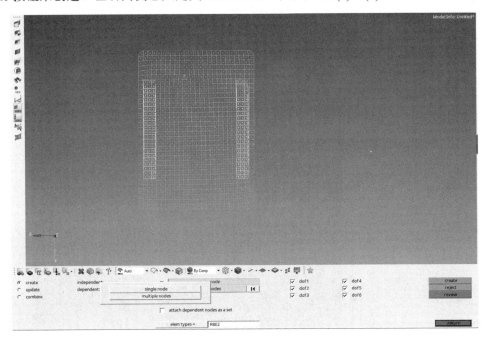

(a) RBE2 的定义

图 8-63　椅子面与椅子腿之间的焊点定义

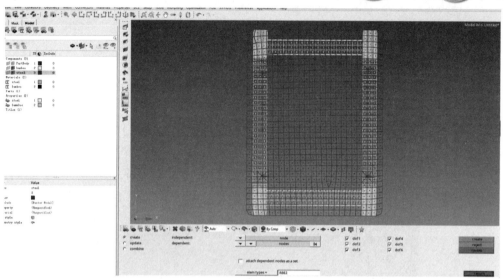

(b) 定义了 4 组 RBE2

图 8-63　椅子面与椅子腿之间的焊点定义(续)

5. 创建约束和载荷

右击 Model Browser，在弹出的快捷菜单中选择 Create→Load Collector 命令，在左下方的对话框中，修改其名称为 SPC。在菜单栏中选择 BCs→Create→Constraints 命令，将椅子腿最下端所有结点的自由度 1、2、3、4、5、6 全部约束，如图 8-64 所示。

同样创建 Load Collector 对象，修改其名称为 force，在菜单栏中选择 BCs→Create→Pressures 命令，在弹出的界面的下拉列表中选择 faces 选项，在 magnitude 文本框中输入 -0.01。单击左下角的选择菜单，将压力的方向修改为 z-axis 选项。单击上表面，单击 create 按钮，完成载荷的施加，如图 8-65 所示(根据单位制，在 magnitude 文本框中输入的数值为压力，单位是 MPa。在 340mm*246mm 的表面上施加 1MPa 的压力相当于施加了 8704kg 的力，例题中输入了 0.01MPa，相当于 87kg)。

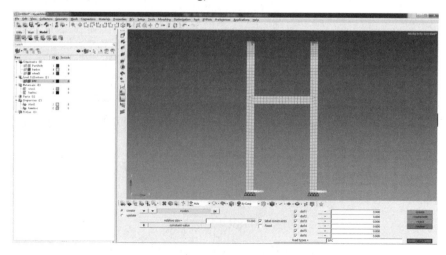

图 8-64　椅子约束的定义

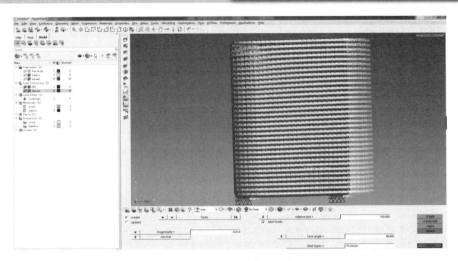

图 8-65　椅子载荷的定义

6. 设置载荷步

定义 Load Step 对象，选择分析类型为 Linear Static 选项，设置 SPC 和 Load 为上面定义的约束和载荷。

7. 提交分析

在 HyperMesh 工作界面的功能选择区中选中 Analysis 单选按钮，在出现的命令面板中单击 OptiStruct 按钮，在弹出的界面中单击 OptiStruct 按钮来运行。查看提示，如果有错误提示，就返回前面的建模步骤进行检查。

8. 查看结果

返回在命令面板中单击 OptiStruct 按钮弹出的界面，单击 HyperView 按钮，进入后处理界面，单击 Contour 图标，在对话框中选择 Element Stress(2D&3D)(t) 选项，在下拉列表中选择 von Mises 选项来查看应力云图。查看应力大小，如图 8-66 所示为 0.021GPa(21 MPa)。

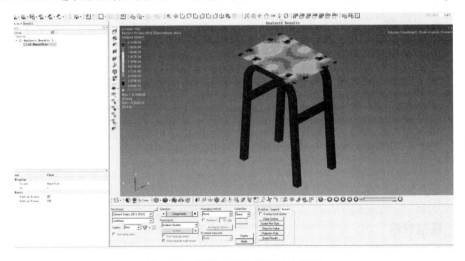

图 8-66　计算得到的椅子应力云图

8.8.3 探究训练

(1) 读者可以尝试点焊单元来进行连接，比较计算结果。
(2) 不抽取椅子面的中面，尝试用结构体单元来划分，完成分析，比较计算结果。
(3) 比较设置 3 个焊点和 4 个焊点对计算结果的影响。
(4) 根据自己的体重以及与椅子面的接触面积，来施加集中力，比较计算结果。
(5) 设置不同的应力输出位置，如 center、corner、gauss，查看不同位置输出结果的差别。

8.9 方管与薄板的焊接受力

一个长为 300mm 的空心矩形不锈钢管件，其截面为 50mm×50mm×1mm，中间区域通过螺栓固定一块铝板，100mm×150mm×5mm，通过两组 8 个螺栓，将铝板固定在管件上，如图 8-67 所示。不锈钢材料 E=200GPa，泊松比μ=0.3，屈服极限为 345MPa。铝板材料 E=70GPa，泊松比μ=0.3，屈服极限为 245MPa。在铝板的端部承受 210N 的集中力，计算不锈钢管件和铝板的变形及应力。

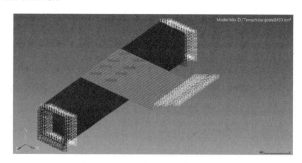

图 8-67　方管与薄板的焊接受力情况

8.9.1 问题分析

本例题涉及两种材料，两种结构。观察薄壁管件和铝板的结构特征，显然都满足壳单元的几何要求，因此可以采用壳单元来进行建模。薄壁管件和铝板是两个结构，必须通过连接才能传力。钢板和铝板不能通过焊接连接，只能通过螺栓连接。为了简化操作，本例题没有使用螺栓单元来进行操作，而是采用建立点焊单元的形式来完成连接，读者可以自行探究螺栓单元的操作。

求解类型属于静力学范畴。采用的单位制为 mm、s、10^3kg。

8.9.2 分析过程

1. 选择求解器

进入 HyperMesh 界面，选择求解器为 OptiStruct。

2．定义材料属性

右击 Model Browser，在弹出的快捷菜单中选择 Create→Material 命令，修改材料名称为 steel，在左下方的对话框对应的文本框中填入材料参数杨氏模量 E=200e3，泊松比 NU=0.3。用同样的方法定义材料 aluminium，填入杨氏模量 E=70e3，泊松比 NU=0.3。

3．创建单元属性

右击 Model Browser，在弹出的快捷菜单中选择 Create→Property 命令，在左下方的对话框中，修改 property 的名称为 5mm。在 Card Image 下拉列表框中选择 PSHELL 选项，选中 Material 选项旁边的 Material 单选按钮。选择上面定义好的材料 aluminium，在对话框 T 中输入厚度 5。同样定义 property，修改其名称为 1mm，选择 PSHELL 选项，Material 选择上述定义好的材料 steel，输入厚度 T=1。

本例题采用点焊单元来进行铝板与薄壁管件之间的连接，定义 weld 单元属性的操作如下。

(1) 定义 hyperbeam section，在 HyperMesh 工作界面的功能选择区中选中 1D 单选按钮。在出现的命令面板中单击 HyperBeam 按钮，在弹出的界面中选中 standard section 单选按钮。在 standard section library 下拉列表框中，选择 Hyper Beam 选项。在 standard section type 下拉列表框中选择 solid circle 选项。单击右端的 create 按钮，出现 HyperBeam 程序的输入界面，在 Parameter Definition 下面的文本框 Radius(r)中输入梁的半径 4。修改截面的名称为 M8，退出 HyperBeam 的截面定义菜单。

(2) 右击 Model Browser，在弹出的快捷菜单中选择 Create→Property 命令，在左下方的对话框中，修改 property 的名称为 weld，在 Card Image 下拉列表框中选择 PWELD 选项，选中 Material 选项旁边的 Material 单选按钮。选择上面定义好的材料 steel，选中 Beam Section 选项旁边的 BeamSection 单选按钮。选择上面建立的梁单元截面 M8，完成点焊单元属性的定义。

4．创建 component，选择材料和属性

右击 Model Browser，在弹出的快捷菜单中选择 Create→Component 命令，在左下方的对话框中，修改名称为 tube。选中 Property 选项旁边的 Property 单选按钮，选择上面定义好的属性 1mm。用同样的方式创建新的 component，修改其名称为 plate，选择属性 5mm。

5．创建几何模型

本例题模型较为简单，直接建立几何模型。

按 F8 功能键，创建方管截面对应的四个结点(0,0,0)、(0,50,0)、(50,0,0)、(50,50,0)。在 HyperMesh 工作界面的功能选择区中选中 Geom 单选按钮，在出现的命令面板中单击 lines 按钮，单击 Linear Nodes 图标，依次单击两个结点，单击 create 按钮来生成四条直线。在 HyperMesh 工作界面的功能选择区中选中 Geom 单选按钮，单击 surfaces 按钮，单击 Drag along Vector 图标，单击刚刚建立的线。在下拉列表框中选择沿轴线 z-axis 选项，在文本框 Distance 中输入拉伸距离 300，单击 drag+命令按钮完成 tube 四个面的创建。

在 HyperMesh 工作界面的功能选择区中选中 Tool 单选按钮，在出现的命令面板中单击

translate 按钮，在弹出的界面的下拉列表中选择 nodes 选项，在下拉列表框中选择 z-axis 选项，在 magnitude 文本框中输入 100。单击外侧顶部的结点(坐标为(0,50,0))，单击 nodes 按钮，单击 duplicate 选项，单击 translate+按钮，实现结点的复制和平移(相当于在坐标为(0,50,100)处创建了一个结点)。重复前面的操作，在坐标为(0,50,200)处创建另外一个结点。

为了便于表征焊点，有意将铝板和管件之间离开一段距离，假设距离为 3mm(中性面之间的距离)。单击刚刚生成的两个结点，修改上面的拉伸方向为 y-axis 选项，在 magnitude 文本框中输入 3。单击 translate+按钮，将这两个结点沿 y 轴移动 3mm。在 HyperMesh 工作界面的功能选择区中选中 Geom 单选按钮，在出现的命令面板中单击 lines 按钮，在弹出的界面中单击 Linear Nodes 图标，单击两个结点，单击 create 按钮来生成线。单击 surfaces 按钮，单击 Drag along Vector 图标，单击刚刚建立的线，选择拉伸方向为沿轴线 x-axis 选项，在 Distance 文本框中设置拉伸距离为 150，完成 plate 面的创建。

清除临时结点。

查看 component 对象是否定义准确，如果定义错误，那么可以在 HyperMesh 工作界面的功能选择区中选中 Tool 单选按钮。在出现的命令面板中单击 organize 按钮，在弹出的界面的下拉列表框中选择 surfs 选项，单击 surfs 按钮。选择面，单击 dest component 按钮，单击 move 按钮，将选择的面移动到相应的 component 中。

6. 划分有限元网格

创建 2D 单元。

单击下方的 component 名称，隐藏不是本 component 中的几何，在 HyperMesh 工作界面的功能选择区中选中 2D 单选按钮，在出现的命令面板中单击 auto mesh 按钮。在弹出的面板左上角的下拉列表框中，选择 surfs 选项，选中 surfs 单选按钮，单击上面生成的面。在 element size 文本框中输入单元大小 5，单击 mesh 按钮来完成网格的划分，得到的模型如图 8-68 所示。

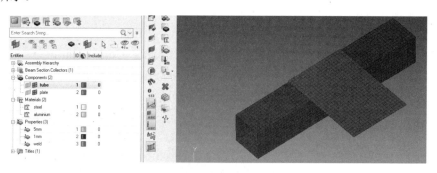

图 8-68　有限元网格划分

下面来创建 weld 单元。为了避免选择结点错误，隐藏 tube 中不必要的单元，仅仅保留其上表面的单元，同时显示 plate 中的单元，并切换到 wireframe 显示方式，如图 8-69 所示。

在 HyperMesh 工作界面的功能选择区中选中 1D 单选按钮，在出现的命令面板中单击 spot weld 按钮，在弹出的界面中选择 using elems 选项，在下拉列表框中选择 all elems 选项。单击 elems 单选按钮，在弹出来的对话框中选择 displayed 选项。单击 property 对话框，选择上面定义好的 weld 属性，在 search tolerance 对话框中输入 3(本例题中结点间距=4 mm)，选中下面的 attach to shell elems 复选框。在下拉列表框中选择 nodes 选项，在 plate 上面参考图 8-70 所示的位置，自行选择 8 个结点。单击 create 按钮来创建 8 个 spot weld 单元，最终的结果如图 8-70 所示。

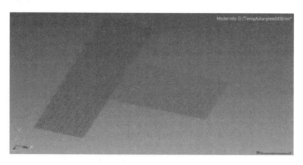

图 8-69　隐藏不需要的单元，wireframe 显示

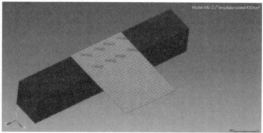

图 8-70　定义 8 组焊点

7. 创建约束和载荷

右击 Model Browser，在弹出的快捷菜单中选择 Create→Load Collector 命令，在左下方的对话框中，修改其名称为 SPC。在菜单栏中选择 BCs→Create→Constraints 命令。选中 nodes 单选按钮，在弹出的界面中选择 by window 选项，按住鼠标左键，框选管件的两个端部所有边上结点，将它们的自由度 1、2、3、4、5、6 全部约束。

同样创建 Load Collector 对象，修改其名称为 force。在菜单栏中选择 BCs→Create→Force 命令。在 magnitude 文本框中输入-10，单击左下角的下拉列表，将力的方向修改为 y-axis，选中 nodes 单选按钮，在弹出的界面中选择 by window 选项。按住鼠标左键，框选 plate 悬空边上的结点，单击 create 按钮，完成载荷的施加。

8. 设置载荷步

定义 Load Step 对象，选择分析类型为 Linear Static 选项，设置 SPC 和 Load 为上面定义的约束和载荷。

9. 提交分析

在 HyperMesh 工作界面的功能选择区中选中 Analysis 单选按钮，在出现的命令面板中单击 OptiStruct 按钮，在弹出的界面中单击 OptiStruct 按钮来运行。查看提示，如果有错误提示，就返回前面的建模步骤进行检查。

10. 查看结果

返回在命令面板中单击OptiStruct按钮弹出的界面，单击HyperView按钮，进入后处理界面。单击Contour图标，在对话框中选择displacement选项来查看变形云图，选择Element Stress(2D&3D)(t)选项，在下拉列表框中选择von Mises选项来查看应力云图。

8.9.3 探究训练

(1) 读者自己尝试用刚性连接单元(RBE2)来进行连接，查看应力结果。

(2) 在有限元理论中，壳单元采用的是中性面建模，尝试变化铝板与薄壁管件之间的距离，查看最终计算结果的变化。

(3) 更换两个部件的材料，查看计算结果。

8.10 车架刚度分析

问题描述：

两根纵梁长为300mm的空心矩形不锈钢管件，其截面为25mm×25mm×1mm，间距150mm，中间区域离纵梁两端75mm处分别布置一根横梁，其截面的25mm×25mm×1.5mm，如图8-71所示。不锈钢材料E=210GPa，泊松比μ=0.3。

计算车架的扭转刚度(两根纵梁一端固定，另一端施加力偶矩)和弯曲刚度(纵梁两端的最底边全部固定)。

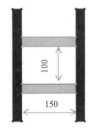

纵梁(蓝色)与横梁布局　　　　扭转约束(纵梁一端所有边)　　　　弯曲约束(仅最底边)

图8-71　车架弯曲和扭转刚度分析

8.10.1 问题分析

观察纵梁和横梁的结构特征，显然都满足壳单元的几何要求，因此可以采用壳单元来进行建模。纵梁和横梁的截面尺寸相同，因此可以采用共用结点的形式来实现两个component之间的连接。

针对约束，OptiStruct软件有自动施加约束来去除刚体位移的功能(Auto SPC)，这个功能并不是说不需要施加约束，而是在施加足够约束时，自动去除可能存在的刚体位移。在施加扭转工况时，结构有足够的约束，但在使用有的软件进行计算时，存在刚体位移，需

要在横梁的中心位置施加 z 向的约束。

本题并没有给出载荷的大小，在线性静力学计算中，载荷和变形始终是成比例的，所以可以自行施加载荷。用施加的载荷除以最终得到的变形(或弧度值)，即可得到弯曲刚度和扭转刚度。

求解类型属于静力学范畴。采用的单位制为 mm、s、10^3kg。

8.10.2　分析过程

1. 选择求解器

进入 HyperMesh 界面，选择求解器为 OptiStruct。

2. 定义材料属性

右击 Model Browser，在弹出的快捷菜单中选择 Create→Material 命令，在左下方的对话框中，修改材料名称为 steel。在对应的文本框中填入材料参数杨氏模量 E=210e3，泊松比 NU=0.3。

3. 创建单元属性

右击 Model Browser，在弹出的快捷菜单中选择 Create→Property 命令。在左下方的对话框中，修改 property 的名称为 L-1mm，在 Card Image 下拉列表框中选择 PSHELL 选项。选中 Material 选项旁边的 Material 单选按钮，选择上面定义好的材料 steel，在对话框 T 中输入厚度 1。按同样的步骤，创建新的属性，修改 property 的名称为 T-1.5mm，选择上述定义好的材料 steel，在对话框 T 中输入厚度 1.5。

4. 创建 component，选择材料和属性

右击 Model Browser，在弹出的快捷菜单中选择 Create→Component 命令。在左下方的对话框中，修改名称为 L-tube，选中 Property 选项旁边的 Property 单选按钮，选择上面定义好的属性 L-1mm。再次创建 component，修改名称为 T-tube。在左下方的界面中，选中 Property 单选按钮，选择 T-1.5mm。

5. 创建几何模型

本例题模型较为简单，直接建立几何模型。

1)　生成纵梁的面

在 L-tube component 进行以下操作。点-线-面建立模型。

(1)　按 F8 功能键，出现创建结点对话框。在坐标文本框中分别输入四个结点的坐标 (0,0,0)、(0,25,0)、(25,0,0)、(25,25,0)，分别单击 create 按钮，创建 4 个结点。

(2)　在 HyperMesh 工作界面的功能选择区中选中 Geom 单选按钮，在出现的命令面板中单击 lines 按钮，在弹出的界面中单击 Linear Nodes 图标，依次单击两个结点，单击 create 按钮来创建四条直线。

(3)　在 HyperMesh 工作界面的功能选择区中选中 Geom 单选按钮，在出现的命令面板中单击 surfaces 按钮，在弹进出的界面中单击 Drag along Vector 图标，单击刚刚建立的四条

直线。下拉列表框中选择沿轴线 z-axis 选项，在 Distance 文本框中输入拉伸距离 300，单击 drag+按钮完成四个面的创建。

(4) 采用复制 duplicate+移动 translate 的方法来生成另外四个面。

在 HyperMesh 工作界面的功能选择区中选中 Tool 单选按钮，在出现的命令面板中单击 translate 按钮，在弹出的界面的下拉列表中选择 surfs 选项，在下拉列表框中选择拉伸方向 x-axis 选项，在 magnitude 文本框中输入移动距离 175。单击 surfs 单选按钮，在弹出来的列 表中选择 displayed 选项。再次单击 surfs 单选按钮，在弹出的列表中选择 duplicate 选项。 在弹出的对话框中选择 original comp 选项，单击 translate-按钮，得到的车架如图 8-72 所示。

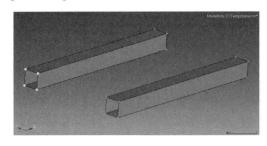

图 8-72 采用复制来生成几何模型

2) 生成横梁的面

(1) 单击工作界面右下角的 component 名称 L-tube，切换为 H-tube。

(2) 在 HyperMesh 工作界面的功能选择区中选中 Tool 单选按钮，在出现的命令面板中 单击 translate 按钮，在弹出的界面的下拉列表中选择移动方向 z-axis 选项，在 magnitude 文 本框中输入移动距离 75，在下拉列表中选择 nodes 选项。单击纵梁一端内侧的两个端点， 选中 nodes 单选按钮，在弹出的列表中选择 duplicate 选项。单击 translate+按钮，得到两个 新的结点。在 magnitude 文本框中输入移动距离 25，选中 nodes 单选按钮。在弹出的列表中 选择 duplicate 选项，单击 translate+按钮，再次得到两个新的结点。新生成的四个结点如 图 8-73(a)所示。

(3) 将生成的四个点连成四条直线，单击 surfaces 按钮，单击 Drag along Vector 图标。 单击刚刚建立的四条直线，在下拉列表中选择沿轴线 x-axis 选项，在文本框 Distance 中输 入拉伸距离 150。单击 drag-按钮完成四个面的创建，如图 8-73(b)所示。

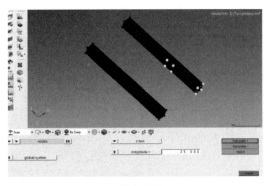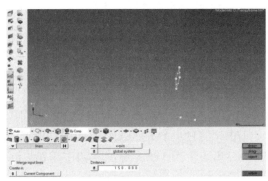

(a) 结点复制   (b) 四条线拉伸

图 8-73 生成面

（4）　在模型树中单击 component 左边的几何图标来隐藏 L-tube 的几何模型。

（5）　在 HyperMesh 工作界面的功能选择区中选中 Tool 单选按钮，在出现的命令面板中单击 translate 按钮，在弹出的界面中选中下拉列表中的 surfs 选项，在下拉列表中选择移动方向 z-axis 选项，在 magnitude 文本框中输入移动距离 125。选中 surfs 单选按钮，在弹出的列表中选择 displayed 选项。再次单击 surfs 单选按钮，在弹出的列表中选择 duplicate 选项，在弹出的对话框中选择 original comp 选项。单击 translate+ 按钮，得到的车架如图 8-74 所示。

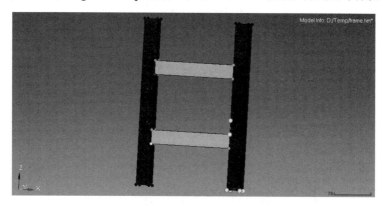

图 8-74　生成的车架几何模型

清除临时结点。

6. 划分有限元网格

分别对两个 component 对象划分 shell 单元。创建 2D 单元，单击右下方的 component 名称，隐藏不是本 component 中的几何模型。在 HyperMesh 工作界面的功能选择区中选中 2D 单选按钮，在出现的命令面板中单击 auto mesh 按钮，在弹进出的界面的下拉列表中，选择 surfs 选项。选中 surfs 单选按钮，单击上面生成的面，在 element size 文本框中输入单元大小 5，单击 mesh 按钮来完成网格的划分。

> **注意：** 现在的两个 component 之间没有任何连接，无法传递力。观察接头处，发现接头处两个 component 的结点位置基本完全相同，可以采用共用结点的方法来进行操作。

在 HyperMesh 工作界面的功能选择区中选中 Tool 单选按钮，在出现的命令面板中单击 edges 按钮，在弹出的界面的下拉列表中选择 elems 选项，单击 elems。在弹出来的列表中，单击 all 选项，对模型中所有的结点进行 equivalence。在 tolerance 文本框中输入 0.01，单击 equivalence 按钮，软件左下角提示有 80 个结点被 equivalence。

7. 创建约束和载荷

1）　分别创建弯曲和扭转的约束

（1）　右击 Model Browser，在弹出的快捷菜单中选择 Create→Load Collector 命令。在左下方的对话框中，修改其名称为 SPC-bending。在菜单栏中选择 BCs→Create→Constraints 命令，在弹出的界面中单击 nodes 按钮，在弹出的界面中选择 by path 选项，选择纵梁的底端 4 个边上所有结点，将自由度 1、2、3、4、5、6 全部约束，如图 8-75(a) 所示。

(2) 在模型树中，单击 SPC-bending 左侧的有限元图标，将这个约束隐藏。再次创建 Load Collector 对象，修改名称为 SPC-torsion。在菜单栏中选择 BCs→Create→Constraints 命令。在弹出的界面中单击 nodes 按钮，在弹出的界面中选择 by window 选项，选择纵梁 z 向最远端的所有结点，将自由度 1、2、3、4、5、6 全部约束，如图 8-75(b)所示。

(a) 弯曲工况约束施加

(b) 扭转工况约束施加

图 8-75 采用复制来生成几何模型

2) 分别创建弯曲和扭转的载荷

(1) 右击 Model Browser，在弹出的快捷菜单中选择 Create→Load Collector 命令，在左下方的对话框中修改其名称为 force-bending。在菜单栏中选择 BCs→Create→Force 命令，在弹出的界面的 magnitude 文本框中输入 1。单击左下角的下拉列表，将力的方向修改为 y-axis，单击 nodes 按钮，选择中心位置上表面的一列结点。单击 create 按钮，完成弯曲工况下载荷的加载，如图 8-76 所示。

图 8-76 施加弯曲载荷

(2)　再次创建 Load Collector 对象，修改名称为 force-torsion，选择没有施加 SPC-torsion 的一端。在一根纵梁上的结点沿 y-axis 施加 1(N)的力，另一根沿 y-axis 施加-1(N)的力，如图 8-77 所示(观察下面两端结点所施加力的方向)。

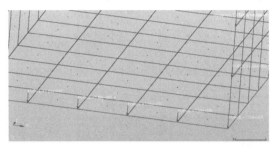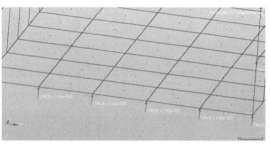

图 8-77　施加扭转载荷

8. 设置载荷步

分别创建弯曲和扭转的载荷步。

(1)　定义 Load Step，选择分析类型为 Linear Static 选项，修改名称为 bending，设置 SPC 和 Load 为上面定义的约束 SPC-bending 和载荷 force-bending。

(2)　定义 Load Step，选择分析类型为 Linear Static 选项，修改名称为 torsion，设置 SPC 和 Load 为上面定义的约束 SPC-torsion 和载荷 force-torsion。

9. 运行分析

在 HyperMesh 工作界面的功能选择区中选中 Analysis 单选按钮，在出现的命令面板中单击 OptiStruct 按钮，在弹出的界面中单击 OptiStruct 按钮来运行。查看提示，如果有错误提示，就返回前面的建模步骤进行检查。

10. 查看结果

返回在命令面板中单击 OptiStruct 按钮弹出的界面，单击 HyperView 按钮，进入后处理界面，可以在左侧的 Results 菜单中分别选择工况弯曲或者扭转来查看。单击 Contour 图标，在对话框中选择 displacement 选项来查看变形云图，查看如图 8-78(a)和(b)所示的弯曲和扭转变形结果，分别计算弯曲和扭转刚度。

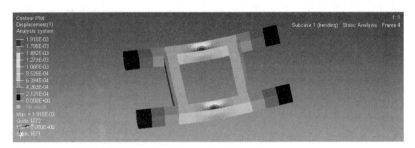

(a) 弯曲变形云图

(b) 扭转变形云图

图 8-78　弯曲和扭变形云图

8.10.3　探究训练

(1) 施加不同大小的载荷，查看刚度值是否有变化。

(2) 两个 component 对象用不同大小的网格进行划分，利用 RBE2 或者点焊单元进行连接，查看最大应力。

(3) 修改 param autospc 为 no，查看扭转的求解是否出现问题。

第9章 动力学问题的有限元分析

结构动力学分析是有限元分析的主要内容之一。动力分析不同于静力分析，静力分析主要确保结构可以承受所施加的稳定载荷，而动力学分析常用来确定时变载荷对整个结构或部件的影响，同时还要考虑阻尼及惯性效应的作用，也就是说动力学分析是用来确定惯性(质量效应)和阻尼起着重要作用时结构或构件动力学特性的技术。

在实际工程应用中，动力学分析主要用于寻求结构振动特性(固有频率和主振型)以便更好地利用或减小振动；分析结构的动力响应特性，以便计算结构振动时的动力响应和动位移的大小及其变化规律。动力学分析主要包括下面几种类型。

1. 振动特性 (结构振动方式和振动频率)

振动特性分析主要指模态分析，是用来确定结构的振动特性(固有频率和振型)的一种技术。模态分析的作用是使结构设计避免共振或以特定频率进行振动；通过所求解的模态振型，工程师可以认识到结构对于不同类型的动力载荷是如何响应的。

2. 随时间变化载荷的效应

这种类型主要指瞬态动力分析(例如对结构位移和应力的效应)，确定随时间有确定变化关系的载荷作用下结构的响应。其输入数据是作为时间函数的载荷，输出数据是随时间变化的位移和其他的导出量，例如应力和应变等。

瞬态响应分析典型的应用是易受地震、风、爆炸或车辆通过坑洞影响的结构，承受随时间变化的载荷。瞬态响应分析的结果是位移、速度、加速度、力、应力和应变。这些响应通常与时间有关。

3. 周期(振动)载荷的效应

这种分析主要指频率响应，或者简谐响应分析，用来确定一个结构在已知频率的正弦(简谐)载荷作用下结构的响应。它可以确保一个给定的结构能经受住不同频率的各种正弦载荷(例如以不同速度运行的发动机)，或者能够探测共振响应，并在必要时避免其发生(例如借助于阻尼器来避免共振)。

频率响应分析典型的应用是车辆、旋转机械和变速器的噪声、振动和粗糙度分析。载荷可以是力、位移、速度和加速度。它们取决于激励频率。频率响应分析的结果是位移、速度、加速度、力、应力和应变。这些响应通常是复数，或者以幅值和相角给出，或者以实部和虚部给出。

4. 随机载荷的效应

这种类型主要指随机振动分析，简称随机分析，确定在随机载荷下结构的响应，例如火箭发射，车辆经过随机路面谱等。

要注意的是，上面的四种类型，瞬态分析是在时域中进行的，频率响应和随机响应分

析是在频域内进行的，分析人员一定要清楚分析对象和结果所在的域。

动力学分析除了考虑变形体的应变能以及外力的势能以外，还必须考虑物体的动能。建立包含这些能量在内的泛函数，由它们的驻值条件可以得到动力学的控制方程以及定解条件，即为动力学的变分原理。基于 Hamilton 变分原理，将结构空间离散化，在离散化的单元以及结点上进行位移插值。使用运动平衡方程、几何方程和物理方程，可以得到动力学的通用方程。

本章将介绍动力学问题的有限元分析方法。

9.1 引 言

对静力学问题，前面的章节已经推导出其有限元方程(刚度方程)为

$$k\delta = F$$

式中：k 为结构的刚度矩阵；δ 是有限元结点位移的列向量；F 是有限元结点载荷的列向量。

这些物理量中，载荷 F 和位移 δ 都不随时间变化，此时外力与弹性力平衡。而针对动力学问题，其载荷、位移均随时间变化：载荷 $F=F(t)$，是随时间变化的函数；位移 $\delta=\delta(t)$ 也是随时间变化的函数。此时，外力 $F(t)$ 将不再与弹性力平衡，必须考虑阻尼及惯性效应的作用。

在汽车结构分析中，静力问题一般指静止或者在平坦道路匀速行驶，而动力问题大多数指外载随时间变化大或者外载中含有的频率成分接近汽车结构固有频率。因此，结构动力学问题研究的主要问题是，在已知载荷 $F(t)$ 时，求结构动态响应(位移响应、速度响应、加速度响应)，即这些物理量的时间历程分析。

9.2 动力学有限元基本方程

动力学问题有限元分析的基本方法与静力学分析类似，其基本步骤为：首先对结构进行离散化，其次进行单元分析，建立单元动力学方程，基于单元分析，进行整体分析，建立整体系统动力学方程，最后进行求解。

9.2.1 单元分析(建立单元的动力学方程)

不失一般性，假设离散化的单元是如图 9-1 所示的四结点四面体单元，下面进行该单元的力学分析，建立该单元的动力学方程。

假设单元结点位移列向量为

$$\delta(t) = \begin{bmatrix} \delta_i^{\mathrm{T}} & \delta_j^{\mathrm{T}} & \delta_m^{\mathrm{T}} & \delta_p^{\mathrm{T}} \end{bmatrix}^{\mathrm{T}}$$

单元结点力向量为

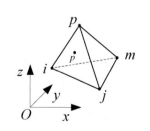

图 9-1　四结点四面体单元

$$f(t) = \begin{bmatrix} f_i^{\mathrm{T}} & f_j^{\mathrm{T}} & f_m^{\mathrm{T}} & f_p^{\mathrm{T}} \end{bmatrix}^{\mathrm{T}}$$

应该注意的是，上述结点的位移列向量和结点力均为随时间变化的函数。

1．单元位移模式

与静力学类似，构建单元的位移模式，用结点位移来表示单元内部区域中任意一点 $P(x, y, z)$ 的位移。

$P(x, y, z)$ 的位移可以表示为

$$d(x,y,z,t) = \begin{Bmatrix} u(x,y,z,t) \\ v(x,y,z,t) \\ w(x,y,z,t) \end{Bmatrix} = N(x,y,z)\delta(t)^{(e)} \tag{9-1}$$

式中：

　$d(x, y, z, t)$ 为单元内任一点 $P(x, y, z)$ 的位移向量；

　$N(x, y, z)$ 为单元的形函数(位移插值函数)，与静力学相同；

　$\delta(t)^{(e)}$ 为单元结点的位移向量；

　(x, y, z) 和 t 分别为空间坐标系和时间坐标。

2．单元应变和应力

由几何方程，可得应变与变形的关系

$$\varepsilon(t) = B\delta^{(e)} \tag{9-2}$$

由物理方程，可得应力与应变的关系

$$\sigma = D\varepsilon = DB\delta^{(e)} \tag{9-3}$$

定义应力矩阵 S 为

$$S = DB$$

3．单元动力学方程

与前面的章节类似，根据虚功原理，得变形体虚功方程为

$$W_{外力虚功} = W_{内力虚功}$$

分析单元所受的力有

(1)　单元结点力向量：$f^{(e)}$；

(2)　单元内任一点 $P(x, y, z)$ 应力：σ；

(3)　P 点单位体积的惯性力 f_d：

$$f_d = -\rho \ddot{d}(x,y,z,t) = -\rho N\ddot{\delta} \tag{9-4}$$

式中，ρ 为材料的密度。

(4)　P 点单位体积的阻尼力 f_v：

假设阻尼力为黏性阻尼，正比于运动速度，则 f_v 可以表示为

$$f_v = -\gamma \dot{d}(x,y,z,t) = -\rho N\dot{\delta}^{(e)} \tag{9-5}$$

式中，γ 为阻尼系数。

由单元结点的虚位移 $\delta^{*(e)}$，可以得到单元内任一点的位移向量 $d^*(x, y, z, t)$，然后根据

几何方程，可以得到应变向量 $\boldsymbol{\varepsilon}^*(x, y, z, t)$，且

$$\boldsymbol{d}^* = \boldsymbol{N}\boldsymbol{\delta}^{*(e)}, \quad \boldsymbol{\varepsilon}^* = \boldsymbol{B}\boldsymbol{\delta}^{*(e)} \tag{9-6}$$

对于单元 e，结点力 $\boldsymbol{f}^{(e)}$，惯性力 $\boldsymbol{f}_d$(分布力)、阻尼力 $\boldsymbol{f}_v$(分布力)可以视为外力，应力 $\boldsymbol{\sigma}$ 视为内力。则虚功方程为

$$\boldsymbol{\delta}^{*(e)\mathrm{T}}\boldsymbol{f}^{(e)} + \iiint_V \boldsymbol{d}^{*\mathrm{T}}\boldsymbol{f}_d\mathrm{d}V + \iiint_V \boldsymbol{d}^{*\mathrm{T}}\boldsymbol{f}_v\mathrm{d}V = \iiint_V \boldsymbol{\varepsilon}^{*\mathrm{T}}\boldsymbol{\sigma}\mathrm{d}V \tag{9-7}$$

将式(9-1)～式(9-6)代入(9-7)可得

$$\boldsymbol{\delta}^{*(e)\mathrm{T}}\left[\iiint_V \rho \boldsymbol{N}^{\mathrm{T}}\boldsymbol{N}\mathrm{d}V \ddot{\boldsymbol{\delta}}^{(e)} + \iiint_V \gamma \boldsymbol{N}^{\mathrm{T}}\boldsymbol{N}\mathrm{d}V \dot{\boldsymbol{\delta}}^{(e)} + \iiint_V \boldsymbol{B}^{\mathrm{T}}\boldsymbol{D}\mathrm{d}V \boldsymbol{\delta}^{(e)} - \boldsymbol{f}^{(e)}\right] = 0$$

考虑到 $\boldsymbol{\delta}^{*(e)\mathrm{T}}$ 的任意性

$$\iiint_V \rho \boldsymbol{N}^{\mathrm{T}}\boldsymbol{N}\mathrm{d}V \ddot{\boldsymbol{\delta}}^{(e)} + \iiint_V \gamma \boldsymbol{N}^{\mathrm{T}}\boldsymbol{N}\mathrm{d}V \dot{\boldsymbol{\delta}}^{(e)} + \iiint_V \boldsymbol{B}^{\mathrm{T}}\boldsymbol{D}\mathrm{d}V \boldsymbol{\delta}^{(e)} = \boldsymbol{f}^{(e)} \tag{9-8}$$

或

$$\boldsymbol{m}^{(e)}\ddot{\boldsymbol{\delta}}^{(e)} + \boldsymbol{c}^{(e)}\dot{\boldsymbol{\delta}}^{(e)} + \boldsymbol{k}^{(e)}\boldsymbol{\delta}^{(e)} = \boldsymbol{f}^{(e)} \tag{9-9}$$

其中：

$\boldsymbol{m}^{(e)} = \iiint_V \rho \boldsymbol{N}^{\mathrm{T}}\boldsymbol{N}\mathrm{d}V$ ——单元质量矩阵；

$\boldsymbol{c}^{(e)} = \iiint_V \gamma \boldsymbol{N}^{\mathrm{T}}\boldsymbol{N}\mathrm{d}V$ ——单元阻尼矩阵；

$\boldsymbol{k}^{(e)} = \iiint_V \boldsymbol{B}^{\mathrm{T}}\boldsymbol{D}\boldsymbol{B}\mathrm{d}V$ ——单元刚度矩阵(与静力学相同)。

比较如图 9-2 所示的单自由度质量、弹簧和阻尼系统。

其动力学方程为

$$m\ddot{x} + c\dot{x} + kx = f$$

式(9-9)表明惯性力、阻尼力、弹性力与外力(结点力)平衡。若为静力学问题，$\boldsymbol{f}^{(e)}$ 不随时间变化，$\boldsymbol{\delta}^{(e)}$ 不随时间变化，则惯性力和阻尼力为零，弹性力与外力(结点力)平衡。

图 9-2　单自由度质量、弹簧和阻尼系统

9.2.2　整体结构动力学有限元方程

与静力学有限元法类似，可以组集出如下所示的整体结构有限元方程

$$\boldsymbol{M}\ddot{\boldsymbol{\delta}} + \boldsymbol{C}\dot{\boldsymbol{\delta}} + \boldsymbol{K}\boldsymbol{\delta} = \boldsymbol{F} \tag{9-10}$$

式中：

$\boldsymbol{\delta}, \dot{\boldsymbol{\delta}}, \ddot{\boldsymbol{\delta}}$ 分别指整体结构的有限元结点位移、速度和加速度向量；

$\boldsymbol{M}, \boldsymbol{C}, \boldsymbol{K}$ 为整体质量矩阵、阻尼矩阵和刚度矩阵；

$\boldsymbol{F}$ 为整体系统结点载荷向量。

它们分别由各自的单元矩阵组集而成

$$\boldsymbol{M} \sim \sum_e \boldsymbol{m}^{(e)}, \quad \boldsymbol{C} \sim \sum_e \boldsymbol{c}^{(e)}, \quad \boldsymbol{K} \sim \sum_e \boldsymbol{k}^{(e)}, \quad \boldsymbol{F} \sim \sum_e \boldsymbol{f}^{(e)}$$

求解式(9-10)，可以得到结构结点的位移 $\delta(t)$、速度 $\dot{\delta}(t)$ 和加速度 $\ddot{\delta}$，进而求得应变 $\varepsilon(t)$ 和应力 $\sigma(t)$，进而可以得到其他的物理量。

下面对质量矩阵和阻尼矩阵进行更深入的讲解。

9.3　质量矩阵和阻尼矩阵

9.3.1　质量矩阵

在有限元法中，有两种质量矩阵的处理方法，分别是一致质量矩阵和集中质量矩阵。

1. 一致质量矩阵

单元质量分布是按实际情况分布的，此时计算质量矩阵所用形状函数与刚度矩阵形状函数完全一致。

如图 9-3 所示的平面问题三角形单元的质量矩阵，三角形面积为 A，厚度为 t，密度为 ρ。

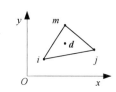

图 9-3　平面三角形质量矩阵

单元结点位移为

$$\boldsymbol{\delta}^{(e)} = \left[u_i, v_i, u_j, v_j, u_m, v_m \right]^{\mathrm{T}}$$

$$\boldsymbol{d} = \begin{Bmatrix} u \\ v \end{Bmatrix}_{2\times1} = \boldsymbol{N}(x,y)_{2\times6}\,\boldsymbol{\delta}^{(e)}_{6\times1}$$

单元质量矩阵为

$$\boldsymbol{m}^{(e)} = t\rho \iint_A \boldsymbol{N}^{\mathrm{T}} \boldsymbol{N} \mathrm{d}x\mathrm{d}y$$

将平面问题形状函数代入上式，积分可得

$$
\boldsymbol{m}^{(e)} = \frac{\rho t A}{3}
\begin{bmatrix}
\dfrac{1}{2} & 0 & \dfrac{1}{4} & 0 & \dfrac{1}{4} & 0 \\[2mm]
0 & \dfrac{1}{2} & 0 & \dfrac{1}{4} & 0 & \dfrac{1}{4} \\[2mm]
\dfrac{1}{4} & 0 & \dfrac{1}{2} & 0 & \dfrac{1}{4} & 0 \\[2mm]
0 & \dfrac{1}{4} & 0 & \dfrac{1}{2} & 0 & \dfrac{1}{4} \\[2mm]
\dfrac{1}{4} & 0 & \dfrac{1}{4} & 0 & \dfrac{1}{2} & 0 \\[2mm]
0 & \dfrac{1}{4} & 0 & \dfrac{1}{4} & 0 & \dfrac{1}{2}
\end{bmatrix}
$$

很明显，一致质量矩阵为非对角矩阵。

2. 集中质量矩阵

在有限元分析中，常常使用集中质量矩阵。其方法是：把分布质量通过静力等效，平均分配到单元结点上做集中质量处理，如图 9-4 所示。

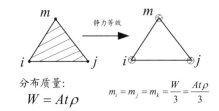

三角形单元

静力等效

分布质量:
$$W = At\rho \qquad m_i = m_j = m_k = \frac{W}{3} = \frac{At\rho}{3}$$

图9-4　集中质量处理方法

同样按上面的方法，可以得到单元的集中质量矩阵为

$$\boldsymbol{m}^{(e)} = \frac{\rho t A}{3}\begin{bmatrix} 1 & 0 & 0 & 0 & 0 & 0 \\ 0 & 1 & 0 & 0 & 0 & 0 \\ 0 & 0 & 1 & 0 & 0 & 0 \\ 0 & 0 & 0 & 1 & 0 & 0 \\ 0 & 0 & 0 & 0 & 1 & 0 \\ 0 & 0 & 0 & 0 & 0 & 1 \end{bmatrix}$$

可以看出，集中质量矩阵为对角矩阵。

工程经验表明，集中质量矩阵与一致质量矩阵二者求解精度近似。比较二者，一致质量矩阵为惯性耦合，集中质量矩阵为惯性解耦。从计算机求解效率来看，显然集中质量矩阵求解速度较快。

9.3.2　阻尼矩阵

一般来说，阻尼有三种类型，即黏性阻尼、结构阻尼和库伦阻尼。库伦阻尼主要是接触产生的，本章讨论的动力学部分主要是小挠度的扰动，不考虑接触非线性，因此在此讨论的阻尼不包括库伦阻尼。

1. 黏性阻尼

黏性阻尼是指运动物体周围流体黏性产生的阻尼，它与结构表面运动速度成正比。黏性阻尼亦称为一致阻尼，表达形式与刚度矩阵一致，写成

$$\boldsymbol{c}^{(e)} = \alpha\boldsymbol{m}^{(e)}(\text{正比质量矩阵})$$

2. 结构阻尼

结构阻尼力与结构内部应变速度成正比，其表达式为 $\mu\boldsymbol{D}\dot{\boldsymbol{\varepsilon}}$，来源于结构材料内摩擦引起的阻尼，阻尼矩阵为

$$\boldsymbol{c}^{(e)} = \mu\iiint\limits_{V} \boldsymbol{B}^{\mathrm{T}}\boldsymbol{D}\boldsymbol{B}\mathrm{d}V$$

$$\boldsymbol{c}^{(e)} = \beta\boldsymbol{k}^{(e)}(\text{正比刚度矩阵})$$

综合上面的黏性阻尼和结构阻尼，阻尼矩阵可以表示为

$$\boldsymbol{c}^{(e)} = \alpha\boldsymbol{m}^{(e)} + \beta\boldsymbol{k}^{(e)}$$

或 $C = \alpha M + \beta K$，比例阻尼矩阵，α、β 由试验确定。很多有限元软件在动力学计算的输入中要求输入这两个参数。

9.4 结构的固有频率和固有振型

求解结构的固有频率及振型是动力学分析的基本内容，理论分析与实践均表明，阻尼对结构的固有频率和振型影响不大，所以在求解结构的固有频率和振型时，可以不计阻尼影响。同时，固有频率和固有振型是系统的固有特性，与外载荷无关。因此，也可以不考虑外载荷的作用。值得注意的是，此处的结构可以为多种材料通过一定的连接方式(堆焊、点焊、螺栓连接或者胶接等)组合在一起，但必须保证结构的连续性。例如，如果三张钢板自由地堆放在一起，求它们的固有频率和固有振型，那么钢板之间在振动时，其连续性可能会被破坏，同时钢板之间的接触也会影响结构的固有频率和振型，这种情况在本章中不予以考虑。

令式(9-10)右端为 0(不考虑外载荷与阻尼的影响)，可以得到结构的无阻尼自由振动方程。

$$M \ddot{\delta} + K \delta = 0 \tag{9-11}$$

式(9-11)为常系数线性齐次常微分方程组，其解的形式为

$$\delta(t) = \delta_0 \cos(\omega t + \varphi)$$

式中：δ_0 为各结点的振幅向量；ω 为与该振型相对应的频率；φ 为相位角。

将上式代入式(9-11)得如下的齐次线性方程组

$$\left(K - \omega^2 M\right)\delta_0 = 0 \tag{9-12}$$

式(9-12)有非零解的条件(φ 不可能全部为零)为括号内的行列式必须为 0，即

$$\left|K_{n \times n} - \omega^2 M_{n \times n}\right| = 0 \tag{9-13}$$

式(9-12)是关于 ω^2 的 n 次代数方程，式(9-13)称为微分方程式(9-12)的特征方程。由此可以解出 n 个实根，$\omega_i^2 (i = 1, 2, \cdots, n)$ 称为特征值。按其值的大小排列如下

$$\omega_1^2 \leqslant \omega_2^2 \leqslant \omega_3^2 \leqslant \cdots \leqslant \omega_n^2 \tag{9-14}$$

把任意一个 ω_i^2 代入式(9-12)可以设法解得与其对应的特征向量 $\delta_0^2 (i = 1, 2, \cdots, n)$，$(\omega_i^2, \delta_0^{(i)})$ 称为第 i 个特征对。因此，通常称求解方程组(9-12)的问题为广义特征值问题。所求得的 $\omega_1, \omega_2, \cdots, \omega_n$ 分别为结构的第 $1, 2, \cdots, n$ 阶固有频率(自振频率)，$\delta_0^{(1)}, \delta_0^{(2)}, \cdots, \delta_0^{(n)}$ 则分别为结构对应的第 $1, 2, \cdots, n$ 阶固有振型。

系统的自由振动响应为

$$\delta(t) = \delta_0^{(1)} \cos \omega_1(t - t_0) + \delta_0^{(2)} \cos \omega_2(t - t_0) + \delta_0^{(3)} \cos \omega_3(t - t_0) + \cdots \tag{9-15}$$

自由振动由各阶振动模态叠加而成。以悬臂梁结构为例，其各阶振动模态如图 9-5 所示。

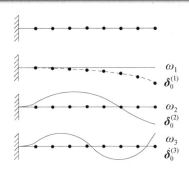

图 9-5 悬臂梁结构的各阶振动模态

固有振型具有加权正交性，为了书写方便，以下用 δ 来代替 δ_0，把固有频率代入式 (9-12)，可得第 i 个振型方程

$$K\delta^{(i)} = \omega_i^2 M\delta^{(i)} \tag{9-16}$$

在上式的两边左乘 $\delta^{(j)\mathrm{T}}$，得

$$\delta^{(j)\mathrm{T}}K\delta^{(i)} = \omega_i^2 \delta^{(i)\mathrm{T}} M\delta^{(j)} \tag{9-17}$$

同理，在第 j 个振型方程两边左乘 $\delta^{(i)\mathrm{T}}$，得

$$\delta^{(i)\mathrm{T}}K\delta^{(j)} = \omega_j^2 \delta^{(i)\mathrm{T}} M\delta^{(j)} \tag{9-18}$$

由 K 和 M 都是对称矩阵，有 $K^{\mathrm{T}} = K, M^{\mathrm{T}} = M$，所以将式(9-17)转置之后，有

$$\delta^{(i)\mathrm{T}}K\delta^{(j)} = \omega_i^2 \delta^{(i)\mathrm{T}} M\delta^{(j)} \tag{9-19}$$

由式(9-19)减去式(9-18)式，得

$$(\omega_i^2 - \omega_j^2)\delta^{(i)\mathrm{T}} M\delta^{(j)} = 0 \tag{9-20}$$

当 $i \neq j$，$\omega_i \neq \omega_j$ 时，由式(9-20)可知

$$\delta^{(i)\mathrm{T}} M\delta^{(j)} = 0 \tag{9-21}$$

将式(9-21)代入式(9-18)有

$$\delta^{(i)\mathrm{T}} K\delta^{(j)} = 0 \tag{9-22}$$

式(9-21)和式(9-22)表明，任意两个不相等的特征值 ω_i^2 和 ω_j^2 所对应的两个特征矢量 $\delta^{(i)}$ 和 $\delta^{(j)}$ 之间，存在对 K 和 M 的正交性，或者称为加权正交性。

当 $i = j$ 时，$\omega_i = \omega_j$ 有

$$\begin{cases} \delta^{(i)\mathrm{T}} M\delta^{(i)} = M_i^* \\ \delta^{(i)\mathrm{T}} K\delta^{(i)} = K_i^* \end{cases} \tag{9-23}$$

$$\omega_i^2 = \frac{\delta^{(i)\mathrm{T}} K\delta^{(i)}}{\delta^{(i)\mathrm{T}} M\delta^{(i)}} = \frac{K_i^*}{M_i^*} \tag{9-24}$$

以上两式中的 M_i^* 和 K_i^* 分别为第 i 阶模态质量(广义质量)和模态刚度(广义刚度)。

式(9-24)表明，ω_i^2 等于 K_i^* 和 M_i^* 的比值，表示系统固有频率与系统刚度和质量的关系：当系统总体刚度矩阵 K 各元素增大时，K_i^* 增大，则 ω_i^2 随之增大，反之，ω_i^2 降低；当系统总体质量矩阵 M 各元素增大时，M_i^* 增大，则 ω_i^2 随之降低，反之，ω_i^2 提高。

由于特征向量乘上一个不为零的常数仍然为特征向量，为了方便比较，规定满足式(9-25)的特征向量称为正则化的特征向量(或规格化的特征向量)，令

$$\boldsymbol{\phi}^{(i)\mathrm{T}} \boldsymbol{M} \boldsymbol{\phi}^{(i)} = 1 \tag{9-25}$$

$\boldsymbol{\phi}^{(i)}$ 称为正则化振型，这样，振型的加权正交性就成为

$$\boldsymbol{\phi}^{(i)\mathrm{T}} \boldsymbol{M} \boldsymbol{\phi}^{(j)} = \delta_{ij}$$

$$\boldsymbol{\phi}^{(i)\mathrm{T}} \boldsymbol{K} \boldsymbol{\phi}^{(j)} = \omega_i^2 \delta_{ij}$$

式中

$$\delta_{ij} = \begin{cases} 1, & \text{当} i = j \text{ 时} \\ 0, & \text{当} i \neq j \text{ 时} \end{cases}$$

将任意第 i 阶主振型正则化的方法是

$\dfrac{\boldsymbol{\delta}^{(i)}}{c_i} = \boldsymbol{\phi}^{(i)}$，$c_i$ 为常数。

将上式代入式(9-25)得

$$\boldsymbol{\phi}^{(i)\mathrm{T}} \boldsymbol{M} \boldsymbol{\phi}^{(i)} = \frac{\boldsymbol{\delta}^{(i)\mathrm{T}} \boldsymbol{M} \boldsymbol{\delta}^{(i)}}{c_i^2} = \frac{M_i^*}{c_i^2} = 1$$

$c_i = \sqrt{M_i^*}$，于是正则化振型为

$$\boldsymbol{\phi}^{(i)} = \frac{\boldsymbol{\delta}^{(i)}}{\sqrt{M_i^*}}$$

在这里要注意振型和变形的区别，振型是各个结点振动幅值的相对值，可以通过质量归一或者振幅最大值归一等来进行处理。振型是针对某个固有频率下结构的固有属性，不是由外载激励得到的，因此振型和变形是完全不同的概念。有的有限元软件在进行模态分析时，同时给出了应力值。模态分析不涉及外载荷，不存在应力，这个应力值没有任何实际的工程意义，因此不能通过这个应力来判断结构的失效，这种判断方法是完全错误的。

从上面的分析能够看出，固有振动问题即为求解特征方程式(9-12)。在一般的有限元分析中，系统的自由度很高，但工程实际中所需要的往往只是低阶(或某个频率值之前的)的固有频率和固有振型。求解特征值和特征向量的方法很多。特征值问题的解法主要有广义雅可比法(变换法)(求所有特征对)、逆迭代法(逐阶求解迭代，误差累积，3～5 阶)、子空间迭代法(适合计算选定的前几阶模态)、Block Lanczos(分块兰佐斯法)、Power Dynamics(动力学法)、Reduced(缩减法)、Damped(阻尼法)。

9.5　结构动力响应

结构的动力响应指系统在外部激励下的响应，包括位移响应、速度响应、加速度响应、动态应变和动态应力等，这些响应主要影响产品的使用寿命和工作性能(例如疲劳和振动噪声等)。

结构动力响应分析的目的是计算系统在外部激励下的动力响应，在产品开发设计时，既可以将其控制在一定的范围之内，来满足设计要求，也可以用来评估在某些应用场合下结构的性能表征。

9.5.1　振型叠加法(模态变换法)

由线性代数可知，n 维空间内的任一向量 $\delta(t)$ 均可表示为 n 个线性无关向量 $\boldsymbol{\phi}_1,\boldsymbol{\phi}_2,\cdots,\boldsymbol{\phi}_n$ 的线性组合，即

$$\boldsymbol{\delta} = q_1\boldsymbol{\phi}_1 + q_2\boldsymbol{\phi}_2 + \cdots + q_n\boldsymbol{\phi}_n = \sum_{i=1}^{n} q_i\boldsymbol{\phi}_i \tag{9-26}$$

式中，$q_i(t)$ 为加权系数，若选 $\boldsymbol{\phi}_i(i=1,2,\cdots,n)$ 为系统的振型向量(模态向量)。式(9-26)的物理意义是结构在外载下的动态响应 $\boldsymbol{\delta}(t)$ 可以表示为该结构各阶振动模态的叠加。$q_i(t)(i=1,2,\cdots,n)$ 为模态坐标。

将式(9-26)写成矩阵形式

$$\boldsymbol{\delta}_{n\times 1} = [\boldsymbol{\phi}_1,\boldsymbol{\phi}_2,\cdots,\boldsymbol{\phi}_n]\boldsymbol{q}_{n\times 1} = \boldsymbol{\phi}_{n\times n}\boldsymbol{q}_{n\times 1} \tag{9-27}$$

式(9-27)实际上是一种物理坐标到模态坐标的坐标变换。其中，变换矩阵就是模态矩阵 $\boldsymbol{\Phi}$(振型叠加法或模态变换法)。

将模态变换式(9-27)代入动力学方程

$$\boldsymbol{M}\boldsymbol{\Phi}\ddot{\boldsymbol{q}} + \boldsymbol{C}\boldsymbol{\Phi}\dot{\boldsymbol{q}} + \boldsymbol{K}\boldsymbol{\Phi}\boldsymbol{q} = \boldsymbol{F}(t) \tag{9-28}$$

再用 $\boldsymbol{\Phi}^{\mathrm{T}}$ 左乘上式，有

$$\boldsymbol{\Phi}^{\mathrm{T}}\boldsymbol{M}\boldsymbol{\Phi}\ddot{\boldsymbol{q}} + \boldsymbol{\Phi}^{\mathrm{T}}\boldsymbol{C}\boldsymbol{\Phi}\dot{\boldsymbol{q}} + \boldsymbol{\Phi}^{\mathrm{T}}\boldsymbol{K}\boldsymbol{\Phi}\boldsymbol{q} = \boldsymbol{\Phi}^{\mathrm{T}}\boldsymbol{F}(t) \tag{9-29}$$

由模态振型对 $\boldsymbol{M}$ 和 $\boldsymbol{K}$ 的正交性，有

$$\begin{bmatrix} \ddots & & \\ & \boldsymbol{M}^* & \\ & & \ddots \end{bmatrix} = \boldsymbol{\Phi}^{\mathrm{T}}\boldsymbol{M}\boldsymbol{\Phi}\text{——广义质量矩阵(模态质量)　(对角矩阵)}$$

$$\begin{bmatrix} \ddots & & \\ & \boldsymbol{C}^* & \\ & & \ddots \end{bmatrix} = \boldsymbol{\Phi}^{\mathrm{T}}\boldsymbol{C}\boldsymbol{\Phi}\text{——广义阻尼矩阵(模态阻尼)　(对角矩阵)}$$

$$\begin{bmatrix} \ddots & & \\ & \boldsymbol{K}^* & \\ & & \ddots \end{bmatrix} = \boldsymbol{\Phi}^{\mathrm{T}}\boldsymbol{K}\boldsymbol{\Phi}\text{——广义刚度矩阵(模态刚度)　(对角矩阵)}$$

模态频率、模态质量、模态阻尼和模态刚度统称为系统模态参数。这样式(9-29)就可以表示为

$$\begin{bmatrix} 0 & & \\ & M^* & \\ & & 0 \end{bmatrix}\ddot{\boldsymbol{q}} + \begin{bmatrix} 0 & & \\ & C^* & \\ & & 0 \end{bmatrix}\dot{\boldsymbol{q}} + \begin{bmatrix} 0 & & \\ & K^* & \\ & & 0 \end{bmatrix}\boldsymbol{q} = \boldsymbol{F}^* \tag{9-30}$$

其中，$\boldsymbol{F}^* = \boldsymbol{\Phi}^{\mathrm{T}}\boldsymbol{F}$，称为模态载荷(模态力)。

为了更加直观，将上式改写为

$$\begin{bmatrix} m_1^* & \cdots & 0 \\ \vdots & \ddots & \vdots \\ 0 & \cdots & m_n^* \end{bmatrix} \begin{Bmatrix} \ddot{q}_1 \\ \vdots \\ \ddot{q}_n \end{Bmatrix} + \begin{bmatrix} c_1^* & \cdots & 0 \\ \vdots & \ddots & \vdots \\ 0 & \cdots & c_n^* \end{bmatrix} \begin{Bmatrix} \dot{q}_1 \\ \vdots \\ \dot{q}_n \end{Bmatrix} + \begin{bmatrix} k_1^* & \cdots & 0 \\ \vdots & \ddots & \vdots \\ 0 & \cdots & k_n^* \end{bmatrix} \begin{Bmatrix} q_1 \\ \vdots \\ q_n \end{Bmatrix} = \begin{Bmatrix} F_1^* \\ \vdots \\ F_n^* \end{Bmatrix} \tag{9-31}$$

式(9-30)和式(9-31)是用模态坐标表示的结构动力学方程，称为结构的模态方程。其实质是 n 个独立的常系数线性方程

$$m_1^* \ddot{q}_i + c_1^* \dot{q}_i + k_i^* q_i = F_i^* \quad (i = 1, 2, \cdots, n) \tag{9-32}$$

如果用正则模态进行模态坐标变化，则(9-32)式可以进一步简化为

$$\ddot{q}_i + 2\xi_i \omega_i \dot{q}_i + \omega_i^2 q_1 = f_i^* \quad (i = 1, 2, \cdots, n) \tag{9-33}$$

式中：ξ_i 称为第 i 阶模态的阻尼比，由模态试验测定。

由常微分方程理论，式(9-32)或式(9-33)很容易求解。

在以物理坐标表示的结构运动方程中，矩阵 $\boldsymbol{M}$、$\boldsymbol{K}$ 和 $\boldsymbol{C}$ 不是对角矩阵，每个微分方程中含有多个物理坐标，这种现象称为坐标耦合，其中通过质量矩阵元素将物理坐标联系在一起的叫作惯性耦合，通过刚度矩阵元素将物理坐标联系在一起的叫作弹性耦合，通过阻尼元素联系的叫作阻尼耦合。

模态变换法的实质就是把由物理坐标表示的耦合动力学方程解耦，使其成为 n 个非耦合的模态坐标表示的 n 个单自由度方程，因此求解非常容易。

若结构受到简谐激振力 $\boldsymbol{F}(t) = \overline{\boldsymbol{F}_0} e^{j\omega t}$，则模态力为

$$F_i^* = \boldsymbol{\phi}_i^{\mathrm{T}} \overline{\boldsymbol{F}_0} e^{j\omega t}$$

方程(9-32)有如下形式的解

$$q_i = \overline{q}_i e^{j\omega t}$$

式中，$\overline{q}_i$ 为振幅，则有

$$\dot{q}_i = \overline{q}_i e^{j\omega t} \cdot j\omega = j\omega q_i$$

$$\ddot{q}_i = \overline{q}_i e^{j\omega t} \cdot (-\omega^2) = -\omega^2 q_i$$

代入式(9-32)

$$-m_i^* \omega^2 q_i + j\omega c_i^* q_i + k_i^* q_i = \boldsymbol{\phi}_i^{\mathrm{T}} \overline{\boldsymbol{F}_0} e^{j\omega t}$$

从而解得第 i 阶模态坐标为

$$q_i = \frac{\boldsymbol{\phi}_i^{\mathrm{T}} \overline{\boldsymbol{F}_0} e^{j\omega t}}{k_i^* - m_i^* \omega^2 + j\omega c_i^*} \tag{9-34}$$

将式(9-34)代入式(9-26)，得结构比例阻尼下的动力响应

$$\boldsymbol{\delta} = \sum_{i=1}^{n} q_i \boldsymbol{\phi}_i = \sum_{i=1}^{n} \frac{\boldsymbol{\phi}_i^{\mathrm{T}} \overline{\boldsymbol{F}_0} e^{j\omega t} \boldsymbol{\phi}_i}{k_i^* - m_i^* \omega^2 + j\omega c_i^*} \tag{9-35}$$

式(9-35)中，令 c_i^* 等于零，即可得到无阻尼情况下结构的响应表达式。

由工程实践可知，结构的动力特性主要由少数一些低阶模态所决定，因此，式(9-26)可以近似为

$$\boldsymbol{\delta} = \sum_{i=1}^{m} q_i \boldsymbol{\phi}_i \tag{9-36}$$

式中，$m(m \ll n)$ 为所取的低阶模态个数，常称为模态自由度。式(9-36)可以写为

$$\delta_{n \times 1} = \boldsymbol{\phi}_{n \times m} \boldsymbol{q}_{m \times 1} \tag{9-37}$$

式中，$\boldsymbol{\phi}_{n \times m}$ 为结构前 m 个低阶模态组成的 $n \times m$ 阶长方阵，将上式代入物理坐标表示的动力学方程，并左乘 $\boldsymbol{\phi}_{m \times n}^{\mathrm{T}}$，得

$$\left[\begin{matrix} \ddots & & \\ & M^* & \\ & & \ddots \end{matrix}\right]_{m \times m} \ddot{\boldsymbol{q}}_{m \times 1} + \left[\begin{matrix} \ddots & & \\ & C^* & \\ & & \ddots \end{matrix}\right] \dot{\boldsymbol{q}}_{m \times 1} + \left[\begin{matrix} \ddots & & \\ & K^* & \\ & & \ddots \end{matrix}\right] \boldsymbol{q}_{m \times 1} = \boldsymbol{F}^*_{m \times 1} \tag{9-38}$$

式中，$\left[\begin{matrix} \ddots & & \\ & M^* & \\ & & \ddots \end{matrix}\right]\left[\begin{matrix} \ddots & & \\ & C^* & \\ & & \ddots \end{matrix}\right]\left[\begin{matrix} \ddots & & \\ & K^* & \\ & & \ddots \end{matrix}\right]$ 称为缩维的模态质量矩阵、模态阻尼矩阵和模态刚度矩阵，$\boldsymbol{F}^*_{m \times 1}$ 称为缩维力向量。

通常称式(9-38)为动力学方程在 m 阶模态子空间中的投影。

综上所述，用模态坐标表示结构的动力学方程有以下两个明显的优点。

(1) 可以解除运动方程的耦合，即将多自由度的动力学分析问题转换为单自由度的问题求解，从而减少求解难度。

(2) 可以减少求解规模，结构模态自由度的 m 往往比物理自由度 n 小得多，因此求解动力学方程的时间和计算机容量将大大减小。

9.5.2 直接积分法

直接积分法是指在积分动力学方程之前，不进行坐标变换，而直接进行数值积分。直接积分法是基于下列思路。

(1) 求仅在相距 Δt 时间间隔的一些离散点满足方程的解。

(2) 在时间间隔内，可以用适当的形式假设位移 δ、速度 $\dot{\delta}$、加速度 $\ddot{\delta}$ 的变化特征。

为了方便分析，重写动力学方程如下：

$$M\ddot{U} + C\dot{U} + KU = F \tag{9-39}$$

(1) 时间域求解，$0 \sim T$ 被等分为 n 个时间间隔 Δt，$\Delta t = T/n$。

(2) 初始条件 $t=0$ 时，已知初始位移和速度：U_0、$\dot{U}_0$。

(3) 讨论具体算法时，假设时刻 0，Δt，$2\Delta t$，$\cdots$，t 时刻的解已经求得，计算的目的在于求 $t+\Delta t$ 时刻的解，由此建立求解所有离散时间点解的一般方法。

1. 中心差分法

对于数学上是二阶常微分方程组的运动方程式(9-39)，理论上，不同的有限差分表达式都可以用来建立其积分公式，但从计算效率考虑，介绍中心差分法。

在中心差分法中，加速度和速度可以用位移来表示

$$\dot{U}_t = \frac{1}{2\Delta t}(-U_{t-\Delta t} + U_{t+\Delta t})$$

$$\dot{U}_t = \frac{1}{\Delta t}(U_{t-\Delta t} - 2U + U_{t+\Delta t}) \tag{9-40}$$

考虑 t 时刻的动力学方程(9-39)

$$M\ddot{U}_t + C\dot{U} + KU_t = F_t \tag{9-41}$$

将式(9-40)代入式(9-41)，得

$$\left(\frac{1}{\Delta t^2}M + \frac{1}{2\Delta t}C\right)U_{t+\Delta t} = F_t - \left(K - \frac{2}{\Delta t^2}M\right)U_t - \left(\frac{1}{\Delta t^2}M - \frac{1}{2\Delta t}C\right)U_{t-\Delta t} \tag{9-42}$$

若已经求得 $U_{t-\Delta t}$ 和 U_t，则从上式可以进一步解出 $U_{t+\Delta t}$，所以上式就是求解各个离散时间点解的递推公式(逐步积分)，进一步可以由式(9-40)计算 $\dot{U}_t$ 和 $\ddot{U}_t$。

需要注意的是，此算法有一个起步的问题。因为当 $t=0$ 时，为了计算 $U_{\Delta t}$，除了用到初始条件 U_0 以外，还需要知道 $U_{-\Delta t}$，为此可以利用式(9-40)，得到

$$U_{-\Delta t} = U_0 - \Delta t\dot{U}_0 + \frac{\Delta t^2}{2}\ddot{U}_0 \tag{9-43}$$

其中，$\ddot{U}_0$ 可以利用 $t=0$ 时刻的运动方程(9-41)得到，即

$$\ddot{U}_0 = \frac{1}{M(F_0 - C\dot{U}_0 - KU_0)}$$

关于中心差分法，还需要着重指出两点。

(1) 中心差分法是显式算法，K 矩阵不出现在递推公式(9-42)的左端，当 M 是集中质量矩阵(为对角矩阵)、C 也是对角矩阵时，则利用递推公式来求解运动方程时，不需要进行矩阵求逆，仅需要进行矩阵乘法运算。显式算法的上述优点在非线性分析中将更有意义。因为在非线性分析中，刚度矩阵不是常数，而是随时间变化的求解位移的函数，所以每个增量步的刚度矩阵必须重新计算，这时采用显式算法，避免了矩阵 K 的求逆运算，在计算上可以节省大量的时间。

(2) 中心差分法是条件稳定算法，即利用该法求解具体问题时，时间步长 Δt 必须小于某个临界值 Δt_{cr}，否则，算法将是不稳定的。这个临界值 Δt_{cr} 由所求解的有限元方程性质决定。中心差分法解的稳定条件是

$$\Delta t \leqslant \Delta t_{cr} = \frac{T_n}{\pi} \quad \left(T_n = \frac{2\pi}{\omega_n}\right) \tag{9-44}$$

其中，T_n 是有限元系统的最小固有振动周期(ω_n 为系统的最大固有频率)。

原则上可以利用一般矩阵特征值问题的求解方法来得到最小固有振动周期 T_n(或最大固有频率)。实际上，只需求解系统中最小尺寸单元的最小固有振动周期($T_n^{(e)}$)即可。可以证明，$T_n^{(e)} \leqslant T_n$，所以 $\Delta t \leqslant \frac{T_n^{(e)}}{\pi}$。由此可见，网格中最小尺寸单元将决定中心差分法时间步长的选择，单元尺寸越小，Δt_{cr} 越小，使计算费用越高。在非线性计算时，随着结构的大变形，单元的尺寸不断缩小，计算时间也不断增加。

2. Newmark-β 法

参考式(9-39)，考虑 $t+\Delta t$ 时刻的有限元动力学方程

$$M\ddot{U}_{t+\Delta t} + C\dot{U}_{t+\Delta t} + KU_{t+\Delta t} = F_{t+\Delta t} \tag{9-45}$$

由拉格朗日中值定理，$t+\Delta t$ 时刻的速度向量可以用下式表示

$$\tilde{\dot{U}}_{t+\Delta t} = \dot{U}_t + \tilde{\ddot{U}} \cdot \Delta t \tag{9-46}$$

式中，$\tilde{\ddot{U}}$ 为加速度中值，可以近似为 t 时刻和 $t+\Delta t$ 时刻的两个加速度值的插值

$$\tilde{\ddot{U}} = (1-\alpha)\ddot{U}_t + \alpha\ddot{U}_{t+\Delta t}(0 \leqslant \alpha \leqslant 1) \tag{9-47}$$

显然，$\alpha = 1/2$ 时，这种算法就是梯形法(建议值)。

则 $t+\Delta t$ 时刻的速度向量可以写成

$$\dot{U}_{t+\Delta t} = \dot{U}_t + (1-\alpha)\ddot{U}_t\Delta t + \alpha\ddot{U}_{t+\Delta t}\Delta t \tag{9-48}$$

$$U_{t+\Delta t} = U_t + \dot{U}_t\Delta t + \frac{1}{2}\ddot{U}_t\Delta t^2 + \cdots = U_t + \dot{U}_t\Delta t + \left(\left(\frac{1}{2}-\beta\right)\ddot{U}_t + \beta\ddot{U}_{t+\Delta t}\right)\Delta t^2 (0 \leqslant 2\beta \leqslant 1) \tag{9-49}$$

由式(9-49)解得

$$\ddot{U}_{t+\Delta t} = \frac{1}{\beta\Delta t^2}(U_{t+\Delta t} - U_t) - \frac{1}{\beta\Delta t}\dot{U}_t - \left(\frac{1}{2\beta}-1\right)\ddot{U}_t \tag{9-50}$$

将式(9-50)代入式(9-48)，然后一并代入式(9-49)，则得到由 U_t、$\dot{U}_t$ 以及 $\ddot{U}_t$ 计算 $U_{t+\Delta t}$、$\dot{U}_{t+\Delta t}$、$\ddot{U}_{t+\Delta t}$ 的公式

$$\left(K + \frac{1}{\beta\Delta t^2}M + \frac{1}{\beta\Delta t}C\right)U_{t+\Delta t} = F_{t+\Delta t} + M\left(\frac{1}{\beta\Delta t^2}U_t + \frac{1}{\beta\Delta t}\dot{U} + \left(\frac{1}{2\beta}-1\right)\ddot{U}_t\right) +$$
$$C\left(\frac{\alpha}{\beta\Delta t}U_t + \left(\frac{\alpha}{\beta}-1\right)\dot{U}_t + \left(\frac{\alpha}{2\beta}-1\right)\Delta t\ddot{U}_t\right) \tag{9-51}$$

$\ddot{U}_0$ 由动力学方程 $M\ddot{U}_0 + C\dot{U}_0 + K U_0 = F_0$ 求得。

从式(9-51)可知，求解位移 $U_{t+\Delta t}$ 和加速度 $\ddot{U}_{t+\Delta t}$ 涉及刚度矩阵 K 的求逆(为非对角矩阵)，这种算法称为隐式算法，对非线性问题不宜使用。

可以证明，当 $\alpha \geqslant \frac{1}{2}, \beta \geqslant \frac{1}{4}\left(\frac{1}{2}+\alpha\right)^2$ 时，Newmark-β 法是无条件稳定的。此时 Δt 的选择只影响计算精度。

一般情况下，建议 $\alpha = \frac{1}{2}, \beta = \frac{1}{4}$(平均加速度法)。

9.6 动力响应算例

为了进一步理解上述动力学问题的有限元法，下面给出一个动力响应分析的算例。

考虑一个自由度系统，其动力学方程为

$$\begin{pmatrix} 2 & 0 \\ 0 & 1 \end{pmatrix}\ddot{U} + \begin{pmatrix} 6 & -2 \\ -2 & 4 \end{pmatrix}U = \begin{Bmatrix} 0 \\ 10 \end{Bmatrix} \tag{9-52}$$

初始条件为

$$t=0, \quad \dot{U}_0 = \ddot{U}_0 = \begin{Bmatrix} 0 \\ 0 \end{Bmatrix} \tag{9-53}$$

由方程(9-52)得

$$\ddot{U}_0 = \begin{Bmatrix} 0 \\ 10 \end{Bmatrix}$$

(9-54)

1. 用中心差分法求解

Δt 的选择:

系统的固有频率 $\omega_1 = \sqrt{2}$, $\omega_2 = \sqrt{5}$, 由 $T_n = \dfrac{2\pi}{\omega_n}$ 得

$$T_1 = 4.4, T_2 = 2.8$$

选 $\Delta t = \dfrac{T_2}{10} = 0.28 < \dfrac{T_2}{\pi}$ (满足稳定性条件),代入方程递推公式得

时间	0	Δt	$2\Delta t$	$3\Delta t$	$4\Delta t$	$5\Delta t$	……
U_t	0	0	0.0307	0.168	0.487	1.02	
	0	0.392	1.45	2.83	4.14	5.02	

选 $\Delta t = 10T_2 = 2.8$ (不满足稳定性条件)

时间	0	Δt	$2\Delta t$	$3\Delta t$	……
U_t	0	0	3.03×10^6	8.09×10^{15}	不稳定
	0	0.383×10^3	-1.2×10^7	-6.35×10^{16}	

2. 用 Newmark 法求解

(选 α=0.5, β=0.25)

(1) Δt=0.28

时间	0	Δt	$2\Delta t$	$3\Delta t$	$4\Delta t$	$5\Delta t$
U_t	0	0.00673	0.0504	0.189	0.485	0.961
	0	0.364	1.35	2.68	4.00	4.95

(2) Δt=28

时间	0	Δt	$2\Delta t$	$3\Delta t$	$4\Delta t$	$5\Delta t$	
U_t	0	0.393	1.44	0.632	1.29	0.782	精度差
	0	1.09	4.33	1.89	3.89	2.32	稳定

以下两种方法的求解结果比较如图 9-6 所示。

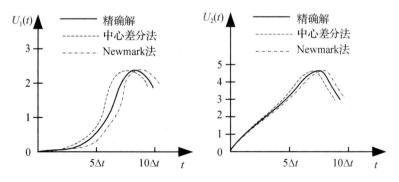

图 9-6 动态响应分析算例几种方法的求解结果比较

第 10 章 动力学分析实例

基于前面的有限元理论，本章主要利用 HyperMesh 前处理，基于 Altair 的 OptiStruct 求解器，进行有限元动力学分析方面的讲解。动力学分析与静力学一个最大的区别是，动力学涉及惯性，结构必须具有质量，因此在材料属性的定义时必须定义密度，否则在计算时将报错。

动力学分析主要包括模态分析、频响分析、瞬态分析和疲劳寿命分析。下面分别介绍一下这些分析的流程。

1. 模态分析

基本流程与静力学分析类似，主要的不同如下。

(1) 在定义材料属性时，要注意必须输入材料的密度，否则计算时要报错。

(2) 要定义一个 Load Collector(载荷集)，在 Card Image 下拉列表框中选择 EIGRL 选项，在 ND(模态阶数)处输入要计算的模态阶数。

(3) 模态分析没有约束照样可以求解，施加约束会影响模态求解结果(自由模态的阶数是最多的，施加约束后，因为约束的存在，部分阶次的模态将消失)。

(4) 模态分析不需要施加载荷。

(5) 设置分析步时，定义 Load Step(载荷步)，选择分析类型为 Normal modes，在 Method(struct)选择上面定义的 EIGRL。

2. 频响分析

在频响分析中，要注意，有的载荷需要在 constraints 里面定义，但不一定是约束，可能是一种动态载荷。一般情况下，动态的激励为位移、速度和加速度时，用 SPCD 来定义，DAREA 用来定义激励力。在 OptiStruct 中，可以施加 RLOAD1 和 RLOAD2 两种动态载荷，它们都是与频率有关的动态载荷。

RLOAD1 的形式为

$$f(\Omega) = A(C(\Omega) + iD(\Omega)e)^\wedge(i(\theta - 2\pi\Omega\tau))$$

RLOAD2 的形式为

$$f(\Omega) = A * B(\Omega)e^{i(\varphi(\Omega)+\theta-2\pi\Omega\tau)}$$

频响分析的过程如下。

(1) 创建激励，首先在某个方向创建单位载荷，如果是集中力，就用 DAREA 定义载荷。如果是位移、速度或者加速度，就用 SPCD 定义载荷。

① 创建一个 Load Collector 对象，在 HyperMesh 工作界面的功能选择区中选中 analysis 单选按钮，在出现的命令面板中单击 constraints 定义，在弹出的界面中单击 load types，弹出选择框，选择 DAREA 或者 SPCD，设置大小和方向。

② 创建一个 curve，设置不同频率下的幅值。

③　再创建一个 Load Collector 对象，类型为 RLOAD1 或者 RLOAD2，在 excited 选项中选择上面定义的 DAREA 或者 SPCD，TB 选择上面定义的 curve，TYPE 根据实际情况来选择。

(2)　定义频响分析计算的频率段，不同的 FREQ 方式计算的精度不一样，其中 FREQ3～FREQ5 只能用在模态法中。FREQ1 是线性平均离散频率点，FREQ2 是对数平均离散频率点。

(3)　直接法，定义阻尼系数 PARAM G；模态法先定义 EIGRL，然后再定义模态阻尼 TABDMP1。

(4)　定义相应的 Load Step，直接法设置 Freq Resp(direct)，选择 SPC、DLOAD 以及 FREQ。模态法设置 Freq Resp (modal)，选择 SPC、DLOAD、method (structure)以及 FREQ。

3. 瞬态分析

瞬态分析也有直接法和模态法，注意，瞬态分析是在时域中进行的激励，这种激励可以施加载荷(力或者力矩)、强制的位移、速度或者加速度，载荷一定是随时间变化的。动载荷通过 TLOAD1 和 TLOAD2 来施加。

TLOAD1 的形式为

$$f(t) = AF(t - \tau)$$

TLOAD2 的形式为

$$f(t) = \begin{cases} 0 & t < T_1 + \tau \text{或} t > T_2 + \tau \\ A\tilde{t}^B e^{Ci} \cos(2\pi \tilde{f}t + \varphi) & T_1 + \tau < t < T_2 + \tau \end{cases}$$

两种方法的步骤基本类似。

(1)　创建激励，首先在某个方向创建单位载荷，如果是集中力，就用 DAREA 载荷。如果是位移、速度或者加速度，就用 SPCD。

①　创建一个 Load Collector，在 HyperMesh 工作界面的功能选择区中选中 analysis 单选按钮，在出现的命令面板界面中单击 constraints 按钮，在弹出的界面中单击 load types，弹出选择框，选择 DAREA 或者 SPCD，设置大小和方向。

②　创建一个 curve，创建加载的时间历程，设置不同时间下的幅值。

③　再创建一个 Load Collector，将 Card Image 设置为 TLOAD1。在 Excited 选项中选择 DAREA 或者 SPCD 定义的载荷集，在 TID 中选择 TABLED1 定义的载荷历程。TYPE 确定了载荷的类型，默认的类型是 load。

(2)　建立瞬态分析的时间步长。

建立 Card Image 为 TSTEP 的 Load Collector 对象，输入时间步的数目 N、时间增量 DT 和输出的时间步间隔 NO(默认为 1)。加载的总时间就是 N*DT。

(3)　定义结构的阻尼以及输出要求。

在直接法中，结构阻尼的设置可以在 TSTEP 中定义 W_3 及 W_4。如果在 TSTEP 中没有设置，就需要在 PARAM W_3 以及 PARAM W_4 中设置。

在瞬态分析中，阻尼矩阵为

$$\boldsymbol{B} = \boldsymbol{B}^1 + \frac{\Gamma}{\Omega_3}\boldsymbol{K} + \frac{1}{\Omega_4}\sum \Gamma_E \boldsymbol{K}_E$$

式中：B^1 为阻尼单元的阻尼；Γ 为 PARAM G 中定义的全局结构阻尼系数；Ω_3 是全局结构阻尼转化黏性阻尼的系数；Ω_4 是单元结构阻尼转化黏性阻尼的系数。

在模态法中，则需要定义模态阻尼表。

(4) 建立相应的工况。

使用直接法，选择分析类型为 Transient (direct)，选择 SPC、DLOAD、TSTEP 进行分析。

使用模态法，选择分析类型为 Transient (modal)，选择 SPC、DLOAD、METHOD(struct) 选择 EIGRL、TSTEP、SDAMPING(Struct)进行分析。

4. 随机振动分析

随机振动是一种无法用确定的函数关系式表述的振动形式，处于随机振动环境下的零部件的振动加速度幅值、位移幅值、应力幅值等无法预知。汽车受路面激励而产生的振动、船舶受海浪作用产生的晃动、飞机受气流的影响产生的摆动都是随机振动现象。对随机振动的载荷描述，利用数学统计的方式，把各个频段的载荷大小分类，用功率谱密度来统计载荷的信息。

一般是先要进行频率响应分析，然后进行随机振动分析，其中频响分析的过程同上。大多数的随机振动分析是加速度信号，因此载荷施加一般是在约束时采用 SPCD，在 RLOAD 中的类型选择 ACCE。

设置好频响分析后，创建随机振动的载荷卡片以及控制卡片。

(1) 创建 Load Collector 命令，命名为 TABRND1，Card Image 选择 TABRND1，输入对应的 PSD 的输入值 TABRND1_NUM 2、f、g。

(2) 创建 Load Collector 命令，命名为 RANDPS，分别单击 J 和 K 按钮，弹出的对话框中选择直接法频响的 Loadcase 名称，TID 选择上面建立的 TABRND1。

(3) 创建 Load Step 对象，选择分析类型为 RANDOM，RANDOM 选择 RANDPS。

选择并设置 output，选择 displacement，选择 format 为 H3D，RANDOM 为 PSDF，option 为 all。

选择 stress，选择 format 为 output2，location 为 Corner，RANDOM 为 PSDF，option 为 yes。

设置 rayleigh 阻尼，依次单击(或选择)analysis、control cards、PARAM，分别输入 ALPHA1，ALPHA2。

5. 疲劳寿命分析

疲劳是指在低于材料极限强度的应力长期反复作用下，导致结构最终破坏的一种现象。由于总是发生在结构应力远低于设计容许最大应力的情况下，因此经常不被人们发觉，这也是疲劳最危险的地方。

1) 疲劳寿命预测理论

疲劳寿命是指结构在出现疲劳破坏时所需应力或应变循环次数，一般用 N 表示。疲劳寿命取决于施加在材料上的应力水平以及材料力学特性。一般情况下，外加的应力水平越低，材料的强度极限就会越高，试件的疲劳寿命就越长。外加所用应力 S 与结构破坏时的寿命 N 之间的关系曲线称为 S-N 曲线。

在工程中，根据材料受到的载荷-时间历程以及材料本身的力学性能来分析工程结构的疲劳寿命，针对疲劳寿命预测的分析方法主要包括名义应力法、局部应力应变法、应力应变场强度法和能量法等。其中名义应力法基于大量实验数据，结合材料 S-N 曲线，按线性累积损伤理论估算构件疲劳寿命，是最为常用的一种方法。局部应力应变法根据危险点的局部应力、构件的 S-N、ε-N 曲线结合疲劳累积损伤理论估算构件的疲劳寿命，适用于外形复杂的构件和复杂的载荷作用。应力应变场强度法运用弹塑性有限元分析方法计算危险点的应力场强度历程，再结合构件的 S-N 或 ε-N 曲线，通过线性累计损伤理论估算危险点的疲劳强度，一般用在与局部应力应变法相同的材料疲劳性能数据。能量法假设构件由相同的材料制成，并且在疲劳危险区承受相同的局部应变能历程，那么这批构件具有相同的疲劳寿命。该方法由于能耗总量与循环数之间是非线性关系，所以不常用于工程实际。

名义应力法以材料或结构的 S-N 曲线为基础，再结合结构的实际情况，诸如存在的疲劳危险点的应力集中系数及名义应力，同时考虑加工工艺等方面对疲劳寿命的影响，根据疲劳累计损伤理论进行疲劳寿命的计算。在众多计算方法中，名义应力法相较于其他计算方法而言，更为简单直观，疲劳寿命的计算过程拥有大量的数据和累积经验，且适用于高周疲劳的结构分析。

2）　疲劳累计损伤理论

疲劳损伤是指材料在初期内部发生细微的结构变化，经过后期的逐渐累积，最终形成裂纹并逐渐扩展的现象。当受载物体的应力值超过了疲劳极限，之后的每一次应力循环都会累计损伤。每次应力循环的平均损伤量为 $1/N$，N 为发生疲劳破坏时的应力循环总数。将损伤积累起来计算，n 次恒幅载荷的损伤为 n/N。对于变幅载荷损伤 D，其值为各循环损伤之和，公式为

$$D = \sum_{i=1}^{l} n_i / N_i$$

式中：l——变幅载荷的应力水平级数；

　　　　n_i——第 i 级载荷的循环次数；

　　　　N_i——第 i 级载荷的疲劳寿命。

当损伤累积达到临界值 D_f 时，材料发生疲劳破坏。

Miner 理论假设：材料在各应力水平下的损伤都是独立且可线性叠加的，通过叠加可以得到总损伤。由于该理论预测准确，计算简便直接，所以工程上通常采用 Miner 线性疲劳累积理论进行疲劳寿命计算。

3）　材料疲劳特性曲线

外加所用应力 S 与结构破坏时的寿命 N 之间的关系曲线称为 S-N 曲线。材料的 S-N 曲线是计算疲劳寿命的基本数据之一，也是表征材料疲劳可靠性的重要指标。一般情况下，材料的强度极限越高，外加的应力水平越低，试件的疲劳寿命就越长。汽车中经常使用的钢材，可以采用以下经验公式来拟合材料的 S-N 曲线：

$$S = \text{SRI}(N)^b$$

式中：S——名义应力；

　　　　SRI——在 S-N 曲线上表示延长线和纵轴交点的纵向坐标值；

N——循环周期的次数；

b——直线斜率。

4）OptiStruct 疲劳分析过程

在 HyperMesh 的菜单栏中选择 Tools→Fatigue Process 子菜单的命令，可以在弹出的界面中采用流程化的方法定义疲劳分析。

将材料参数、静力学的单位载荷应力和动力学仿真得到的载荷谱导入 HyperMesh 中 OptiStruct 求解器的 Fatigue 模块。Fatigue 模块是专门针对疲劳设计的有限元分析模块，其分析流程如下。

① 导入疲劳分析模型。将要进行疲劳分析的模型用 Import File 按钮导入。

② 创建疲劳分析载荷步。创建疲劳分析载荷步，并命名为 Fatigue，便于在 Hyperworks 查看结果时方便查找疲劳分析的结果。

③ 选择疲劳分析方法。一般选择名义应力 S-N 法进行疲劳分析，选取 Goodman 平均应力修正方法。

④ 设置材料属性。保留静力学分析中设置的材料杨氏模量、密度、泊松比，输入材料的极限应力。

⑤ 添加各点载荷谱。在不同结点施加相应的载荷谱。

⑥ 提交进行疲劳计算。单击 submit analysis 按钮提交计算，最后在 results 中查看疲劳分析结果。

在实际的疲劳分析中，常常是分析人员独立进行疲劳分析的设置。整个分析过程需要设置的参数很多，下面进行简单介绍。

(1) 定义 load step (subcase)。

(2) TABFAT 用来定义时间历程信息，可以导入文件。

(3) FATLOAD 关联 TABFAT、subcase，LDM 设置为 1，SCALE 设置载荷放大倍数。疲劳分析需要引用 static subcae 作为工况，实际上疲劳分析计算的是在这些 static subcase 下的循环寿命。定义的 subcase 必须是线性的，既可以是线性静态，也可以是线性的瞬态响应工况。如果是线性静态工况，那么定义 FATLOAD 卡片时必须引用 TABFAT。如果是瞬态响应工况，那么定义 FATLOAD 卡片时不可以引用 TABFAT。

(4) FATEVENT，设置 FATEVENT_NUM_FLOAD 设置载荷数目，设置载荷。

(5) FATSEQ 设置载荷序列；设置 FATSEQ_NUM 数目，设置 FID 为 FATEVENT。

(6) 设置 FATPARM，设置疲劳分析类型、应力、雨流计数；材料的 S-N 曲线通常是在平均应力=0 的前提下测得的数据。实际上的工程载荷平均应力一般不为 0，对于这种情况需要对载荷进行修正。FATPARM 中的参数 GERBER/GOODMAN 用于修正平均应力的影响。GOODMAN 用于脆性材料，GERBER 用于塑性材料。

(7) MATFAT，在进行疲劳分析单元的材料属性中补充疲劳相关信息，包括单位、UTS、S-N 信息。

(8) 创建 PFAT，指明位置、是否表面处理，热处理。

(9) FATDEF，选择 PSHELL 或者 PSOLID，并关联 PFAT。

(10) 创建 Load Step 对象，设置分析类型为 fatigue，在分析类型中选择 FATDEF、

FATPARAM、FATSEQ。

(11) 使用 OptiStruct 求解，设置输出为 all。

10.1　焊接板模态分析

问题描述：

两薄板长×宽为 1 m×0.5m，厚 0.001m，两板水平相距 0.005m，将两板焊接起来。材料弹性模量 E=210GPa，v=0.27，ρ=7840kg/m^3。求前 12 阶自由振动频率、振型。

10.1.1　问题分析

这个例题是求解两个焊接板的自由振动频率和振型，自由振动意味着结构没有约束，分析人员要知道，对每个自由的 component，都存在着 6 阶频率为 0 的自由刚体模态。首先，分析两个薄板的结构特征，可以采用壳单元来进行分析。其次，两个板焊接可以采用 RBE2 的方式，将焊接的结点——相连。

分析类型选择 normal modes，单位制选择 mm、s、10^3kg。

10.1.2　有限元分析过程

1. 选择求解器

进入 HyperMesh 界面，选择求解器为 OptiStruct。

2. 创建材料属性

右击 Model Browser，在弹出的快捷菜单中选择 Create→Material 命令。在左下方的对话框对应的文本框中填入材料参数杨氏模量 E=210000，泊松比 NU=0.3，密度输入 7840e-12 (注意动力学计算必须输入密度，否则提交计算后会出现错误)。

3. 创建单元属性

右击 Model Browser，在弹出的快捷菜单中选择 Create→Property 命令。在 Card Image 下拉列表框中选择 PSHELL 选项，单击 Material 选项旁边的 Material 单选按钮，选择上面定义好的材料 material1，在对话框 T 中输入厚度 1。

4. 创建 component，选择材料和属性

右击 Model Browser，在弹出的快捷菜单中选择 Create→Component 命令。在左下方的对话框中，选中 Property 选项旁边的 Property 单选按钮，选择上面定义好的属性，分别生成 component1 和 component2。

5. 划分有限元网格

直接创建几何模型。按 F8 功能键，出现创建结点的对话框，分别输入坐标(0,0,0)、

(0,1000,0)、(505,0,0)、(505,1000,0)来生成四个结点。在 HyperMesh 工作界面的功能选择区中选中 Geom 单选按钮，在出现的命令面板中单击 lines 按钮，在弹出的界面中单击 Linear Nodes 图标，依次单击上面生成的结点 1、2 和 3、4，单击 create 按钮来生成两条直线。在 HyperMesh 工作界面的功能选择区中选中 Geom 单选按钮，在出现的命令面板中单击 surfaces 按钮，在弹出的界面中单击 Drag along Vector 图标，单击刚刚建立的线，沿 x 轴拉伸 500，生成 2 个面。

在 HyperMesh 工作界面的功能选择区中选中 Tool 单选按钮，在出现的命令面板中单击 organize 按钮，在弹出的界面中将一个面 move 到 component1。划分网格，注意下方的 component，首先划分 component1，设置 mesh size 为 100 mm。单击下方的 component1，更换为 component2，按同样的方式进行网格划分。

创建刚性连接。在 HyperMesh 工作界面的功能选择区中选中 1D 单选按钮，在出现的命令面板单击 rigids 按钮，在弹出的界面中依次单击接缝处的结点，定义 11 个 RBE2，结果如图 10-1 所示。

图 10-1　两个板之间的刚性连接

6. 创建约束和模态

本例题为自由模态分析，不需要施加约束。模态分析不需要施加载荷，但需要定义 EIGRL 来确定模态分析的阶数以及归一化的方法。

右击 Model Browser，在弹出的快捷菜单中选择 Create→Load Collector 命令，创建一个 Load Collector 对象，修改名称为 EIGRL，在 Card Image 下拉列表框中选择 EIGRL 选项，在 ND 文本框处输入模态分析的阶数 12。软件默认的归一化方法为 MASS。

7. 设置载荷步

定义 Load Step 对象，选择分析类型为 Normal modes 选项，单击 Method(STRUCT)选项的 Loadcol 按钮，选择上面定义的 EIGRL。

8. 提交分析

在 HyperMesh 工作界面的功能选择区中选中 Analysis 单选按钮，在出现的命令面板中单击 OptiStruct 按钮，在弹出的界面中单击 OptiStruct 按钮来运行。如果前面的材料定义中，没有定义密度，就会出现错误提示。

9. 查看结果

返回在命令面板中单击 OptiStruct 按钮弹出的界面，单击 HyperView 按钮，进入后处理界面，在左侧的 Results 菜单中可以查看各阶模态频率和振型，模态频率值可以在计算目录下相应的文件***.out 中查看，如图 10-2(a)和(b)所示。

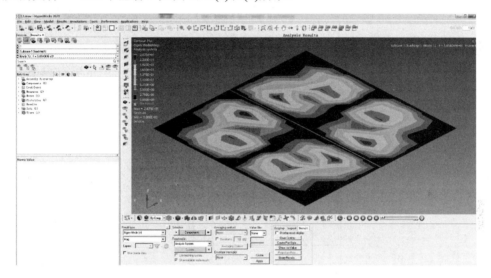

(a) 对应频率下的振型

(b) 固有频率列表

图 10-2　采用复制来生成几何模型

10.1.3　探究训练

(1)　施加不同的约束，查看刚体模态的变化。注意，在 RBE 结点上不能施加约束。

(2)　将中间连接处做成一个 RBE2，查看求解结果的不同，解释原因。

(3)　尝试不同的单元数量来进行分析，比较结果。

(4)　取消 RBE2，求解模态，查看刚体模态的数量。

(5)　采用不同的归一化方法，查看振型以及 displacement 是否变化。

10.2　加筋板振动分析

问题描述：

结构的形状如图 10-3 所示，材料的杨氏模量为 $E=65.5\mathrm{GPa}$，泊松比为 0.3，密度为 $2700\mathrm{kg/m^3}$。边界条件为四边固支。求结构的十阶模态。图中的单位为 mm。

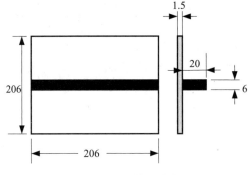

图 10-3　加筋板结构

10.2.1　问题分析

这个例题是求解四边固支下加筋板的固有频率和振型。分析加筋板的结构特征，板可以采用壳单元来进行分析，筋只能用结构体单元来进行分析，二者之间的连接采用共用结点的形式。

分析类型选择 normal modes，单位制选择 mm、s、$10^3\mathrm{kg}$。

10.2.2　有限元分析过程

1. 选择求解器

进入 HyperMesh 界面，选择求解器为 OptiStruct。

2. 定义材料属性

创建材料，在对话框中填入材料名 steel，在材料属性的文本框中，杨氏模量 E 输入

65500，泊松比 NU 输入 0.3，密度输入 2700e-12。

3. 创建单元属性

创建属性，在 Card Image 下拉列表框中选择 PSHELL 选项，修改属性名称为 Pshell，选择上面定义的材料 steel，在厚度文本框中输入 1.5。再次创建属性，在 Card Image 下拉列表框中选择 PSOLID 选项，修改属性名称为 Psolid，材料同样选择上面定义的 steel。

4. 创建 component，选择材料和属性

创建 component，在对话框中，选中 Property 选项旁边的 Property 单选按钮，选择上面定义的 Pshell 属性。再次创建 component，选择上面定义的 Psolid 属性。

5. 创建几何模型，划分有限元网格

按 F8 功能键，出现创建结点的对话框。在坐标文本框中分别输入四个结点的坐标 (0,0,0)、(0,100,0)、(0,106,0)、(0,206,0)，分别单击 create 按钮，创建 4 个结点。

在 HyperMesh 工作界面的功能选择区中选中 Geom 单选按钮，在出现的命令面板中单击 lines 按钮，在弹出的界面中依次选择上面定义的结点，生成 3 段直线。单击 surfaces 按钮，沿 x 轴拉伸 206，生成 3 个面。

在 Geom 选项的命令面板中单击 solids 按钮，单击 Drag along Vector 图标，选择上面生成的中间的面，沿 z 轴拉伸，设置拉伸距离为 20，将中间一个面拉伸为结构体。

划分网格，首先划分结构体，切换当前视图为 component2(结构体单元属性)，在 HyperMesh 工作界面的功能选择区中选中 3D 单选按钮，在出现的命令面板中单击 solid mesh 按钮，在弹出的界面中选择 one volume 选项，在 source size 文本框中输入 2，在 along parameter 选项中选择 along size 选项，在文本框中输入 2，单击 mesh 按钮来完成结构体的网格划分。然后切换当前视图为 component1(shell 单元属性)，用 2 的单元网格尺寸划分两个面(也可以先划分三个面的网格，然后将中间面的网格拉伸为结构体单元，要注意拉伸后要删除中间面的 2D 单元)。

由于结构体和两个面是分开划分的网格，所以需要进行 equivalence(等值运算)，在 HyperMesh 工作界面的功能选择区中选中 Tool 单选按钮，在出现的命令面板中单击 edges 按钮，在弹出的界面中选择所有的 element，在 tolerance 文本框中输入 0.01，单击 equivalence 按钮来合并重复单元。软件左下角将提示有结点被 equivalence。

6. 创建约束和模态

创建 Load Collector 对象，修改名称为 SPC，将 XY 最外端 8 条直线上的结点的自由度 1、2、3、4、5、6 全部约束。

模态分析不需要施加载荷。

创建 Load Collector 对象，修改名称为 EIGRL，单击 Card Image，选择 EIGRL 选项，在 ND 文本框处输入模态分析的阶数 12。

7. 设置载荷步

定义 Load Step 对象，选择分析类型为 Normal modes 选项，SPC 选项中选择上面定义

的 SPC，单击 Method(STRUCT)选项的 Loadcol 按钮，选择上面定义的 EIGRL。

8. 提交分析

在 HyperMesh 工作界面的功能选择区中选中 Analysis 单选按钮，在出现的命令面板中单击 OptiStruct 按钮，在弹出的界面中单击 OptiStruct 按钮来运行。

9. 查看结果

返回在命令面板中单击 OptiStruct 按钮弹出的界面，单击 HyperView 按钮，进入后处理界面，在左侧的 Results 菜单中可以查看各阶模态频率和振型。

10.2.3 探究训练

(1) 不执行操作流程中的 equivalence，求解模态，查看刚体模态的数量。
(2) 去掉约束，查看刚体模态的变化。
(3) 结构体和面之间不用共结点的方式，采用 RBE2 的连接，查看求解结果。
(4) 尝试不同的单元数量来进行分析，比较结果。

10.3 动力学——频响分析(直接法+模态法)

问题描述：

如图 10-4 所示弹簧-质量系统，弹簧刚度为 k=39.479，质量点为 1kg，两个结点，一个全部约束，另外一个约束(质量点所在结点)除 Y 之外的所有结点。在质量点上施加 Y 向幅值为 1，频率范围为 0.1～1000Hz 的简谐力，求其响应。

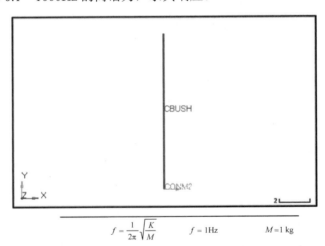

图 10-4 弹簧-质量系统

10.3.1 问题分析

本例题是 OptiStruct 动力学分析的例题。这个例题是针对一个简单的弹簧质子系统，采用直接法和模态法来求解系统的响应。本例题主要是演示进行频响的步骤。通过前期的理论分析，结构固有频率为 1Hz。因此，尽管激励力的频率范围为 0.1Hz 到 1000Hz，但是在设置响应分析时，没有必要分析这么宽的频率段，分析到 5Hz 即可。

分析类型选择 Frequency Response Direct 或者 Modal。

10.3.2 有限元分析过程

1. 选择求解器

进入 HyperMesh 界面，选择求解器为 OptiStruct。

2. 创建或导入有限元文件

打开文件 spring_mass_FRF.hm，查看原始文件的定义，学习 mass 单元和弹簧单元的定义以及修改。

3. 运行求解器

运行 OptiStruct，查看模态分析结果。

4. 创建激励

沿 y 方向创建 DAREA 载荷，大小为 1。

创建 Load Collector 对象，命名 UNIT_LOAD。在 HyperMesh 工作界面的功能选择区中选中 Analysis 单选按钮，在出现的命令面板中单击 constraints 按钮，在弹出的界面中选择 nodes 选项，选择有限元模型中的质量点，单击 load types 对话框，在弹出的选择菜单中，选择 DAREA 选项。勾选 dof2，在其文本框中输入 1，单击 create 按钮。

右击 Model Browser，在弹出的快捷菜单中选择 Create→curve 命令。在弹出的界面中，单击 New 按钮，弹出来的 Name 对话框输入名称 curve。单击 Proceed 按钮，在弹出来的界面中，在 X 文本框中分别输入 0.1、1000，在 Y 文本框中分别输入 1、1 (不同频率下的幅值)。单击 Update 按钮，单击 Close 按钮关闭对话框。在模型树区域，单击 curve 对话框，在对话框中的 Card Image 下拉列表框中选择 TABLED1 选项(注：HyperMesh 2020 版本中，对 Curve 的功能进行了改变，导入不了 csv 文件，只能复制、输入)。

创建 Load Collector 对象，在对话框中选择 Card Image 选项为 RLOAD2 选项。在 EXCITED 选项中，单击 Loadcol 按钮，选择上面定义的 UNIT_LOAD。单击 TB 选项的 Curve 按钮，选择上面定义的 curve。TYPE 选项在下拉列表中选择 LOAD 选项，这样就将上面定义的 TABLED1 和 DAREA 关联起来，来定义动态的载荷。

创建 Load Collector 对象，在对话框中选择 Card Image 选项为 FREQi 选项，单击 FREQ1 选项右边的方框，设置开始频率、频率增量和增量数量来定义对频率进行采样的配置，在

F1 文本框中输入 0.1，在 DF 文本框中输入 0.05，在 NDF 文本框中输入 100，创建了一系列频率，从 0.1Hz 开始，间隔为 0.05Hz，共 100 个间隔。

5. 设置载荷步，提交分析

(1) 设置直接法的载荷步，创建 Load Step 对象，选择分析类型为 Freq resp (direct)，选择 SPC，DLOAD 选项选择上面定义的 RLOAD2，FREQ 选择上面定义的 FREQi。

(2) 设置模态法的载荷步，创建 Load Step 对象，选择分析类型为 Freq resp (modal)，选择 SPC，DLOAD 选项选择上面定义的 RLOAD2，METHOD(STRUCT)选择定义好的 EIGRL，FREQ 选择上面定义的 FREQi。

(3) 在 HyperMesh 工作界面的功能选择区中选中 Analysis 单选按钮，在出现的命令面板中单击 OptiStruct 按钮，在弹出的界面中单击 OptiStruct 按钮来运行。

6. 查看结果

返回在命令面板中单击 OptiStruct 按钮弹出的界面，单击 HyperView 按钮查看结果，进入后处理界面，更换为 HyperGraph2D，单击 Build Plots 图标，建立曲线。分别查看位移、速度和加速度的响应。所得到的位移曲线如图 10-5 所示。

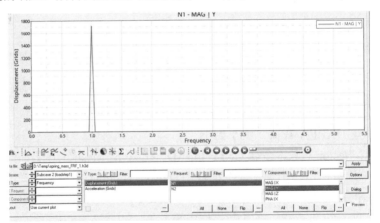

图 10-5　位移响应

单击坐标轴 y，单击 scale and tics 选项，选择指数坐标(见图 10-6)。

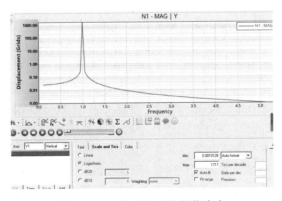

图 10-6　对数坐标下的位移响应

10.3.3　探究训练

(1) 比较直接法和模态法求解结果的不同。

(2) 修改 EIGRL 模态阶次，研究阶次取值对结果的影响。

(3) 在 FREQ1 中，设置不同的 DF、NDF(注意频率范围不要超出 0.1～1000)，查看计算结果、计算时间的不同。

10.4　弹簧-质量系统瞬态动力学分析

问题描述：

一个弹簧-质量系统，弹簧刚度为 k=39.479，质量点为 1，两个结点，一个全部约束，另外一个约束(质量点所在结点)除了 Y 之外的所有结点。求在 load_0.1_hz.csv 中的载荷输入下的响应。

10.4.1　问题分析

本例题是 OptiStruct 动力学分析的例题。这个例题是针对一个简单的弹簧质子系统，在受到瞬态激励力时，求解系统的响应。要注意的是，频率响应是在频域下的响应，瞬态响应是时域下的响应。本例题主要是演示进行瞬态分析的步骤。

分析类型选择 Transient (direct)。

10.4.2　有限元分析过程

1. 选择求解器

进入 HyperMesh 界面，选择求解器为 OptiStruct。

2. 创建或导入有限元文件

打开文件 spring_mass_transient.hm，查看原始文件的定义，学习 mass 单元和弹簧单元的定义以及修改。

3. 运行求解器

运行 OptiStruct，查看模态分析结果。

4. 创建激励

删除 EIGRL 卡片以及 modal 分析步。

创建 Load Collector 对象，命名为 AMPLITUDE。在 HyperMesh 工作界面的功能选择区中选中 Analysis 单选按钮，在出现的命令面板中单击 constraints 按钮，在弹出的界面中选择 nodes 选项，选择有限元模型中的质量点。单击 load types 对话框，在弹出的选择菜单中，选择 DAREA 选项。勾选 dof2，在其文本框中输入 1，单击 create 按钮。

1) 创建表格

右击 Model Browser，在弹出的快捷菜单中选择 Create→Curve 命令。在弹出的界面中，单击 New 按钮，在弹出的 Name 对话框中输入名称 curve，单击 Proceed 按钮。在弹出的界面中，将 load_0.1_hz.csv 文件中的第一列复制到 X 文本框中，第二列复制到 Y 文本框中，注意在对话框中的 Card Image 下拉列表框中选择 TABLED1 选项。

2) 设置计算时间 TSTEP

创建 Load Collector 选项，在对话框中将 Card Image 选项更改为 TSTEP 选项，按照以下参数来设置：在 N 文本框中输入 6000，在 DT 文本框中输入 0.005。

假设起始频率为 10Hz，则 DT=1/(20*f)=0.005，对 0.1Hz 的信号，应该计算 3 倍的周期，30s，步数 N=30/0.005=6000。

3) 将载荷表与激励载荷关联

创建 Load Collector 选项，在对话框中将 Card Image 选项更改为 TLOAD1 选项。在 EXCITED 对话框中选择上面定义好的 AMPLITUDE，TYPE 选项在下拉菜单中选择 LOAD 选项，TID 选项选择上面定义的 TABLE1。

5. 设置载荷步，提交分析

选择分析类型为 Transient (direct)，分别选择 SPC、DLOAD、TSTEP，在 HyperMesh 工作界面的功能选择区中选中 Analysis 单选按钮，在出现的命令面板中单击 control cards 按钮，在弹出的界面中单击 Next 按钮，找到 OUTPUT 选项。单击 OUTPUT 按钮，单击 KEYWORD 选项，单击 OP2 选项，单击 FREQ 选项，单击 ALL 选项，单击 OPTION 选项，单击 MODEL 选项，在弹出的界面中单击 return 按钮。找到 GLOBAL_OUTPUT_REQUEST 选项，单击对应的按钮，依次选择 ACCELERATION 选项、DISPLACEMENT 选项和 VELOCITY 选项，单击 FORMAT(1)选项，单击 OUTPUT2 选项，单击 OPTION(1)选项，单击 ALL 选项。

在 HyperMesh 界面的功能页选择区中选中 Analysis 单选按钮，在出现的命令面板中单击 OptiStruct 按钮，在弹出的界面中单击 OptiStruct 按钮来运行。

6. 查看结果

在 HyperView 中，在菜单栏中选择 File→Open 命令，在弹出的界面中选择 Report Template 选项，选择附件中 AMPLIFICATION_FACTOR.tpl。也可以自行查看。单击 Build Plots 图标，选择结点 1，查看时域下的位移响应，如图 10-7 所示。

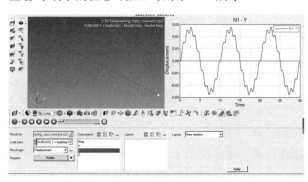

图 10-7　结点位移的时域响应

如图 10-8 所示，可以将时域响应结果输出为 CSV 格式，以便后续处理。

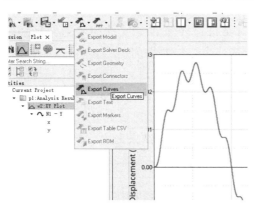

图 10-8　结点位移的时域响应曲线的输出

10.4.3　探究训练

(1)　自行修改输入的载荷文件，改为三角波，查看计算结果。

(2)　在 TSTEP 中，设置不同的 N、dt，查看计算结果、计算时间的不同。

(3)　在 TSTEP 中，设置不同的 W_3 和 W_4。

10.5　平板随机响应分析

问题描述：

一个 10 mm×10 mm×1 mm 的平板，所有结点的 R_z、T_x 和 T_y 全部约束，四个边的结点的 T_z 全部约束，x=0 以及 x=10 边上的结点的 R_x，y=0 以及 y=10 边上的结点的 R_y，全部约束。z 方向承受力的 PSD=$(10^6$ N/m$^2)^2$/Hz，直接法中 Rayleigh 阻尼系数 α_1=5.772，α_2=6.929×10^{-5}。

材料属性：E=200e9；泊松比=0.3，密度=8000kg/m^3。

10.5.1　问题分析

本例题是 OptiStruct 动力学分析的例题。这个例题是针对一个平板系统，在受到随机激励时，求解系统的响应。本例题主要是演示进行随机响应分析的步骤。

分析类型选择 RANDOM。

10.5.2　有限元分析过程

1. 选择求解器

进入 HyperMesh 界面，选择求解器为 OptiStruct。

2. 导入有限元模型

打开文件 plate_with_psd.hm，查看原始文件的定义，查看 SPC 和压力的定义，注意 SPC_add 是将几个 SPC 合成一个，方便求解时的选择。题目中的 pressure 用的是 PLOAD4，OptiStruct 中施加的 PLOAD 是静态压力。其中 PLOAD1 是施加在 bar 或者 beam 上面的集中力、均匀分布的力、线上的力等，PLOAD2 是二维结构单元的静态压力(均匀压力)，PLOAD4 是二维结构单元面上的静态压力(可以为非均匀压力)。

本例题中，用 PLOAD2 和 PLOAD4 结果完全一样。

3. 进行频率响应的 direct 直接法

右击 Model Browser，在弹出的快捷菜单中选择 Create→curve 命令。在弹出的界面中，单击 New 按钮，在弹出的 Name 对话框中输入名称 curve，单击 Proceed 按钮，在 X 文本框中分别输入 0.1、1000，在 Y 文本框中分别输入 1、1(不同频率下的幅值，输入太多的频率值，计算较慢)。将 Card Image 选项更改为 TABLED1 选项。

创建 Load Collector 对象，在对话框中选择 Card Image 选项为 FREQi 选项，单击 FREQ1 选项右边的方框，设置开始频率、频率增量和增量数量来定义对频率进行采样的配置。在 F1 文本框中输入 0，在 DF 文本框中输入 0.1，在 NDF 文本框中输入 1000，创建了一系列频率。从 0Hz 开始，间隔为 0.1Hz，1000 个间隔。

创建 Load Collector 对象，在对话框中选择 Card Image 选项为 RLOAD2 选项。在 EXCITED 选项中，单击 Loadcol 按钮，选择上面定义的 Pressure。单击 TB 选项的 Curve 按钮，选择上面定义的 TABLED1。TYPE 选项在下拉列表中选择 LOAD 选项，这样就将上面定义的 TABLED1 和 DAREA 关联起来。

后续单独分析发现，由于本例题中网格划分太粗糙，因此如果加集中力，那么结果相差很大。在静力学分析中，同样的分析，pressure 结果基本不变，而施加集中力随着网格数量的增加，逼近 pressure。

4. 设置分析步，提交分析

创建 Load Step 对象，选择分析类型为 Freq Resp (Direct)，分别选择 SPC、DLOAD 以及 FREQ。

单击 OUTPUT 选项右边的方框，分别选择 ACCELERATION 选项、DISPLACEMENT 选项以及 VELOCITY 选项，在 FORMAT 下拉列表框中选择 H3D 选项，在 FORM 下拉列表框中选择 BOTH 选项，在 OPTION 下拉列表框中选择 ALL 选项。

在 HyperMesh 工作界面的功能选择区中选中 Analysis 单选按钮，在出现的命令面板中单击 OptiStruct 按钮，在弹出的界面中单击 OptiStruct 按钮来运行。

5. 查看结果

在后处理界面中单击 Build Plots 图标，在 Result type 下拉列表框中选择 Acceleration 选项，方向选择 Z，node 选择 9，如图 10-9(a)所示，单击 Apply 按钮，得到如图 10-9(b)所示曲线。

(a) 选择结点 9 的 Z 向加速度输出

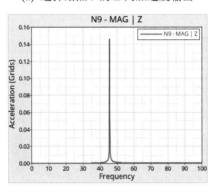

(b) 输出的加速度与频率关系曲线

图 10-9　结点加速度的频率响应

6. 设置随机分析的卡片

右击 Model Browser，在弹出的快捷菜单中选择 Create→curve 命令。在弹出的界面中，单击 New 按钮。在弹出的 Name 对话框中输入名称 TABRND1，单击 Proceed 按钮。在 X 文本框中分别输入 0、1000，在 Y 文本框中分别输入 1E12、1E12(PSD 的输入值)，将 Card Image 选项更改为 TABRND1 选项。

创建 Load Collector 对象，在对话框中选择 Card Image 选项为 RANDPS 选项。分别单击 J 和 K 选项的 Loadstep 按钮，在弹出的对话框中选择直接法频响的 Loadcase 名称。在 X 文本框中输入 1，在 Y 文本框中输入 0。单击 TID 选项的 Curve 按钮，选择上面建立的 TABRND1。

7. 设置分析步，提交分析

创建 LOAD STEP，选择分析类型为 RANDOM，RANDOM 选项选择定义好的 RANDPS。

单击 OUTPUT 选项右边的方框，选择 DISPLACEMENT 选项。在 FORMAT 下拉列表中选择 H3D 选项，在 RANDOM 下拉列表中选择 PSDF 选项，在 OPTION 下拉列表中选择 ALL 选项。

选择 STRESS 选项，在 FORMAT 下拉列表框中选择 OUTPUT2 选项，在 RANDOM 下拉列表框中选择 PSDF 选项，在 OPTION 下拉列表框中选择 YES 选项。

设置 Rayleigh 阻尼。在 HyperMesh 工作界面的功能选择区中选中 Analysis 单选按钮，在出现的命令面板中单击 control cards 按钮，单击 Next 按钮，找到 PARAM 选项，选择 ALPHA1 选项，单击 VALUE 文本框，输入 5.772，选择 ALPHA2 选项，单击 VALUE 文本框，输入 6.929e-5。

8. 查看结果

使用 HyperGraph 2D，打开 h3d 文件，选择随机响应结果 subcase2，选择 PSD displacement，选择结点 N9，选择方向 Z。单击 Apply 按钮，可以看到，设置阻尼后的结果如图 10-10 所示。

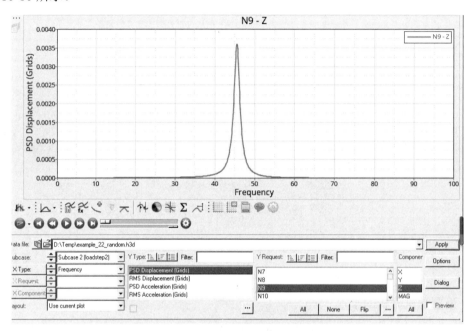

图 10-10　考虑阻尼时的结点位移谱

去除 Rayleigh 阻尼的设置，计算得到的结果为如图 10-11 所示。

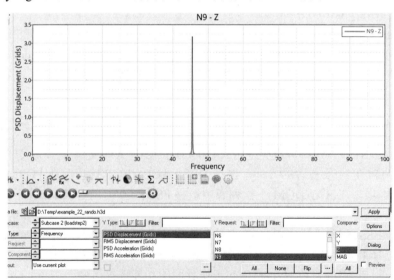

图 10-11　不考虑阻尼时的结点位移谱

单击 Coordinate Info 图标，查看详细的位移谱信息，如图 10-12 所示。

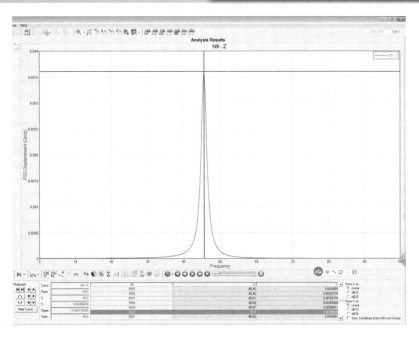

图 10-12　查看结点位移谱的详细信息

10.5.3　探究训练

(1)　重新划分网格，施加集中力，查看计算结果。

(2)　设置不同的 Rayleigh 阻尼值 ALPHA1、ALPHA2，查看计算结果的不同。

10.6　板受力后的疲劳寿命分析

针对已有的有限元模型 sn_cclip.hm，求解疲劳寿命。

10.6.1　问题分析

本例题是 OptiStruct 动力学分析的例题。本例题主要是演示进行随机响应分析的步骤。分析类型选择 Fatigue。单位为 mm、s、10^3kg、N。

10.6.2　有限元分析过程

1. 选择求解器

进入 HyperMesh 界面，选择求解器为 OptiStruct。

2. 导入有限元模型

打开 sn_cclip.hm 文件。查看模型信息、材料属性、单元属性、component、SPC、FORCE、

load step。

3. 设置载荷步

(1) 查看模型树中已经定义好的名称为 TABFAT 的 curve，曲线中有 25 个数值。

(2) 通过 FATLOAD 将时间历程曲线与载荷相关联。

创建 Load Collector 对象，在对话框中选择 Card Image 下拉列表框中的 FATLOAD 选项，修改名称为 FATLOAD。单击 TID 选项右边的 Curve 按钮，在弹出的菜单中选择 TABFAT 曲线。单击 LCID 选项右边的 Loadstep 按钮，在弹出的菜单中选择已经定义好的 Force 分析步。在 LDM 文本框中输入 1，在 SCALE 文本框中输入 4。

(3) 创建 FATEVENT 卡片，和疲劳载荷关联。

创建 Load Collector 对象，修改命名为 FATEVENT。在对话框中选择 Card Image 下拉列表框中的 FATEVENT 选项，在 FATEVENT_NUM_FLOAD 文本框中输入 1，单击 FLOAD 选项右边的 Loadcol 按钮，选择上面定义的 FATLOAD。

(4) 创建 FATSEQ 卡片，定义疲劳序列。

创建 Load Collector 对象，修改命名为 FATSEQ。在对话框中选择 Card Image 下拉列表框中的 FATSEQ 选项，单击 FID 选项右边的 Loadcol 按钮，选择上面定义的 FATEVENT。

(5) 创建 FATPARM 卡片，定义疲劳求解参数。

创建 Load Collector 对象，修改命名为 FATPARM。在对话框中选择 Card Image 下拉列表框中的 FATPARM 选项，在 STRESS 选项下面的 COMBINE 下拉列表框中选择 ABSMAXPR 选项。在 UCORRECT 下拉列表框中，选择 GOODMAN 选项。单击 CERTNTY 对话框，在 SURVCERT 文本框中输入 0.5。

使用的寿命分析方法是带符号的 ABSMAXPR 应力法，GOODMAN 平均应力修正法。应力的单位是 MPa，雨流计数法的类型是 LOAD，基于 SN 曲线的确定性是 50%。

(6) 修改材料属性，添加疲劳参数。

在模型树中单击 steel 材料，单击对话框中的 MATFAT 选项右边的方框。在展开的对话框中，UNIT 选项选择 MPA，在 YS 文本框中输入 600，在 UTS 文本框中输入 600。单击 SN 选项右边的方框，在 SRT1 文本框中输入 8948.0，在 B1 文本框中输入-0.2，在 NC1 文本框中输入 2.0+8，在 B2 文本框中输入 0.0，在 FL 文本框中输入 0.0，在 SE 文本框中输入 0.05。

(7) 定义 PFAT。

创建 Load Collector 对象，修改命名为 PFAT。在对话框中选择 Card Image 下拉列表框中的 PFAT 选项，将 LAYER 下拉列表框中的 WORST 选项更改为 TOP 选项。

(8) 定义 FATDEF，与 PFAT 关联。

创建 Load Collector 对象，修改命名为 FATDEF，在对话框中选择 Card Image 下拉列表框中的 FATDEF 选项。单击对话框中的 PTYPE 选项右边的方框，在展开的对话框中，单击 PSHELL 选项右边的方框。单击 PID 右边的 Property 按钮，选择 shells，单击 PFATID 右边的 Loadcol 按钮，选择上面定义的 PFAT。

4. 输出控制

定义 Load Step 对象，选择分析类型为 Fatigue 选项，修改名称为 fatigue，分别设置 FATDEF、FATPARAM、FATSEQ。

5. 提交分析

在 HyperMesh 工作界面的功能选择区中选中 Analysis 单选按钮,在出现的命令面板中单击 OptiStruct 按钮,在弹出的界面中输出选项更改为 all,单击 OptiStruct 按钮来运行。

6. 查看结果

返回在命令面板中单击 OptiStruct 按钮弹出的界面单击 HyperView 按钮,进入后处理界面可以在左侧的 Results 菜单中选择 subcase2(fatigue),在结果视图界面的 Results type 下拉列表框中选择 Life(s)选项来查看寿命。

10.6.3 探究训练

(1) 使用不同的应力法、平均应力修正法、应力的单位、基于 SN 曲线的确定性来重新分析,查看疲劳寿命的不同。

(2) 改变载荷,查看对疲劳寿命的影响。

10.7 钢支架疲劳寿命分析

问题描述:
针对所提供的 sn_carm.hm 文件,分析疲劳寿命。

10.7.1 问题分析

本例题是 OptiStruct 动力学分析的例题。本例题主要是演示进行随机响应分析的步骤。分析类型选择 Fatigue,单位为 mm、s、10^3kg、N。

10.7.2 有限元分析过程

1. 选择求解器

进入 HyperMesh 界面,选择求解器为 OptiStruct。

2. 创建有限元模型

打开 sn_carm.hm 文件。

1) 创建材料属性

创建材料,在左下方的对话框中填入杨氏模量 E=210e3,泊松比 NU=0.3,更改名称为 steel,同样建立材料 aluminium,E=70e3,泊松比 NU=0.3。

2) 创建单元属性

创建单元出现,修改 property 的名称为 Steel,在左下方的对话框中,选择 Card Image 下拉菜单中的 PSOLID 选项,单击 Material 按钮,选择上述定义材料 steel,同样定义属性

aluminium。

3）创建 component，选择材料和属性

单击支座 component，修改名称为 Steel。在左下方的界面中，单击 Property 按钮，选择 Steel。同样，单击支架 component，选择属性 aluminium。

4）创建约束和载荷

右击 Model Browser，在弹出的快捷菜单中选择 Create→Load Collector 命令，修改名称为 SPC。在系统菜单中选择 BCs→Create→Constraints 命令，单击 nodes 按钮，选择 2 个支座的圆心，结点 1、2、3、4、5、6 全部约束。

创建 Load Collector 对象，修改名称为 force1。在菜单栏中选择 BCs→Create→Force 命令。选择单独 1 个支座的圆心上面的结点，沿 *x*-axis 施加-100000，同样创建 force2，沿 *z* 轴施加-200000(N)。

3．设置载荷步

创建静力学载荷步，选择分析类型为 Linear Static 选项，分别创建分析步 loadstep1 和 loadstep2。在 loadstep1 中选择约束和载荷为 SPC 和 force1，在 loadstep2 中选择约束和载荷为 SPC 和 force2。

4．定义疲劳分析相关参数，输出控制

1）创建 TABFAT 卡来表征时间历程曲线

创建两个 Curve，名称为 table1 和 table2。将 Card Image 选项更改为 TABFAT，将 load1.csv 的数据复制到 table1 中，将 load2.csv 中的数据复制到 table2 中。

2）通过 FATLOAD 将时间历程曲线与载荷相关联

创建 Load Collector 选项，在对话框中选择 Card Image 下拉列表框中的 FATLOAD 选项，修改名称为 FATLOAD1。单击 TID 选项右边的 Curve 按钮，在弹出的菜单中选择 table1 曲线。单击 LCID 选项右边的 Loadstep 按钮，在弹出的菜单中选择已经定义好的 loadstep1 分析步。单击 LDM 文本框中输入 1，在 SCALE 文本框中输入 3。同样定义 FATLOAD2。TID 选项选择曲线 table2，LCID 选项选择 loadstep2 分析步，在 LDM 文本框中输入 1，在 SCALE 文本框中输入 3。

3）创建 FATEVENT 卡片，和疲劳载荷关联

创建 Load Collector 对象，修改命名为 FATEVENT。在对话框中选择 Card Image 下拉列表框中的 FATEVENT 选项，在 FATEVENT_NUM_FLOAD 文本框中输入 2。单击 FLOAD 选项右边的 Loadcol 按钮，选择上面定义的 FATLOAD，设置第一个为 FATLOAD1，第二个为 FATLOAD2。

4）创建 FATSEQ 卡片，定义疲劳序列

创建 Load Collector 对象，修改命名为 FATSEQ。在对话框中选择 Card Image 下拉列表框中的 FATSEQ 选项，单击 FID 选项右边的 Loadcol 按钮，选择上面定义的 FATEVENT。

5）创建 FATPARM 卡片，定义疲劳求解参数

创建 Load Collector 对象，修改命名为 FATPARM。在对话框中选择 Card Image 下拉列表框中的 FATPARM 选项，在 STRESS 选项下面的 COMBINE 下拉列表框中选择 SGVON 选项。在 UCORRECT 下拉列表框中选择 GERBER 选项。单击 CERTNTY 对话框，在

SURVCERT 文本框中输入 0.5。

使用的寿命分析方法是带符号的 von Mises 应力法、gerber 平均应力修正法，应力的单位是 MPa，雨流计数法的类型是 LOAD，基于 SN 曲线的确定性是 50%。

6) 修改材料属性，添加疲劳参数

在模型树中单击 aluminium 材料，单击对话框中的 MATFAT 选项右边的方框，在展开的对话框中，UNIT 选项选择 MPA，在 UTS 文本框中输入 600。单击 SN 选项右边的方框，在 SRT1 文本框中输入 1420.58，在 B1 文本框中输入-0.076，在 NC1 文本框中输入 5.0+8，在 B2 文本框中输入 0.0，在 FL 文本框中输入 0.0，在 SE 文本框中输入 0.1。

7) 定义 PFAT

创建 Load Collector 对象，修改命名为 PFAT。在对话框中选择 Card Image 下拉列表框中的 PFAT 选项，将 LAYER 下拉列表框中的 WORST 选项更改为 TOP 选项。

8) 定义 FATDEF，与 PFAT 关联

创建 Load Collector 对象，修改命名为 FATDEF。在对话框中选择 Card Image 下拉列表框中的 FATDEF 选项，单击对话框中的 PTYPE 选项右边的方框。在展开的对话框中，单击 PSOLID 选项右边的方框，单击 PID 右边的 Property 按钮，选择 aluminium。单击 PFATID 右边的 Loadcol 按钮，选择上面定义的 PFAT。

9) 输出控制

定义 Load Step 对象，选择分析类型为 Fatigue 选项，修改名称为 fatigue，分别设置 FATDEF、FATPARAM、FATSEQ。

5. 提交计算

在 HyperMesh 工作界面的功能选择区中选中 Analysis 单选按钮，在出现的命令面板中单击 OptiStruct 按钮，在弹出的界面中将输出选项更改为 all，单击 OptiStruct 按钮来运行。

6. 查看结果

返回在命令面板中单击 OptiStruct 按钮弹出的界面，单击 HyperView 按钮，进入后处理界面。可以在左侧的 Results 菜单中选择 subcase2(fatigue)，在结果视图界面的 Results type 下拉列表框中选择 Life(s)选项来查看寿命。

10.7.3　探究训练

(1) 使用不同的应力法、平均应力修正法、应力的单位、基于 SN 曲线的确定性来重新分析，查看疲劳寿命的不同。

(2) 使用 EN 曲线来求解疲劳寿命。在模型树中单击 aluminium 材料，单击对话框中的 MATFAT 选项右边的方框。在展开的对话框中，UNIT 选项选择 MPA，在 UTS 文本框中输入 600，单击 EN 选项右边的方框，在 SF 文本框中输入 1002，在 B 文本框中输入-0.095，在 C 文本框中输入-0.69，在 EF 文本框中输入 0.35，在 NP 文本框中输入 0.11，在 KP 文本框中输入 966，在 NC 文本框中输入 2E8，在 SEE 文本框中输入 0.1，在 SEP 文本框中输入 0.1。

(3) 施加不同的载荷，查看疲劳寿命的变化。

第 11 章　非线性有限元问题的分类与一般解法

在实际的工程结构分析中，大多数问题都可能涉及非线性的，线弹性问题一般是对工程问题中的非线性进行简化后的处理方法。一些强非线性的问题简化后按照线弹性问题处理，其结果与实际问题误差较大，必须进行非线性分析。因此，本章对非线性有限元问题的分类和一般解法进行简单介绍。

11.1　引　言

在前面进行线性有限元分析中作了以下假设。

① 小变形。

② 线弹性。

③ 在加载中边界条件不变化。

由此，得静力学有限元方程

$$K\delta = P \tag{11-1}$$

该方程为线性方程，P 为 δ 的线性函数，即载荷为 P 时产生的位移为 δ，当载荷为 αP 时，产生的位移为 $\alpha\delta$。

而在非线性结构分析中，该情况不成立。

假设①、②、③是在方程(9-1)中体现的呢？

(1) 在计算单元刚度矩阵 $K^{(e)} = \iiint\limits_V B^{\mathrm{T}}DB\mathrm{d}V$ 时，积分是在单元的初始体积内完成的(将结构变形后的平衡状态用变形前的平衡状态加以描述)。这主要是基于小变形假设。

(2) 每个单元的应变-位移关系为 $\varepsilon = \underset{\text{(应变矩阵)}}{B}\delta^{(e)}$　$(\varepsilon = \nabla u)$，式中 B 与单元结点位移无关(线性应变矩阵)。这同样是基于小变形假设。

(3) 应力-应变关系为 $\sigma = D\varepsilon$，式中 D 为常数矩阵(与应变无关)，这是基于线弹性假设。

(4) 边界约束条件在加载中保持不变。

如果在加载中位移边界条件发生改变，比如某个方向原来处于自由的自由度，在一定的载荷水平下成为被约束自由度，那么系统响应在边界条件变化前是线性的。这种情况在接触分析中出现。

显然，如果不满足上述①、②、③假设，那么结构系统的力学行为将出现非线性。

11.2　非线性问题的分类

1. 非线性问题的三种类型

非线性问题一般分为三类。

1)　材料非线性

在材料非线性时，材料的本构方程为 $\sigma=\boldsymbol{D}(\varepsilon)\boldsymbol{\varepsilon}$，在单向应力状态下，$\sigma=E(\varepsilon)\varepsilon$。

2)　几何非线性

几何非线性可能与大应变、大旋转、大变形有关。

几何非线性考虑到几何横截面可能因为大变形而改变(在线性静态分析中，横截面被认为是恒定的)。几何屈曲也可能导致大位移，其特征是承受高压缩应力的结构构件突然失效，此时失效点的实际压缩应力小于材料所能承受的极限压缩应力。

在几何非线性时，几何方程为

$$\boldsymbol{\varepsilon} = \boldsymbol{B}(\delta)\boldsymbol{\delta}^{(e)}$$

式中，$\boldsymbol{B}(\delta)$ 为非线性应变矩阵。

几何非线性包括三种情况：①大位移(大转动)，小应变；②大位移(大转动)，有限应变；③大应变(有限应变)。

3)　接触非线性(边界非线性、状态非线性)

当有限元模型中的边界条件在分析过程中发生变化时，就会出现边界非线性。随着分析的进行，由于边界非线性，边界条件可以添加到模型中或从模型中移除。这种非线性通常涉及模型中的接触集，作为对施加载荷的响应，这些接触集可以接合或脱离。通过接触对的载荷传递机制是一种复杂的现象。有限元软件中典型的接触算法流程如下。

通过测量形成接触对的表面上的结点之间的距离，来检查接触面的开放或封闭。如果触点闭合，就向接触的结点施加反作用力，以防止它们相互穿透。如果一个触点断开，那么这些结点之间没有负载传递。施加到结点上的反作用力是基于接触集中每个表面的材料刚度来计算的。由于通过触点组的负载传递不是恒定的，并且需要连续检查以便确定触点的打开或关闭状态，因此该分析不能由线性静态分析代码来处理。通过不断地检查接触集中的结点的打开或关闭状态，可以获得更准确的结果。

有两种方法来处理接触：惩罚方法和拉格朗日乘数法。惩罚方法是显式软件中常用的方法，拉格朗日乘数法用于特殊情况的研究。

使用惩罚方法基于界面的主-从处理。接触只能发生在一组从结点和一组主段之间。主线段是根据它们所在的元素类型来定义的。如果是 3 结点或 4 结点壳，线段就是元素的曲面。如果是实体元素，那么线段被定义为面。如果是 2D 实体元素(四边形)，那么线段是边。

与惩罚方法相反，拉格朗日乘数法是纯粹的数学方法，不需要物理元件(弹簧)来模拟接触。求解非线性方程组以便说明接触条件。因此，不会因为较高的界面刚度而导致时间步长崩溃。但由于方程组需要由非线性求解器求解，因此需要更多的 CPU 时间来执行计算。

下面是非线性分析的分类，如表 11-1 所示。

用如图 11-1 所示的例子来说明各类非线性，图中的结构承受载荷为 P，产生变形为 δ，求 P 与 δ 的关系。

表 11-1　非线性分析的分类

分析分类	说明	使用列式	应力和应变表示
材料非线性	小位移、小应变；应力-应变关系非线性	材料非线性：MNO	工程应力和应变
大位移(或大转动)但小应变	纤维的位移和转动量大，但纤维伸长和角变形是小的；应力-应变关系可能是线性或非线性	全量：完全拉格朗日列式法 增量：更新拉格朗日列式法	第二类皮奥拉-基尔霍夫应力 格林-拉格朗日应变 柯西应力 阿尔曼西应变
大位移(或大转动)和大应变	纤维间的伸长和角度变化量大，纤维位移和转动也可能大；应力-应变关系既可以线性也可以非线性	全量：完全拉格朗日列式法 增量：更新拉格朗日列式法	第二类皮奥拉-基尔霍夫应力 格林-拉格朗日应变 柯西应力 对数应变
接触非线性	在加载中边界条件发生改变	与其他组合出现	与其他组合出现

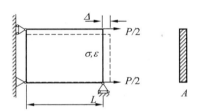

图 11-1　结构承受载荷 P 下的变形

2. 几种非线性问题的求解

1)　弹性(小位移，小应变)

首先，查看使用弹性力学的方法如何求解。

应力为 $\sigma=P/A$。

应变为 $\varepsilon=\sigma/E=P/EA$。

位移为 $\Delta=\varepsilon L=PL/EA$ 或者 $P=\Delta*EA/L$。

或 $P=K*\Delta$，其中，$K=EA/L$。

很明显，此时力与位移之间为线性关系，如图 11-2 所示。

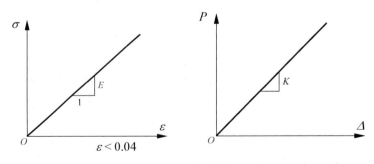

图 11-2　小变形下的应力应变关系以及力与位移的关系

2)　材料非线性(小位移、小应变，应力-应变非线性)

接着，如图 11-3 所示，查看在材料非线性情况下的求解方法。

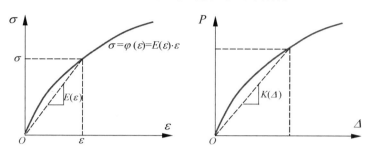

图 11-3　材料非线性下的应力应变关系以及力与位移的关系

此时应力为$\sigma=P/A$。

由于应力与应变之间的非线性关系，因此，应变的表达式为$\varepsilon=\sigma/E(\varepsilon)$。

位移为$\Delta=\varepsilon L=PL/E(\varepsilon)A=PL/E(\Delta/L)A$。

或$P=K(\Delta)*\Delta$，其中，$K(\Delta)=E(\Delta/L)A/L$。

显然，此时力与位移之间为非线性关系。

3)　几何非线性(大位移或大转动，小应变、线弹性)

考查如图 11-4 所示几何非线性的情况，几何非线性包括小应变大变形和大应变大变形两种情况。下面以大位移或大转动，小应变、线弹性为例来说明几何非线性。此时位移或者转动较大，但应变较小，材料仍然为线弹性。

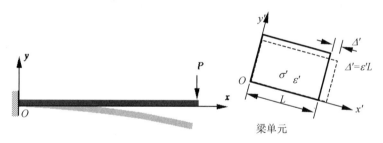

图 11-4　考虑几何非线性的悬臂梁受力

在局部坐标 $x'y'$ 中，梁单元刚度矩阵为

$$K'^{(e)}=\iiint_{V}B^{\mathrm{T}}DB\mathrm{d}V'$$

在整体坐标 xy 中，梁单元刚度矩阵为

$$K(\delta)^{(e)}=T(\delta)^{\mathrm{T}}K'^{(e)}T(\delta)$$

式中，δ为单元结点位移(含转角)。

最终梁结构有限元方程为

$$K(\delta)\delta=P$$

4)　边界条件非线性(接触非线性)

在实际的结构分析中，边界条件非线性是经常出现的问题。以图 11-5 为例来说明。

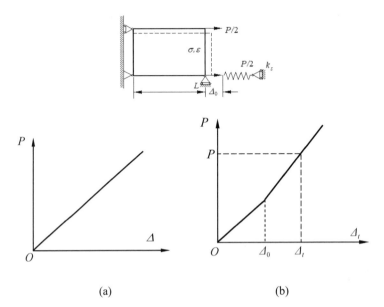

图 11-5 接触非线性

当 $\Delta_t \leqslant \Delta_0$ 时，如图 11-5(a)所示的关系式为

$$\frac{EA}{L}\Delta_t = P$$

当 $\Delta_t \leqslant \Delta_0$ 时，如图 11-5(b)所示的关系式为

$$\frac{EA}{L}\Delta_t + k_s\left(\Delta_t - \Delta_0\right) = P$$

$$\left(\frac{EA}{L} + k_s - \frac{\Delta_0}{\Delta_t}\right)\Delta_t = P$$

$$K\left(\Delta_t\right) \cdot \Delta_t = P$$

这种接触非线性同时也可以在几何非线性或材料非线性中出现。

对于实际工程问题，首先分析研究对象的物理现象属于何种性质，然后确定分析类型。当然，选择最一般的大位移、大转动、大应变、材料非线性和边界非线性总是正确的，但计算成本太高，显然无必要。

11.3 非线性问题的一般解法

虽然非线性有限元问题是多种多样的，但是最终均可写成以下的非线性方程组：

$$K(\delta)\delta = P$$

如何求解上述非线性方程组，是本节重点。下面以材料非线性问题为例，说明在有限元法中如何求解非线性方程。

当材料应力-应变关系是非线性时，结构整体平衡方程可以写成非线性方程组

$$\psi(\delta) = K(\delta)\delta - P = 0 \tag{11-2}$$

需要注意的是，上式中的刚度矩阵不是常数，而与变形有关。

求解非线性问题的方法可以分为三类，即增量法、迭代法和混合法。下面分别叙述这几种方法。

11.3.1　增量法

增量法的基本原理如图 11-6 所示，其基本过程如下。

(1) 载荷划分为许多增量，这些增量可以不等。

$$\Delta P_i \quad (i=1,2,\cdots,m)$$

$$P = \sum_{i=1}^{m} \Delta P_i$$

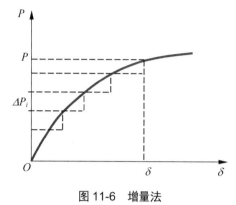

图 11-6　增量法

(2) 逐步施加载荷增量，逐步求解。在每一步计算中，将刚度矩阵 $K(\delta)$ 处理为常数(近似处理为线性化)。在不同的载荷步中，刚度矩阵具有不同的值。

由 ΔP_i 线性化

$$\Delta \delta_i \to \Delta \varepsilon_i \to \Delta \sigma_i \Rightarrow \delta = \sum_{i=1}^{m} \Delta \delta_i, \sigma = \sum_{i=1}^{m} \Delta \delta \sigma_i$$

增量法是用一系列线性问题去近似非线性问题，或用分段线性的折线去代替非线性曲线的方法。

由载荷增量 ΔP_i 计算位移增量 $\Delta \delta_i$ 主要有始点刚度法和中点刚度法两种。

1. 始点刚度法

设第 i-1 步末的变量 δ_{i-1} 已经求出，则对应第 i-1 步末的刚度矩阵为

$$K_{i-1} = K\left(\delta_{i-1}\right)$$

假设在第 i 步内刚度矩阵保持不变，并近似为 K_{i-1}，于是由下列方程可以计算第 i 步时位移增量 $\Delta \delta_i$

$$K_{i-1}\Delta \delta_i = \Delta P_i (i=1,2,3,\cdots,m) \tag{11-3}$$

式中，K_{i-1} 是由如图 11-7 所示曲线的第 i 步始点计算的，故称为始点刚度法。

该方法计算较为简单，但计算精度较低。

2. 中点刚度法

为了提高计算精度，一个自然的想法是在每步计算中采用平均刚度，即先用 K_{i-1} 计算初步 $\Delta \delta_i^* \to \delta_i^*$，再由初步 δ_i^* 计算第 i 步末的刚度矩阵 K_i，由此可以计算第 i 步的平均刚度矩阵如下：

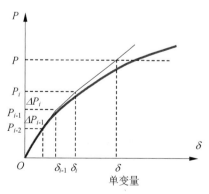

图 11-7　始点刚度法

$$\overline{K}_i = \frac{1}{2}(K_{i-1} + K_i) \tag{a}$$

然后由下式计算出第 i 步的位移增量

$$\overline{K}_i \Delta \delta_i = \Delta P_i \tag{b}$$

上述计算精度提高了，但从(a)式可知，需要增加计算机的存储量。因此采用下述中点刚度法更为合适。

(1) 首先施加载荷增量的一半 $\frac{1}{2}\Delta P_i$。

(2) 用第 $i-1$ 步末的 K_{i-1} 计算临时位移增量 $\Delta \delta^*_{i-\frac{1}{2}}$，即

$$K_{i-1}\Delta \delta^*_{i-\frac{1}{2}} = \frac{1}{2}\Delta P_i$$

进一步可以设中点位移

$$\delta^*_{i-\frac{1}{2}} = \delta_{i-1} + \Delta \delta^*_{i-\frac{1}{2}}$$

由中点位移可以算出 $K_{i-\frac{1}{2}}$，再由下式计算第 i 步的位移增量

$$K_{i-\frac{1}{2}}\Delta \delta_i = \Delta P_i \tag{11-4}$$

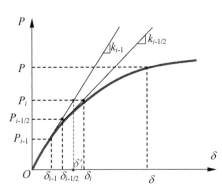

由图 11-8 可以看出中点刚度法与始点刚度法的区别。图中的 δ_i 是采用中点刚度法算得的位移，δ'_i 则是采用始点刚度法所算得的位移。

图 11-8　中点刚度法与始点刚度法的区别

11.3.2　迭代法

用迭代法求解非线性问题时，一次施加全部载荷，然后逐步调整位移，使以下基本方程得到满足

$$\psi(\delta) = K(\delta)\delta - P = 0$$

1. 直接迭代法

先给初始近似解 δ_o(例如 $\delta_o = 0$)，可以求出 $K(\delta_o) = K_o$，则由基本方程可以求得第一个改进的近似解。

$$\delta_1 = K_o^{-1}P$$

重复这样的过程，从第 n 次近似解求第 $n+1$ 次近似解的公式为

$$\begin{cases} K_n = K(\delta_n) \\ \delta_{n+1} = K_n^{-1}P \end{cases} \tag{11-5}$$

直至前后两次计算结果充分接近为止。

迭代法存在着收敛的问题。一般情况下，如果满足一定的收敛准则，就认为迭代成功。收敛准则既可以是根据位移的误差，也可以根据力的误差。收敛准则一般是以位移误差的范数的形式来表示

$$\|\Delta\boldsymbol{\delta}\| = \sqrt{\Delta\boldsymbol{\delta}^{\mathrm{T}}\Delta\boldsymbol{\delta}} \leqslant \alpha\|\boldsymbol{\delta}_n\|$$

式中，α 为给定的很小的数。

或以失衡力误差的范数来表示，由于 $\boldsymbol{\delta}_n$ 并非真正的位移值，所以失衡力始终存在。失衡力的表达式为

$$\boldsymbol{\psi}(\boldsymbol{\delta}_n) = \boldsymbol{K}(\boldsymbol{\delta}_n)\boldsymbol{\delta}_n - \boldsymbol{P} \neq 0$$

对应的收敛准则为

$$\|\boldsymbol{\psi}(\boldsymbol{\delta}_n)\| \leqslant \beta\|\boldsymbol{P}\|$$

式中，β 为给定的很小的数。

单变量直接迭代法的计算过程如图 11-9 所示。直接迭代法每步采用的都是割线刚度矩阵 $\boldsymbol{K}_n$。

2. 牛顿法(或牛顿-拉夫逊法)

考虑单变量 x 的非线性(函数)方程
$$f(x) = 0$$
在 x_0 点做泰勒展开，得
$$f(x_0) = 0$$
在 x_0 附近的线性化的近似方程
$$f(x_0) + f'(x_0)(x - x_0) = 0$$
由此可以解得

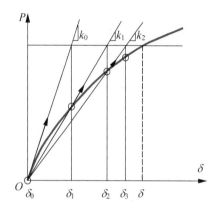

图 11-9　直接迭代法的计算过程

$$x_1 = x_0 - \frac{f(x_0)}{f'(x_0)}$$

是 $f(x) = 0$ 的第 1 次近似解。

重复上述过程，得到 $f(x) = 0$ 的第 $n+1$ 次近似解

$$x_{n+1} = x_n - \frac{f(x_n)}{f'(x_n)}$$

即为著名的牛顿-拉夫逊法，如图 11-10 所示。

对于要求解的非线性方程组
$$\boldsymbol{\psi}(\boldsymbol{\delta}) = \boldsymbol{K}(\boldsymbol{\delta})\boldsymbol{\delta} - \boldsymbol{P} = 0$$
设 $\boldsymbol{\delta}_n$ 是上式第 n 次近似解，由牛顿法

$$\boldsymbol{\psi}_n + \left(\frac{\partial\boldsymbol{\psi}}{\partial\boldsymbol{\delta}}\right)_n(\boldsymbol{\delta} - \boldsymbol{\delta}_n) = 0$$

或

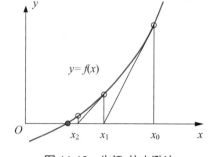

图 11-10　牛顿-拉夫逊法

$$\boldsymbol{\psi}_n + \boldsymbol{K}_n^t(\boldsymbol{\delta} - \boldsymbol{\delta}_n) = 0$$

由此可以解得第 $n+1$ 次近似解如下
$$\boldsymbol{\delta}_{n+1} = \boldsymbol{\delta}_n - \boldsymbol{K}_n^{t-1}\boldsymbol{\psi}_n \tag{11-6}$$

式中，$\boldsymbol{K}_n^t$ 为切线刚度矩阵。

对单变量情况，如图 11-11 所示为牛顿法的收敛情况。

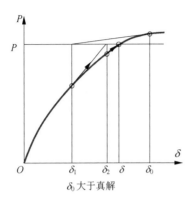
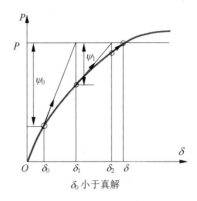

图 11-11　牛顿法的收敛情况

一般说来，牛顿法的收敛性较好，但如果矩阵 K_n^t 病态，那么其逆矩阵不存在，求解将失败。为了克服这个困难，可以引进阻尼因子 μ^n，使病态减弱，这时可以用下式进行迭代

$$\delta_{n+1} = \delta_n - \left(K_n^t + \mu^n I\right)^{-1} \psi_n \tag{11-7}$$

其中，I 为单位矩阵。

牛顿法的收敛性准则与直接迭代法相同。

牛顿法和直接迭代法求解时，在每一步迭代中都必须重新计算 K_n^t 或 K_n，并求其逆。所以这两种方法又称为变刚度法。

3. 修正牛顿法

对于大型问题，形成刚度矩阵并求逆是很费时间的。牛顿法在每次迭代中都要重新建立刚度矩阵并求逆，显然这种方法的计算成本较高。

如果只在第一次迭代时建立刚度矩阵 K_n^t 并求其逆 $(K_n^t)^{-1}$，在以后各次迭代中都用这个逆矩阵进行计算，那么第 n 步迭代公式成为

$$\delta_{n+1} = \delta_n - (K_n^t)^{-1} \psi_n \tag{11-8}$$

这种方法称为修正牛顿法，求解过程如图 11-12 所示。

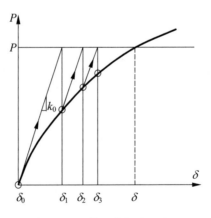

图 11-12　修正牛顿法示意

修正牛顿法在每次迭代中不用求解刚度矩阵及其逆矩阵，计算时间减少，但收敛速度有

所下降。

11.3.3 混合法

混合法同时利用了增量法和迭代法，把载荷划分为较少的几个增量，对每个载荷增量进行迭代计算，如图 11-13 所示。

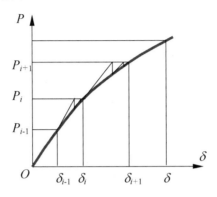

图 11-13 混合法示意

比较以上三种方法，增量法的适用范围广、通用性强，可以给出载荷-位移过程曲线，但是与迭代法相比，计算时间较长。另外，无法确定近似解与真解相差多少，即计算精度无法控制。迭代法的计算量比增量法少，对计算精度可以控制，但是不能给出载荷-位移过程曲线，适用范围小，例如当材料特性与加载路径有关时，以及动力学问题，迭代法均不能使用。混合法在一定的程度上包含了增量法和迭代法的优点，并避免了两者的缺点，减少了对每个载荷增量的计算。由于进行迭代，所以可以估计近似程度，但计算量仍然较大。

第12章　材料非线性有限元分析

所有工程材料本质上都是非线性的，因此用一个单一的本构定律来描述一种非线性材料在载荷、温度和变形率等整个环境条件下的特性是不可行的。我们可以理想化或简化材料行为，只考虑某些对分析很重要的影响因素。线弹性材料假设是所有假设中最简单的。如果变形是可恢复的，那么材料是非线性弹性的。如果变形是不可恢复的，那么材料是塑性的。如果温度对材料性能的影响很重要，那么应该通过热弹性和热塑性适当地考虑机械和热行为之间的耦合。如果应变率对材料有显著影响，就必须考虑黏弹性和黏塑性理论。

在非线性问题中，经常涉及材料的塑性变形和破坏等，因此，材料非线性是非线性问题中常常遇到的。

12.1　材料本构关系

12.1.1　线弹性

对于单向应力状态，根据胡克定律，应力和应变的关系为

$$\sigma = E\varepsilon \tag{12-1}$$

由图 12-1 可以看出，此时应力-应变为线性关系，即在材料承受载荷时，加载与卸载的曲线完全重合（$\sigma = 0$ 时，$\varepsilon = 0$）。

对于多向应力，根据广义胡克定律

$$\boldsymbol{\sigma} = \boldsymbol{D}\boldsymbol{\varepsilon}$$

式中，$\boldsymbol{D}_{6\times6} = \boldsymbol{D}(E,\mu)_{6\times6}$ 为弹性矩阵，其参数均为常数。

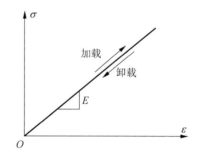

图 12-1　应力-应变线性关系

12.1.2　非线性弹性

在非线性情况下，材料的应力和应变之间的关系不是线性的。对单向应力状态，其表达式为

$$\sigma = \varphi(\varepsilon) = E_s(\varepsilon)\varepsilon \tag{12-2}$$

即应力和应变呈非线性。但是，加载与卸载曲线重合（$\sigma = 0$ 时，$\varepsilon = 0$），如图 12-2 所示。

对于多向应力状态

$$\boldsymbol{\sigma} = \boldsymbol{D}_s(\varepsilon)\boldsymbol{\varepsilon} \tag{12-3}$$

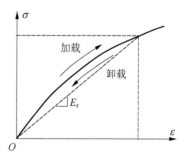

图 12-2　应力-应变非线性关系

式中 $\boldsymbol{D}_s(\varepsilon)$ 是 6×6 矩阵，与线弹性矩阵 $\boldsymbol{D}$ 的结构形式相同，但其中的元素不是常数，而是与应变 ε 或应力 σ 相关的函数。

从单向应力情况的应力-应变曲线不难发现，E_s 为割线杨氏模量。因此 $\boldsymbol{D}_s$ 也称为非线性弹性割线弹性矩阵。

在工程计算中，有时需要增量形式的本构方程

$$\mathrm{d}\sigma = E_t(\varepsilon)\mathrm{d}\varepsilon \tag{12-4}$$

或

$$\mathrm{d}\sigma = \boldsymbol{D}_t(\varepsilon)\mathrm{d}\varepsilon \tag{12-5}$$

式中，E_t 为切线杨氏模量，如图 12-3 所示，$\boldsymbol{D}_t(\varepsilon)$ 为切线弹性矩阵。

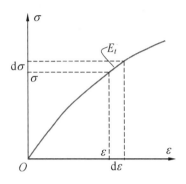

图 12-3　切线杨氏模量

对线弹性情况，有

$$E_s \equiv E_t \equiv E$$
$$\boldsymbol{D}_s \equiv \boldsymbol{D}_t \equiv \boldsymbol{D}$$

12.1.3　弹塑性

一般金属材料的单向拉伸应力-应变实验曲线如图 12-4 所示。

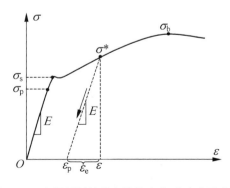

图 12-4　金属材料的单向拉伸应力-应变实验曲线

在曲线中，$\sigma < \sigma_p$ 部分为线弹性，$\sigma < \sigma_s$ 为非线性弹性。当 $\sigma < \sigma_s$ 时，产生屈服流动，当 $\sigma < \sigma_s$ 时，材料产生强化(硬化)。当 $\sigma < \sigma_b$ 时，材料破坏(强度极限)。

加载时，$\sigma=\sigma^* > \sigma_s$ 后开始卸载，轨迹为 E 直线。重新加载，当 $\sigma=\sigma^*$ 时，重新开始屈服(材料屈服极限提高了)，这种现象称为材料硬化(强化)效应。$\sigma=\sigma^*$ 称为后继屈服。完全卸载后 $\sigma=0$，弹性变形 $\varepsilon_e=0$，塑性变形 $\varepsilon_p \neq 0$。

实验表明，如果材料从塑性段某点卸载到应力为零点后反向加载，应力在低于初始屈服极限 σ_s 数值时，就开始屈服，这种现象称为包辛格效应。这说明，弹塑性材料特性与变形历史有关(加载路径有关)，即具有历史相关性和路径相关性。由于加载与卸载时，材料服从不同规律，所以导致材料应力-应变关系表达式较为复杂，一般以增量形式给出($d\sigma \sim d\varepsilon$)。

下面讲述硬化材料的屈服准则(材料硬化规律)。初始屈服准则为 $\sigma=\sigma_s$，后续屈服准则为 $\sigma=\sigma^*$。也就是说，当材料产生硬化后，屈服准则将发生变化，在变形过程的每个瞬时都有一个后续的屈服轨迹(屈服点)。后续屈服点(轨迹)的变化是很复杂的，它与材料的硬化规律有关。

1. 强化模型

有 6 种强化模型(规律)得到广泛应用，即各向同性强化模型、随动强化模型、线性强化模型、幂指数强化模型、理想塑性模型和刚塑性模型。下面分别加以叙述。

1) 各向同性强化模型

在这种模型中，材料硬化后仍然保持各向同性。硬化后屈服轨迹的中心位置和形状保持不变，只是大小随变形而同心地均匀扩大。显然，该模型不能反映包辛格效应。其应力-应变关系如图 12-5 所示。

2) 随动强化模型

该模型如图 12-6 所示，材料从塑性段的某点 $B(\sigma^*)$ 开始卸载，一旦降至 $2\sigma_s$，就认为材料开始反向屈服，以后按塑性加载段规律流动(沿与 AB 段一样的硬化曲线 $A'B'$ 流动，曲线 AB 与 $A'B'$ 间相距始终为 $2\sigma_s$)。材料在塑性变形方向屈服极限增长了，而在其相反方向屈服极限降低了。因此该模型能反映包辛格效应。随动强化模型认为后续屈服在塑性变形方向做刚性平行移动。

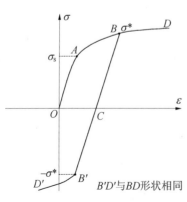

图 12-5　各向同性强化模型

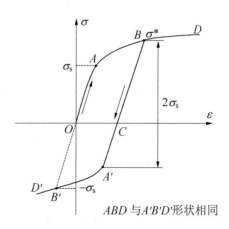

图 12-6　随动强化模型

3）　线性强化模型

这种模型以某个平均的直线段 *ABD* 代替塑性曲线段，如图 12-7 所示，有双线性模型、多段线性模型等形式。

4）　幂指数强化模型

在这种模型中，以某个平均幂指数曲线段 *ABD* 代替塑性曲线段，如图 12-8 所示。

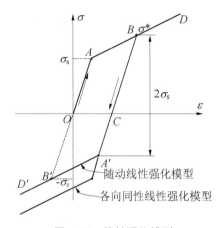

图 12-7　线性强化模型

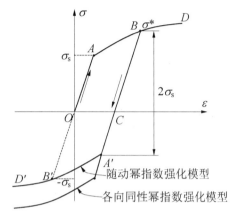

图 12-8　幂指数强化模型

5）　理想塑性模型和刚塑性模型

这两种模型分别如图 12-9 所示，均认为在屈服之前，应力应变关系是线性变化的，屈服后，应力不再随应变而变化。区别是刚塑性模型中，线性变化段的斜率为无穷大。

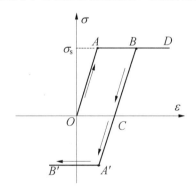

理想塑性模型

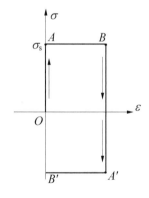

刚塑性模型(弹性变形很小，可不计)

图 12-9　理想塑性模型和刚塑性模型

对于上述材料的简化模型，为了分析问题方便，总希望给出应力-应变的数学描述(本构方程)。针对图 12-10 所示的两个模型，在加载情况下，可以写出两个材料模型的数学描述。

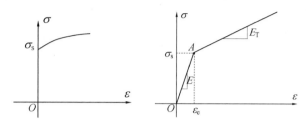

图 12-10　幂指数强化模型和线性强化模型

线性强化模型

$$
\begin{cases}
\sigma = E\varepsilon & (\sigma < \sigma_s) \\
\sigma = \sigma_s + E_T(\varepsilon - \varepsilon_e) = \dfrac{E - E_T}{E} + E_T\varepsilon & (\sigma > \sigma_s)
\end{cases}
\tag{12-6}
$$

幂指数强化模型

$$
\sigma = \sigma_s + p\varepsilon^n \tag{12-7}
$$

式中，p、n 为材料常数，或者称为应变强化系数。

上述的几种模型均在准静态实验数据的基础上获得。对非准静态实验，例如冲击实验，上述材料模型有所变化，如图 12-11 所示。

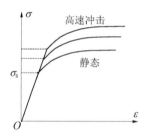

图 12-11　准静态和冲击下的应力应变曲线

由图 12-11 可以看出，材料本构关系受加载速度影响或受应变率影响。为了考虑应变率效应，以幂指数强化材料模型为例，对材料本构关系做以下修改

$$
\sigma = \beta(\sigma_s + p\varepsilon^n)
$$

式中：β 为 Cowper-Symonds 应变率乘子，且

$$
\beta = 1 + \left(\frac{\dot{\varepsilon}}{C}\right)^P \tag{12-8}
$$

其中，C、P 为 Cowper-Symonds 应变率系数。对低碳钢，$C=40/s$，$P=5$；对铝材 $C=6500/s$，$P=4$。

对于实际工程问题采用哪种模型，要根据具体材料和研究问题而定。

对于以上单轴加载情况(一维应力空间)，其弹塑性特性对初始屈服 ($\sigma = \sigma_s$)、后续屈服(材料的强化规律：各向同性强化、随动强化、线性强化、幂指数强化)和应力-应变关系(本构关系)的表征均很直观明确。

下面研究如图 12-12 所示的复杂应力状态下材料的弹塑性特性。

在复杂应力状态下(多维应力空间)，某点的应力状态由六个应力分量确定，即

$$\boldsymbol{\sigma} = \left\{ \sigma_x \sigma_y \sigma_z \tau_{xy} \tau_{yz} \tau_{zx} \right\}^{\mathrm{T}}$$

或应力张量

$$\boldsymbol{\sigma}_{ij} = \begin{bmatrix} \sigma_x & \tau_{xy} & \tau_{xz} \\ & \sigma_y & \tau_{yz} \\ & & \sigma_z \end{bmatrix}$$

复杂应力状态下材料的弹塑性特性同样包括了屈服准则、强化规律、应力-应变关系以及点的应力状态。

首先讨论点的应力状态。针对上面的应力张量 σ_{ij}，某一点的主应力求法如图 12-13 所示。

过该点可以找到三个相互垂直的主平面，在主平面上剪应力 $\tau = 0$。取三个应力主方向为坐标轴，则该点的应力状态为

$$\boldsymbol{\sigma}_{ij} = \begin{bmatrix} \sigma_1 & 0 & 0 \\ * & \sigma_2 & 0 \\ * & * & \sigma_3 \end{bmatrix}$$

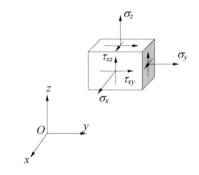

图 12-12　复杂应力状态下的材料特性分析

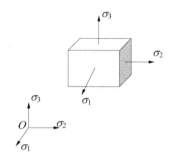

图 12-13　过某点的主应力

八面体应力又称为静水压力，如图 12-14 所示，其表示形式为

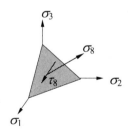

图 12-14　静水压力

$$\sigma_8 = \frac{1}{3}(\sigma_1 + \sigma_2 + \sigma_3) = \frac{1}{3}(\sigma_x + \sigma_y + \sigma_z) = \sigma_m \tag{12-9}$$

$$\begin{aligned}
\tau_8 &= \pm\frac{1}{3}\sqrt{(\sigma_1 - \sigma_2)^2 + (\sigma_2 - \sigma_3)^2 + (\sigma_3 - \sigma_1)^2} \\
&= \pm\frac{1}{3}\sqrt{(\sigma_x - \sigma_y)^2 + (\sigma_y - \sigma_z)^2 + (\sigma_z - \sigma_x)^2 + 6(\tau_{xy}^2 + \tau_{yz}^2 + \tau_{zx}^2)}
\end{aligned} \tag{12-10}$$

σ_8 只引起体积变化(弹性)，不引起塑性变形，而 τ_8 引起塑性变形。

等效应力(广义应力或应力强度)的表达式为

$$\bar{\sigma} = \frac{3}{\sqrt{2}}|\tau_8|$$
$$= \frac{1}{\sqrt{2}}\sqrt{(\sigma_1-\sigma_2)^2 + (\sigma_2-\sigma_3)^2 + (\sigma_3-\sigma_1)^2}$$
$$= \frac{1}{\sqrt{2}}\sqrt{(\sigma_x-\sigma_y)^2 + (\sigma_y-\sigma_z)^2 + (\sigma_z-\sigma_x)^2 + 6(\tau_{xy}^2 + \tau_{yz}^2 + \tau_{zx}^2)}$$

等效应力 $\bar{\sigma}$ 的特点如下。

(1) 等效应力并不代表某个实际面上的应力。

(2) 等效应力是一个不变量。

(3) 等效应力是引起塑性变形的主要原因。

(4) 等效应力在单向应力状态下(单向拉伸或单向压缩)，在数值上等于拉伸或压缩应力 σ_1，即 $\bar{\sigma} = \sigma_1$。

2. 屈服准则

下面考虑屈服准则。

1) 基本屈服准则

对于单向应力状态，当 $\sigma = \sigma_s$ 时，材料开始屈服(σ_s 可以由实验曲线求得)。

对于复杂应力状态，材料屈服就不是这样简单了。一点的应力状态由六个应力分量确定，显然不能任意选取某个应力分量的数值来判断受力物体内质点是否进入塑性状态，而必须同时考虑所有应力分量的综合影响，即需要在应力空间来考虑这个问题。

应力空间是指以应力分量为坐标的空间，σ_{ij} 为九维的应力空间，σ_1，σ_2，σ_3 为三维应力空间，或者称之为主应力空间。

应力空间的每一个点代表一个应力状态，某个屈服应力状态在应力空间中为一点，把这些屈服应力状态的屈服点连成面即为屈服面。可以用数学表达式来描述屈服面

$$f(\sigma_1, \sigma_2, \sigma_3) = c \tag{12-11}$$

其中，f 称为屈服函数。式中的 c 为材料常数(由实验确定)。

很明显，当 $f(\sigma_1, \sigma_2, \sigma_3) < c$ 时，材料处于弹性状态。当 $f(\sigma_1, \sigma_2, \sigma_3) = c$ 时，材料处于塑性状态。$f(\sigma_1, \sigma_2, \sigma_3) > c$ 不可能发生。即不可能存在超过屈服面的应力状态。

屈服函数也可以在应变空间中描述，在此不予以讨论。

简单地说，塑性理论的目的就是寻求屈服函数，进而研究屈服后的应力应变关系。在工程中常常使用的屈服函数或者屈服准则有两种，即特雷斯卡屈服准则和米塞斯屈服准则。其中，米塞斯屈服准则使用较多，对大多数金属材料来说，更接近实验数据。

米塞斯屈服准则为：当受力物体内一点的等效应力 $\bar{\sigma}$ 达到某个值 C 时，该点就进入塑性状态，即

$$f(\sigma_{ij}) = \bar{\sigma} = \frac{1}{\sqrt{2}}\sqrt{(\sigma_x-\sigma_y)^2 + (\sigma_y-\sigma_z)^2 + (\sigma_z-\sigma_x)^2 + 6(\tau_{xy}^2 + \tau_{yz}^2 + \tau_{zx}^2)} = C \tag{12-12}$$

或

$$f(\sigma_1, \sigma_2, \sigma_3) = \bar{\sigma} = \frac{1}{\sqrt{2}} \sqrt{(\sigma_1 - \sigma_2)^2 + (\sigma_2 - \sigma_3)^2 + (\sigma_3 - \sigma_1)^2} = C$$

*$\bar{\sigma}$ 与 τ_8 有关，而 τ_8 是引起塑性变形的主要原因。

常数 C 表示材料性能，与应力状态无关，可用单向应力状态求得。即

$$\sigma_1 = \sigma_s, \sigma_2 = \sigma_3 = 0$$

$$\bar{\sigma} = \frac{1}{\sqrt{2}} \sqrt{2\sigma_s^2} = C, \ C = \sigma_s$$

于是有米赛斯屈服函数：

$$(\sigma_1 - \sigma_2)^2 + (\sigma_2 - \sigma_3)^2 + (\sigma_3 - \sigma_1)^2 = 2\sigma_s^2 \tag{12-13}$$

或

$$(\sigma_x - \sigma_y)^2 + (\sigma_y - \sigma_z)^2 + (\sigma_z - \sigma_x)^2 + 6(\tau_{xy}^2 + \tau_{yz}^2 + \tau_{zx}^2) = 2\sigma_s^2$$

其屈服空间如图 12-15 所示。

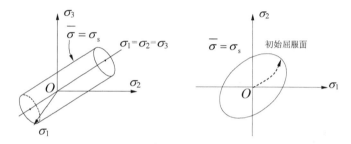

图 12-15　米塞斯屈服函数

2)　强化规律(强化屈服面)

对强化材料，需要求出后续屈服面(强化屈服面)。强化规律有等向强化、随动强化和混合强化等。

(1)　等向强化，公式为

$$f(\sigma_{ij}) = \bar{\sigma} = C > \sigma_s$$

式中的 C 由单向试验硬化模型给出，它为瞬时塑性应变的函数，$C = C(\varepsilon_p)$。

(2)　随动强化，公式为

$$f(\sigma_{ij} - \alpha_{ij}) = C = \sigma_s$$

式中的 α_{ij} 为应力空间移动张量，其方向是沿现时应力点的法线方向。

(3)　混合强化，公式为

$$f(\sigma_{ij} - \alpha_{ij}) = C(\varepsilon_p) > \sigma_s$$

式中 C 由单向试验硬化模型给出。

等向强化和混合强化的屈服面如图 12-16 所示。

大多数金属材料，屈服面的强化规律是等向强化和随动强化的组合(混合强化)。如果应力空间中应力方向变化不大，那么使用等向强化比较合理。而在循环加载中或出现反向屈服的问题中，采用随动强化模型更为合理。

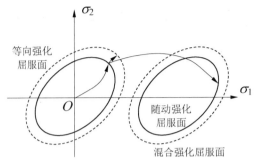

图 12-16　等向强化和混合强化的屈服面

下面简述加载和卸载准则。

加载、卸载准则用以判别从某个塑性状态出发是继续塑性加载还是弹性卸载，如图 12-17 所示，这是计算过程中决定是采用弹塑性本构关系还是采用弹性本构关系所必需的。该准则可以表述为

① 若 $\dfrac{\partial f}{\partial \sigma}\mathrm{d}\sigma > 0$，则继续塑性加载($\mathrm{d}f > 0$)。

② 若 $\dfrac{\partial f}{\partial \sigma}\mathrm{d}\sigma < 0$，由塑性进入弹性卸载($\mathrm{d}f < 0$)。

③ $\dfrac{\partial f}{\partial \sigma}\mathrm{d}\sigma = 0$，则硬化强化材料，属于中性变载；对理想弹塑性材料，属于塑性加载 ($\mathrm{d}f = 0$)。

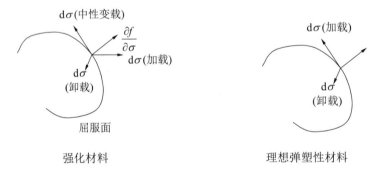

图 12-17　加载、卸载判断

3. 弹塑性应力-应变关系(流动理论或增量理论)

在弹性范围内，应力与应变存在着一一对应关系，即广义胡克定律。进入塑性状态后，由于应力和应变关系与加载历史有关(历史相关性)，所以一般不存在应力与应变之间的一一对应关系，只能建立应力增量与应变增量之间的关系。这种用增量形式表示的材料本构称为增量理论或流动理论。

在加载时，任一时刻的应变增量 $\mathrm{d}\boldsymbol{\varepsilon}$ 由弹性应变增量 $\mathrm{d}\boldsymbol{\varepsilon}_e$ 和塑性应变增量 $\mathrm{d}\boldsymbol{\varepsilon}_p$ 两部分组成，即

$$\mathrm{d}\boldsymbol{\varepsilon} = \mathrm{d}\boldsymbol{\varepsilon}_e + \mathrm{d}\boldsymbol{\varepsilon}_p \tag{12-14}$$

大量实验和理论证明，塑性应变增量 $d\boldsymbol{\varepsilon}_p$ 的方向与屈服面的外法向一致，即

$$d\boldsymbol{\varepsilon}_p = \lambda \frac{\partial f(\sigma)}{\partial \boldsymbol{\sigma}} \tag{12-15}$$

由广义胡克定律

$$d\boldsymbol{\varepsilon}_e = \boldsymbol{D}^{-1}d\boldsymbol{\sigma}$$

则

$$d\boldsymbol{\varepsilon} = \boldsymbol{D}^{-1}d\boldsymbol{\sigma} + \lambda \frac{\partial f(\sigma)}{\partial \boldsymbol{\sigma}} \tag{12-16}$$

当应力矢量为 $\boldsymbol{\sigma}$ 时，屈服面为

$$f(\boldsymbol{\sigma}, c(\varepsilon_p)) = 0 \tag{12-17}$$

当应力从 $\boldsymbol{\sigma}$ 变为 $\boldsymbol{\sigma}+d\boldsymbol{\sigma}$ 时，塑性应变从 $\boldsymbol{\varepsilon}_p$ 变为 $\boldsymbol{\varepsilon}_p + d\boldsymbol{\varepsilon}_p$，同时 c 值也从 c 变为 $c+dc$，则新的屈服面为

$$f(\boldsymbol{\sigma} + d\boldsymbol{\sigma}, c + dc) = 0 \tag{12-18}$$

由式(12-17)和式(12-18)有

$$df = f(\boldsymbol{\sigma} + d\boldsymbol{\sigma}, c + dc) - f(\boldsymbol{\sigma}, c) = 0$$

根据全微分法则

$$\left(\frac{\partial f}{\partial \boldsymbol{\sigma}}\right)^T d\boldsymbol{\sigma} + \frac{\partial f}{\partial c} dc = 0$$

改写为

$$\left(\frac{\partial f}{\partial \boldsymbol{\sigma}}\right)^T d\boldsymbol{\sigma} + A\lambda = 0 \tag{12-19}$$

式中，$A = \dfrac{\partial f}{\partial c} dc \dfrac{1}{\lambda}$。

以 $\dfrac{\partial f}{\partial \boldsymbol{\sigma}}^T \boldsymbol{D}$ 前乘以式(11-17)，并利用式(12-19)消去 df，得到

$$\frac{\partial f}{\partial \boldsymbol{\sigma}}^T \boldsymbol{D} d\boldsymbol{\varepsilon} = -\lambda A + \frac{\partial f}{\partial \boldsymbol{\sigma}}^T \boldsymbol{D} \frac{\partial f}{\partial \boldsymbol{\sigma}} \lambda$$

由上式可以求得

$$\lambda = \frac{\left(\dfrac{\partial f}{\partial \boldsymbol{\sigma}}\right)^T \boldsymbol{D} d\boldsymbol{\varepsilon}}{\left(\dfrac{\partial f}{\partial \boldsymbol{\sigma}}\right)^T \boldsymbol{D} \dfrac{\partial f}{\partial \boldsymbol{\sigma}} - A}$$

把 λ 代入前乘 $\boldsymbol{D}$ 后的式(12-16)，得到应力增量与应变增量的关系

$$d\boldsymbol{\sigma} = \boldsymbol{D} - \boldsymbol{D}_p d\boldsymbol{\varepsilon} = \boldsymbol{D}_{ep} d\boldsymbol{\varepsilon} \tag{12-20}$$

其中 $\boldsymbol{D}_{ep} = \boldsymbol{D} - \boldsymbol{D}_p$ 称为弹塑性矩阵。

$$\boldsymbol{D}_p = \frac{\boldsymbol{D}\left(\dfrac{\partial f}{\partial \boldsymbol{\sigma}}\right)\left(\dfrac{\partial f}{\partial \boldsymbol{\sigma}}\right)^T \boldsymbol{D}}{\left(\dfrac{\partial f}{\partial \boldsymbol{\sigma}}\right)^T \boldsymbol{D} \dfrac{\partial f}{\partial \boldsymbol{\sigma}} - A}$$

同样可以求得在卸载时的表达式。

12.2　材料非线性有限元方程

12.2.1　非线性弹性问题有限元方程

考虑如图 12-18 所示的四结点四面体单元。

单元 e 的虚功方程为

$$\int_e \boldsymbol{\varepsilon}^{*\mathrm{T}} \boldsymbol{\sigma} \mathrm{d}V = \boldsymbol{\delta}^{*\mathrm{T}} \boldsymbol{f} \tag{12-21}$$

式中：$\boldsymbol{\varepsilon}^*$ 为虚应变；$\boldsymbol{\delta}^*$ 为虚结点位移，$\boldsymbol{f} = (f_i f_j f_k f_l)^{\mathrm{T}}$ 为四个结点的结点力向量；$\boldsymbol{\delta} = (\delta_i \delta_j \delta_k \delta_l)^{\mathrm{T}}$ 为四个结点的位移向量。

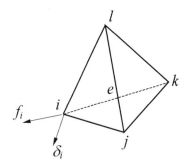

图 12-18　四结点四面体单元

由小变形可知

$$\boldsymbol{\varepsilon} = \nabla \boldsymbol{u} = \nabla \boldsymbol{N}(x, y, z) \boldsymbol{\delta} = \boldsymbol{B} \boldsymbol{\delta}$$

$$\boldsymbol{\varepsilon}^* = \boldsymbol{B} \boldsymbol{\delta}^* \tag{12-22}$$

将式(12-22)代入式(12-21)得单元平衡方程

$$\int_e \boldsymbol{B}^{\mathrm{T}} \boldsymbol{\sigma} \mathrm{d}V = \boldsymbol{f} \tag{12-23}$$

将非线性弹性本构方程

$$\boldsymbol{\sigma} = \boldsymbol{D}_s(\boldsymbol{\varepsilon}) \boldsymbol{\varepsilon}$$

代入式(12-23)得

$$\int_e \boldsymbol{B}^{\mathrm{T}} \boldsymbol{D}_s(\boldsymbol{\varepsilon}) \boldsymbol{B} \mathrm{d}V \boldsymbol{\delta} = \boldsymbol{f}$$

$$\boldsymbol{K}(\boldsymbol{\delta}) \boldsymbol{\delta} = \boldsymbol{f} \tag{12-24}$$

该方程可以由前述增量法或迭代法求解。

12.2.2　弹塑性问题的有限元方程

在弹塑性问题中，材料的性质与应力和应变的历史有关，本构方程必须用增量形式

表示，即

$$d\boldsymbol{\sigma} = \boldsymbol{D}_{ep}^{(\varepsilon)}(d\boldsymbol{\varepsilon}) = \boldsymbol{D}_{T}^{(\varepsilon)}(d\boldsymbol{\varepsilon}) \tag{12-25}$$

弹塑性问题一般用增量法求解。已知载荷增量$\Delta\boldsymbol{f}$，应力增量$\Delta\boldsymbol{\sigma}$，应变增量$\Delta\boldsymbol{\varepsilon}$，计算$m+1$步后的载荷为

$$\boldsymbol{f}_{m+1} = \boldsymbol{f}_m + \Delta\boldsymbol{f}$$

位移

$$\boldsymbol{\delta}_{m+1} = \boldsymbol{\delta}_m + \Delta\boldsymbol{\delta}$$

应力

$$\boldsymbol{\sigma}_{m+1} = \boldsymbol{\sigma}_m + \Delta\boldsymbol{\sigma}$$

应变

$$\boldsymbol{\varepsilon}_{m+1} = \boldsymbol{\varepsilon}_m + \Delta\boldsymbol{\varepsilon}$$

将它们代入式(12-23)有

$$\int_e \boldsymbol{B}^{\mathrm{T}}(\boldsymbol{\sigma}_m + \Delta\boldsymbol{\sigma})\mathrm{d}V = \boldsymbol{f}_m + \Delta\boldsymbol{f}$$

进而有

$$\int_e \boldsymbol{B}^{\mathrm{T}}\boldsymbol{\sigma}_m\mathrm{d}V - \boldsymbol{f}_m + \int_e \boldsymbol{B}^{\mathrm{T}}(\Delta\boldsymbol{\sigma})\mathrm{d}V = \Delta\boldsymbol{f}$$

由$\int_e \boldsymbol{B}^{\mathrm{T}}\boldsymbol{\sigma}_m\mathrm{d}V - \boldsymbol{f}_m = 0$，有

$$\int_e \boldsymbol{B}^{\mathrm{T}}\Delta\boldsymbol{\sigma}\mathrm{d}V = \Delta\boldsymbol{f} \tag{12-26}$$

$$\begin{aligned}
\Delta\boldsymbol{\sigma} &= \int_{\varepsilon_m}^{\varepsilon_m+\Delta\varepsilon} \boldsymbol{D}_{ep}\,\mathrm{d}\boldsymbol{\varepsilon} \\
&= \xi(\Delta\varepsilon)\Delta\boldsymbol{\varepsilon} \qquad (\Delta\boldsymbol{\sigma}\text{与}\Delta\boldsymbol{\varepsilon}\text{为非线性}) \\
&= G(\Delta\delta)\Delta\boldsymbol{\delta} \qquad (\Delta\boldsymbol{\sigma}\text{与}\Delta\boldsymbol{\delta}\text{为非线性})
\end{aligned}$$

则式(12-26)变为

$$\int_e \boldsymbol{B}^{\mathrm{T}}G(\Delta\delta)\mathrm{d}V\Delta\boldsymbol{\delta} = \Delta\boldsymbol{f}$$

$$\boldsymbol{K}(\Delta\delta)\cdot\Delta\boldsymbol{\delta} = \Delta\boldsymbol{f} \tag{12-27}$$

由迭代法可以求解上式，求解得到$\Delta\delta$之后，可以求得$\Delta\varepsilon$，进而求得$\Delta\sigma$。

在上述求解过程中，每加一次载荷增量$\Delta\boldsymbol{f}$均需要判断每个单元所处状态(加载、卸载)。

第13章 几何非线性有限元分析

前面讨论的问题均基于小变形假设。它包含了两个方面的内容：一是假设物体所发生的位移远小于自身的几何尺度，在此前提下，建立单元体或结构的平衡方程时可以不考虑物体的位置和形状的变化，因此在分析过程中不必区分变形前和变形后的位置和形状，即以变形前的位置和形状描述变形后的平衡位置和形状；二是假设在变形过程中的应变可以用一阶微量的线性应变进行度量，即应变与位移成一阶线性关系。

工程中会碰到很多不符合小变形假设的几何非线性问题，主要包括以下几方面。

(1) 小应变大位移(或大转动)：大位移小应变几何非线性。

(2) 大应变(有限应变)：有限变形(大应变)几何非线性。

(3) 结构稳定性(小应变，小转动)。

13.1 大位移小应变几何非线性

分析梁单元和板单元在大位移小应变下的几何方程(应变-位移关系)。

1. 大挠度梁单元

分析如图 13-1 所示的梁单元。

挠度 w 引起的应变为

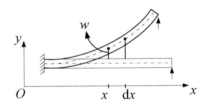

图 13-1 大挠度梁单元

$$d\bar{x} = \sqrt{(dx)^2 + \left(\frac{dw}{dx}dx\right)^2} = dx\sqrt{1 + \left(\frac{dw}{dx}\right)^2}$$

由二项式展开定理

$$d\bar{x} = dx\left[1 + \frac{1}{2}\left(\frac{dw}{dx}\right)^2 + \cdots\right]$$

挠度 w 在梁中性轴引起的附加应变：

$$\varepsilon_x^{I} = \frac{1}{2}\left(\frac{dw}{dx}\right)^2$$

由 w 引起的弯曲应变为

$$\varepsilon_x^{II} = -z\frac{d^2w}{dx^2}$$

拉伸位移 u 引起的应变为

$$\varepsilon_x^{III} = \frac{du}{dx}$$

则梁单元内的应变为为

$$\varepsilon_x = \frac{\mathrm{d}u}{\mathrm{d}x} - z\frac{\mathrm{d}^2 w}{\mathrm{d}x^2} + \frac{1}{2}\left(\frac{\mathrm{d}w}{\mathrm{d}x}\right)^2$$

2. 大挠度板单元

分析如图 13-2 所示的板单元。

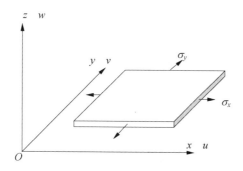

图 13-2　大挠度板单元

与上一节梁单元的分析类似，可以得到板单元的应变为

$$\varepsilon_x = \frac{\partial u}{\partial x} - z\frac{\partial^2 w}{\partial x^2} + \frac{1}{2}\left(\frac{\partial w}{\partial x}\right)^2$$

$$\varepsilon_y = \frac{\partial v}{\partial y} - z\frac{\partial^2 w}{\partial y^2} + \frac{1}{2}\left(\frac{\partial w}{\partial y}\right)^2$$

$$\gamma_{xy} = \frac{\partial u}{\partial y} + \frac{\partial v}{\partial x} - 2z\frac{\partial^2 w}{\partial x\partial y} + \frac{\partial w}{\partial x}\frac{\partial w}{\partial y}$$

3. 大位移三维实体单元

对三维实体单元，在发生大位移时，其应变表达式为

$$\varepsilon_x = \frac{\partial u}{\partial x} + \frac{1}{2}\left[\left(\frac{\partial u}{\partial x}\right)^2 + \left(\frac{\partial v}{\partial x}\right)^2 + \left(\frac{\partial w}{\partial x}\right)^2\right]$$

$$\varepsilon_y = \frac{\partial v}{\partial y} + \frac{1}{2}\left[\left(\frac{\partial u}{\partial y}\right)^2 + \left(\frac{\partial v}{\partial y}\right)^2 + \left(\frac{\partial w}{\partial y}\right)^2\right]$$

$$\varepsilon_z = \frac{\partial w}{\partial z} + \frac{1}{2}\left[\left(\frac{\partial u}{\partial z}\right)^2 + \left(\frac{\partial v}{\partial z}\right)^2 + \left(\frac{\partial w}{\partial z}\right)^2\right]$$

$$\gamma_{xy} = \frac{\partial v}{\partial x} + \frac{\partial u}{\partial y} + \left(\frac{\partial u}{\partial x}\frac{\partial u}{\partial y} + \frac{\partial v}{\partial x}\frac{\partial v}{\partial y} + \frac{\partial w}{\partial x}\frac{\partial w}{\partial y}\right)$$

$$\gamma_{yz} = \frac{\partial w}{\partial y} + \frac{\partial v}{\partial z} + \left(\frac{\partial u}{\partial z}\frac{\partial u}{\partial y} + \frac{\partial v}{\partial z}\frac{\partial v}{\partial y} + \frac{\partial w}{\partial z}\frac{\partial w}{\partial y}\right)$$

$$\gamma_{zx} = \frac{\partial u}{\partial z} + \frac{\partial w}{\partial x} + \left(\frac{\partial u}{\partial x}\frac{\partial u}{\partial z} + \frac{\partial v}{\partial x}\frac{\partial v}{\partial z} + \frac{\partial w}{\partial x}\frac{\partial w}{\partial z}\right)$$

同样写出小变形单元的虚功方程

$$\int d\boldsymbol{\varepsilon}^T \boldsymbol{\sigma} dV = d\boldsymbol{\delta}^T \boldsymbol{f}$$

式中：$d\boldsymbol{\varepsilon}$ 和 $d\boldsymbol{\delta}$ 为微小虚应变和微小虚位移；$\boldsymbol{\sigma}$ 为应力列矩阵(也称列向量)。

对于小变形情况，应变和位移的关系可以写成增量形式

$$d\boldsymbol{\varepsilon} = \overline{\boldsymbol{B}} d\boldsymbol{\delta}$$

代入虚功方程，得单元平衡方程

$$\boldsymbol{\psi}(\sigma) = \int_e \overline{\boldsymbol{B}}^T \boldsymbol{\sigma} dV - \boldsymbol{f} = \boldsymbol{0} \tag{13-1}$$

不论是大位移还是小位移，上式都适用。

对线性问题的有限元

$$\boldsymbol{\varepsilon} = \boldsymbol{B}\boldsymbol{\delta}, \quad \boldsymbol{\sigma} = \boldsymbol{D}\boldsymbol{\varepsilon}$$

方程(13-1)可以写为

$$\int \boldsymbol{B}^T \boldsymbol{D} \boldsymbol{B} dV \boldsymbol{\delta} - \boldsymbol{f} = \boldsymbol{0}$$

即

$$\boldsymbol{K}\boldsymbol{\delta} = \boldsymbol{f}$$

上式为线性方程组。

对小变形几何非线性问题，应变和位移的关系是非线性的，因此方程(13-1)中的 $\overline{\boldsymbol{B}}$ 是 $\boldsymbol{\delta}$ 的函数，为了方便可以写成

$$\overline{\boldsymbol{B}} = \boldsymbol{B}_0 + \boldsymbol{B}_L(\delta) \tag{13-2}$$

式中：$\boldsymbol{B}_0$ 作为线性应变分析的矩阵项与 $\boldsymbol{\delta}$ 无关；$\boldsymbol{B}_L$ 是大位移应变矩阵项，它与 $\boldsymbol{\delta}$ 有关，是非线性引起的。一般来说 $\boldsymbol{B}_L$ 是 $\boldsymbol{\delta}$ 的线性函数。

对大位移小应变问题，应力-应变一般为线性的，即 $\boldsymbol{\sigma} = \boldsymbol{D}\boldsymbol{\varepsilon}$。

通常方程(13-1)用牛顿-拉夫逊方法求解，因此需要建立 $d\boldsymbol{\psi}(\delta)$ 和 $d\boldsymbol{\delta}$ 间的关系，由式(13-1)取 $\boldsymbol{\psi}$ 的微分，得到

$$d\boldsymbol{\psi} = \int d\overline{\boldsymbol{B}}^T \boldsymbol{\sigma} dV + \int \overline{\boldsymbol{B}}^T d\boldsymbol{\sigma} dV \tag{13-3}$$

而

$$d\boldsymbol{\sigma} = \boldsymbol{D} d\boldsymbol{\varepsilon} = \boldsymbol{D}\overline{\boldsymbol{B}} d\boldsymbol{\delta}$$

由式(13-2)

$$d\overline{\boldsymbol{B}} = d\boldsymbol{B}_L$$

代入式(13-3)得

$$d\boldsymbol{\psi} = \int d\boldsymbol{B}_L^T \boldsymbol{\sigma} + \overline{\boldsymbol{K}} d\boldsymbol{\delta} \tag{13-4}$$

式中

$$\overline{\boldsymbol{K}} = \int \overline{\boldsymbol{B}}^T \boldsymbol{D} \overline{\boldsymbol{B}} dV = \int (\boldsymbol{B}_0 + \boldsymbol{B}_L)^T \boldsymbol{D} (\boldsymbol{B}_0 + \boldsymbol{B}_L) dV = \boldsymbol{K}_0 + \boldsymbol{K}_L$$

$$\boldsymbol{K}_0 = \int \boldsymbol{B}_0^T \boldsymbol{D} \boldsymbol{B}_0 dV$$

$$\boldsymbol{K}_L = \int (\boldsymbol{B}_0^T \boldsymbol{D} \boldsymbol{B}_L + \boldsymbol{B}_L^T \boldsymbol{D} \boldsymbol{B}_L + \boldsymbol{B}_L^T \boldsymbol{D} \boldsymbol{B}_0) dV$$

式中：$\boldsymbol{K}_0$ 为小位移的线性刚度矩阵；$\boldsymbol{K}_L$ 为大位移矩阵。式(13-4)右边第一项可以写成如下形式：

$$\int \mathrm{d}\boldsymbol{B}_L{}^\mathrm{T}\boldsymbol{\sigma}\mathrm{d}V = \boldsymbol{K}_\sigma\mathrm{d}\boldsymbol{\delta}$$

由几何刚度矩阵，于是式(13-4)可以写为

$$\mathrm{d}\boldsymbol{\psi} = (\boldsymbol{K}_0 + \boldsymbol{K}_\sigma + \boldsymbol{K}_L)\mathrm{d}\boldsymbol{\delta} = \boldsymbol{K}_T\mathrm{d}\boldsymbol{\delta}$$

其中 $\boldsymbol{K}_T = \boldsymbol{K}_0 + \boldsymbol{K}_\sigma + \boldsymbol{K}_L$ 为切线刚度矩阵。

由牛顿-拉夫逊迭代公式，可以求解

$$\Delta\boldsymbol{\delta}_n = -\boldsymbol{K}_T^{-1}\boldsymbol{\psi}_n$$

$$\Delta\boldsymbol{\delta}_{n+1} = \boldsymbol{\delta}_n + \Delta\boldsymbol{\delta}_n$$

13.2　大变形几何非线性

对于大变形几何非线性问题的有限元分析，结构的位置系形状随加载过程不断变化。因此，必须建立参考位置和形状，来表征其变化过程。

13.2.1　TL 格式和 UL 格式

目前基本采用两种不同表达格式。

(1)　力学变量和运动变量参考于初始位置和形状，即在整个分析过程中参考位置和形状保持初始位置和形状不变，这种格式称为完全的拉格朗日格式或 TL 格式。

(2)　力学变量和运动学变量参考于每个载荷或时间步长开始的位置和形状，即在分析过程中参考位置和形状是不断地更新的，这种格式称为修正的或更新的拉格朗日格式或 UL 格式。

为了实现上述两种格式描述结构变化过程，必须建立两个坐标系，并对两种描述格式予以定义。

设运动物体中的任一点在 $t=0$ 时刻(初始位置和形状)的空间位置用笛卡儿坐标系的一组坐标 X_i 来表示，而点在 t 时刻的空间位置用一组坐标 x_i 表示，如图 13-3 所示。

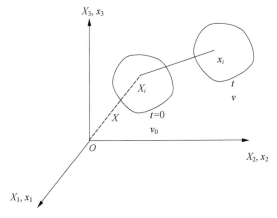

图 13-3　t 时刻的空间位置

则使用拉格朗日描述，自变量为初始坐标

$$x_i = x_i(X_j, t) \tag{13-5}$$

或使用欧拉描述，自变量为现时坐标

$$X_i = X_i(x_j, t) \tag{13-6}$$

如果对于物体内所有点都能给出这样的方程，那么整个物体的运动也就确定了。

式(13-5)表示一个物体从初始状态所占据的区域 V_0 到现时(t 时刻)状态所占据区域 V 的映射。假设物体运动和变形是时间的单值连续函数，则这个映射是一一对应的。即在 V_0 内各处有

$$J = \begin{vmatrix} \dfrac{\partial x_1}{\partial X_1} & \dfrac{\partial x_1}{\partial X_2} & \dfrac{\partial x_1}{\partial X_3} \\[2mm] \dfrac{\partial x_2}{\partial X_1} & \dfrac{\partial x_2}{\partial X_2} & \dfrac{\partial x_2}{\partial X_3} \\[2mm] \dfrac{\partial x_3}{\partial X_1} & \dfrac{\partial x_3}{\partial X_2} & \dfrac{\partial x_3}{\partial X_3} \end{vmatrix} \neq 0$$

上式为变形梯度矩阵行列式，其中 $\dfrac{\partial x_i}{\partial X_j}$ 为变形梯度。

13.2.2　格林应变与阿尔曼西应变

考查初始状态中的微面元 OAB，坐标分量为 $\mathrm{d}X_i, \delta X_i$，现时状态面元变为 oab，坐标分量为 $\mathrm{d}x_i, \delta x_i$，则如图 13-4 所示，它们之间的差别为

$$\mathrm{d}x_i \delta x_i - \mathrm{d}X_i \delta X_i = \left(\frac{\partial x_k \partial x_k}{\partial X_i X_j} - \delta_{ij} \right) \mathrm{d}X_i \delta X_j \tag{13-7}$$

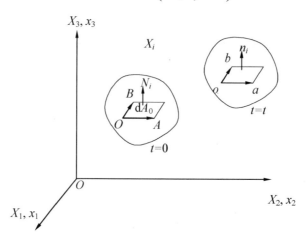

图 13-4　初始状态与现时状态面元变化

如果微面元在变形过程中仅做刚体运动，就表示初始状态和现时状态具有相同形状，即无应变，就是说式(13-7)右端项恒等于零，因此可以取这个因子为应变度量。由此得出格林应变张量的定义

$$E_{ij} = \frac{1}{2}\left(\frac{\partial x_k}{\partial X_i}\frac{\partial x_k}{\partial X_j} - \delta_{ij} \right) \tag{13-8}$$

格林应变是以初始状态作为参考状态，$\dfrac{\mathrm{d}x_i\delta x_i - \mathrm{d}X_i\delta X_i}{\mathrm{d}X_i\delta X_i}$，显然，这是拉格朗日描述。

同理可得阿尔曼西应变张量定义

$$e_{ij} = \frac{1}{2}\left(\delta_{ij} - \frac{\partial X_k\partial X_k}{\partial x_i\partial x_j} \right) \tag{13-9}$$

阿尔曼西应变张量是以初始状态作为参考状态，$\dfrac{\mathrm{d}x_i\delta x_i - \mathrm{d}X_i\delta X_i}{\mathrm{d}x_i\delta x_i}$，显然，这是欧拉描述。

格林应变和阿尔曼西应变均为应变的变形梯度表示法。

下面比较应变的变形梯度表示与弹性力学中应变的位移梯度表示法。

拉格朗日描述的位移矢量为

$$U_i = x_i(X_j, t) - X_i, \text{变形梯度}\ \frac{\partial x_i}{\partial X_j} = \frac{\partial u_i}{\partial X_j} + \delta_{ij} \tag{13-10a}$$

欧拉描述的位移矢量为

$$U_i = x_i - X_i(x_j, t), \text{变形梯度}\ \frac{\partial X_i}{\partial x_j} = \delta_{ij} - \frac{\partial u_i}{\partial x_j} \tag{13-10b}$$

将式(13-10a)、式(13-10b)分别代入式(13-8)、式(13-9)，得

$$E_{ij} = \frac{1}{2}\left(\frac{\partial u_j}{\partial X_i} + \frac{\partial u_i}{\partial X_j} + \frac{\partial u_k}{\partial X_i}\frac{\partial u_k}{\partial X_j} \right) \tag{13-11}$$

$$e_{ij} = \frac{1}{2}\left(\frac{\partial u_j}{\partial x_i} + \frac{\partial u_i}{\partial x_j} - \frac{\partial u_k}{\partial x_i}\frac{\partial u_k}{\partial x_j} \right) \tag{13-12}$$

式(13-11)和式(13-12)是分别以位移 u 表示的格林应变张量和阿尔曼西应变张量。而大家在弹性力学中熟知的柯西应变张量为

$$\varepsilon_{ij} = \frac{1}{2}\left(\frac{\partial u_i}{\partial x_j} + \frac{\partial u_j}{\partial x_i} \right)$$

上面的讨论对变形的大小未加任何限制，仅是假设了两个坐标系，显然也应该适合小应变下的柯西应变张量。

比较发现，它们比柯西应变张量增加了等式右端项的最后一项即高阶项，且当小应变(小变形)假设满足时，X_i、x_i 不再加以区分，则它们可以退化为柯西应变张量(即忽略高阶项)。

13.2.3　欧拉应力、拉格朗日应力和基尔霍夫应力

1. 欧拉应力

如图 13-5 所示，考虑 t 时刻，物体现时状态内有一个有向面元 $n_i\Delta A$，该面元受力 ΔT_i，

则该面元的应力矢量 $t_i^{(n)} = \lim\limits_{\Delta A \to 0} \dfrac{\Delta T_i}{\Delta A} = \dfrac{\mathrm{d}T_i}{\mathrm{d}A}$

如果这个面元与另外三个垂直于坐标轴的面元构成微四面体，那么由平衡条件有

$$t_i^{(n)} = \tau_{ij} n_j, \quad \text{或} \quad T_i = \tau_{ij} n_j \mathrm{d}A \tag{13-13}$$

这里 $\tau_{ij} = \tau_{ji}$，这个应力张量称为欧拉应力张量，它表示现时状态上的应力，是真实应力。但在大变形几何非线性问题中，现时状态的边界尚未确定，也只有当问题完全解毕后才能确定。故采用欧拉应力求解几何非线性问题困难较大。

2. 格朗日应力

如果用初始状态作为参考系，并用初始状态的有向面元 $N_i \Delta A_0$ 来定义应力矢量，那么面上的应力矢量为

$$t_i^{(n)} = \lim\limits_{\Delta A_0 \to 0} \dfrac{\Delta \boldsymbol{T}_i}{\Delta A_0} = \dfrac{\mathrm{d}T_i}{\mathrm{d}A_0}$$

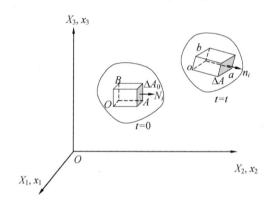

图 13-5　初始状态与现时状态的有向面元

其中力矢量 $\Delta \boldsymbol{T}_i$ 作用在变形后现时状态的面元 $n_i \Delta A$ 上。同样，用初始状态的面元 $N_i \Delta A_0$ 与另外三个垂直初始坐标轴的面构成微元四面体，由平衡条件可得

$$\mathrm{d}\boldsymbol{T}_i = \Sigma_{ij} N_j \mathrm{d}A_0 \tag{13-14}$$

$\boldsymbol{\Sigma}_{ij}$ 是由九个应力分量构成的应力张量，称为拉格朗日应力。由式(13-14)可知，$\mathrm{d}T_i$ 是现时状态力矢量，而 $\boldsymbol{N}_j \mathrm{d}A_0$ 是初始状态参量。因此，$\boldsymbol{\Sigma}_{ij}$ 不是真实应力，而是一个名义应力张量。

由关系式

$$\tau_{ij} \boldsymbol{n}_j \mathrm{d}A = \Sigma_{ij} \boldsymbol{N}_j \mathrm{d}A_0$$

可得

$$\Sigma_{mi} = J \frac{\partial X_m}{\partial x_j} \tau_{ij} \tag{13-15}$$

为拉格朗日应力与欧拉应力关系。

初始状态定义问题的边界条件完全可以确定，$\boldsymbol{\Sigma}_{mi}$ 容易计算。但 $\boldsymbol{\Sigma}_{mi}$ 为不对称张量，对有限元分析不利。

3. 基尔霍夫应力

为了利用 Σ_{mi} 的优点，克服其缺点，定义基尔霍夫应力

$$S_{lm} = \frac{\partial X_l}{\partial x_i}\Sigma_{mi} = J\frac{\partial X_l}{\partial x_i}\frac{\partial X_m}{\partial x_j}\tau_{ij}$$

上式为对称应力张量。

有时也称 S_{lm} 为第二类 Piola-Kirchhoff 应力张量；称 Σ_{mi} 为第一类 Piola-Kirchhoff 应力张量。

单元虚功方程：

$$\int_{V_m}\rho\ddot{x}\delta x_i\mathrm{d}V + \int_{V_m}\sigma_{ij}\delta x_{ij}\mathrm{d}V - \int_{V_m}\rho f_i\delta x_i\mathrm{d}V - \int_{V_m}t_i\delta x_i\mathrm{d}S = 0$$

式中，σ_{ij} 为柯西应力。

单元有限元方程

$$\int_{V_m}\rho N^{\mathrm{T}}N\mathrm{d}V\ddot{x}_e + \int_{V_m}B^{\mathrm{T}}\sigma\mathrm{d}V - \int_{V_m}\rho N^{\mathrm{T}}f\mathrm{d}V - \int_{S_m}N^{\mathrm{T}}t\mathrm{d}S = 0$$

式中：$\ddot{x}_e$——单元结点加速度向量；

$\sigma^{\mathrm{T}} = [\sigma_x\sigma_y\sigma_z\tau_{xy}\tau_{yz}\tau_{zx}]$——(柯西应力矢量)；

N——形状函数；

B——应变矩阵；

ρ——质量密度；

$f^{\mathrm{T}} = [f_1 f_2 f_3]$——单位质量体力矢量；

$t^{\mathrm{T}} = [t_1 t_2 t_3]$——面力矢量；

V_{m}——单元现时构形的体积。

令

$$m^{(e)} = \int_{V_m}\rho N^{\mathrm{T}}N\mathrm{d}V$$

得

$$m^{(e)}\ddot{X}_e + \int_{V_m}B^T\sigma\mathrm{d}V - -\int_{V_m}\rho N^{\mathrm{T}}f\mathrm{d}V - \int_{S_m}N^{\mathrm{T}}t\mathrm{d}S = 0$$

单元组集后得

$$M\ddot{x}(t) = P(x,t) - F(x,\dot{x})$$

式中：M 为总体质量矩阵；$\ddot{x}(t)$ 为总体结点加速度矢量；P 为总体载荷矢量(由结点载荷、面力、体力等形成)；F 为单元应力场的等效结点力矢量(或称为应力散度)组集而成。即

$$F = \sum_{m=1}^{n}\int_{V_m}B^{\mathrm{T}}\sigma\mathrm{d}V \quad (n \text{ 为单元总数})$$

第14章 接触问题的有限元分析

在某些工程结构中，结构系统由几个非永久性连在一起的部件组成，这些部件之间的力靠它们接触、挤压甚至冲击来传递。在力学中称为接触问题。

工程中常见的接触问题有齿轮的啮合、轴承与轴之间的作用、火车车轮与轨道接触、车辆轮胎与地面接触、汽车悬架板簧以及汽车撞击等。

14.1 接触问题的特点

接触问题的特点如下。

(1) 边界条件在加载过程中变化，且为未知(例如接触面积未知，接触面的压力分布未知等)。

(2) 状态非线性或边界非线性(载荷和变形关系与接触状态或边界状态有关)。

(3) 接触面本构规律复杂。

接触面压力与接触面的变形以及接触面摩擦力相关，接触面的摩擦定律非常复杂，涉及静摩擦系数和动摩擦系数，与接触体材料、接触面光滑程度和润滑条件等相关。

(4) 控制方程建立——约束变分原理。

我们知道，变形体虚位移原理为

$$\int_V \delta\boldsymbol{\varepsilon}^{\mathrm{T}}\boldsymbol{\sigma}\mathrm{d}V = \delta\boldsymbol{u}^{\mathrm{T}}\boldsymbol{f}$$

可以写成

$$\delta U - \delta V = 0$$

或以变分原理的形式

$$\delta\Pi = \delta(U - V) = 0$$

式中：$U = \int_V \boldsymbol{\varepsilon}^{\mathrm{T}}\boldsymbol{\sigma}\mathrm{d}V$ 为系统应变能；

$V = \boldsymbol{u}^{\mathrm{T}}\boldsymbol{f}$ 为外力势能；

$\Pi = U - V$ 为系统势能；

$\Pi = \Pi(\boldsymbol{u})$，$\Pi$ 是 $\boldsymbol{u}$ 的泛函。使泛函取驻值的 $\boldsymbol{u}$ 为真实的 $\boldsymbol{u}$。

对接触问题,应用变分原理,寻求一组位移 $\boldsymbol{u}$ (或加接触力 $\boldsymbol{f}_c$),使接触系统势能 $\Pi(\boldsymbol{u})$ (或修正势)取驻值,并满足接触边界条件 $\boldsymbol{C}\boldsymbol{u} = 0$，即为约束变分原理。

解法有两种。

(a) 拉格朗日乘子法

$$\begin{cases} \Pi = U(u) - V(u) \\ C(u) = 0 \end{cases}$$

设

$$\Pi^* = \pi + \lambda^T C(u)$$

令 $\delta\Pi^* = 0$ 可以求出真实的 $\boldsymbol{u}$ 和 λ(实为接触力矢量)。

例如求二次函数

$$Z = 2x^2 - 2xy + y^2 + 18x + 6y$$

的极值，且约束为

$$x - y = 0$$

由拉格朗日乘子法，得

$$Z^* = z + \lambda(x - y) \Rightarrow x, y, \lambda$$

这种算法方程的自由度将增加。

(b)　罚函数法

$$\Pi = U(u) - V(u)$$

$$C(u) = 0$$

$$\Pi^* = \Pi + \alpha \int C^T(u)C(u)\mathrm{d}S$$

式中，α 为罚因子。

由 $\delta\Pi^* = 0$ 可以求 $\boldsymbol{u}$。当 α 趋近于无穷时，$\boldsymbol{u}$ 趋近于真正解，同时方程的自由度不增加。

14.2　接触问题的分析求解

接触问题主要分析接触体在外载作用下的位移、应力场等以及接触边界状态和接触力。为此，必须解决以下四个方面的问题。

(1)　物理模型：即采用何种模型来描述两个接触体之间的力的传递以及不同载荷下接触状态的变化。

(2)　几何运动规律：找出在接触面上，两物体位移必须满足的条件。

(3)　本构规律：找出在接触面上力与位移或压力与切向力之间的关系。

(4)　建立方程与求解方法：如何建立数学方程描述以上各规律，以及如何求解该方程。

14.2.1　物理模型

在弹性力学理论中，主要用赫兹弹性接触理论来解决接触的问题。赫兹于 1881 年研究了如图 14-1 所示的两个光滑弹性体的接触压力和变形。假设接触物体只产生弹性变形，并服从胡克定理，接触面的尺寸与接触物体表面的曲率半径相比很小，则接触区域为一个椭圆，接触椭圆区内各点的接触压力按半椭球规律分布，且接触椭圆尺寸、接触变形和接触压力可以由公式表示。

实际工程中的很多接触问题并不满足赫兹理论的条件。例如，接触面间存在摩擦时的滑动接触、两物体间存在局部打滑的滚动接触、因为表面轮廓接近而导致较大接触面尺寸的协调接触、各向异性或非均质材料间的接触、弹塑性或黏弹性材料间的接触、物体间的弹性或非弹性撞击、受摩擦加热或在非均匀温度场中的两物体的接触等。此时就需要建立

有限元接触模型。在有限元模型中，主要有结点对接触模型、点-面接触模型和面-面接触模型三种。

1. 结点对接触模型

这种模型假设两个接触体在接触面划分同样网格，组成如图 14-2 所示的一一对应的结点对(i-i)，接触力通过结点对传递。

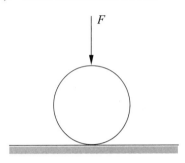

图 14-1　赫兹弹性接触理论

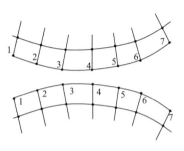

图 14-2　结点对接触模型

此时由结点对的相对关系，可以判断接触状态为

$$\begin{cases} 黏合 \\ 黏合+滑动 \\ 分离 \end{cases}$$

这种模型的优点是直观、简单、易于编程，缺点是对于复杂接触面形状，网格一一对应的要求不容易做到。在考虑摩擦滑移时，最后的控制方程是非对称的，给求解带来很大困难，特别是大型工程接触问题的计算。

2. 点-面接触模型

在这种模型中，在接触面上，主动体网格中的一个结点与被动体任意一点(不一定是网格)相接触，如图 14-3 所示。其优点是两个接触体可以根据自身情况划分网格，在考虑摩擦滑移时，最后控制方程可以转化为对称的，其缺点是方法复杂、编程困难。

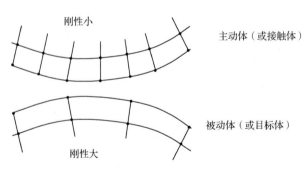

刚性小

主动体（或接触体）

被动体（或目标体）

刚性大

图 14-3　点面接触模型

3. 面-面接触模型

与第二种模型相似，但是较点-面接触更真实、更复杂。

14.2.2　几何运动规律

在两个接触体的接触面上的结点自由度之间应该满足变形关系。

14.2.3　建立有限元方程

1. 接触边界条件

对结点对模型，在接触边界上结点一一对应，接触力通过结点对传递。在 A 结构体上建立如图 14-4 所示的结点局部坐标系 xyz（z 为内法线方向）。

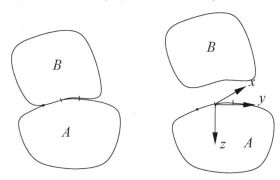

图 14-4　结点局部坐标系

将结点对上的局部坐标差定义为间隙矢量

$$\boldsymbol{r} = \begin{Bmatrix} r_x \\ r_y \\ r_z \end{Bmatrix}$$

且

$$\boldsymbol{r} = \begin{Bmatrix} x \\ y \\ z \end{Bmatrix}_A - \begin{Bmatrix} x \\ y \\ z \end{Bmatrix}_B$$

接触边界条件可以分为以下三类。

(1) 开放式：$r_z > 0$。

(2) 粘接式：$r_z = 0$，$\Delta r_x = \Delta r_y = 0$（法向无间隙，切向无滑移）（$\Delta$ 为迭代增量）。

(3) 滑移式：$r_z = 0$，$\Delta r_x \neq 0, \Delta r_y \neq 0$（法向无间隙，切向有滑移）。

由此，可得接触边界条件表达式

开放式：

$$\boldsymbol{f}_A + \Delta \boldsymbol{f}_A = \boldsymbol{f}_B + \Delta \boldsymbol{f}_B = \boldsymbol{0} \qquad \text{（6 个方程）}$$

粘接式：

$$\begin{cases} \Delta \boldsymbol{f}_A = -\Delta \boldsymbol{f}_B & \text{（结点对力增量）} \\ \Delta \boldsymbol{u}_A = -\Delta \boldsymbol{u}_B & \text{（结点对位移增量）} \end{cases}$$

滑移式：

$$\begin{cases} \Delta u_{ZA} = \Delta u_{ZB} \\ \Delta \boldsymbol{f}_A = -\Delta \boldsymbol{f}_B \\ f_{jA} + \Delta f_{jA} = \mu(F_{ZA} + \Delta f_{ZA})\cos\theta \quad (j = x, y) \end{cases} \quad (6 \text{ 个方程})$$

其中，$\theta = \tan^{-1}\dfrac{\Delta u_y}{\Delta u_x}$

2. 接触有限元方程

对如图 14-5 所示两个接触体的每个个体，利用虚位移原理。

对 A 接触体

$$\boldsymbol{k}_A \begin{Bmatrix} u_L \\ u_C \end{Bmatrix}_A = \begin{Bmatrix} f_L \\ f_C \end{Bmatrix}_A$$

对 B 接触体

$$\boldsymbol{k}_B \begin{Bmatrix} u_L \\ u_C \end{Bmatrix}_B = \begin{Bmatrix} f_L \\ f_C \end{Bmatrix}_B$$

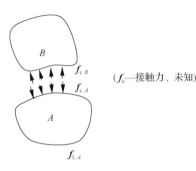

（f_c—接触力、未知)

图 14-5　两个接触体

综合得

$$\begin{bmatrix} \boldsymbol{k}_A & 0 \\ 0 & \boldsymbol{k}_B \end{bmatrix} \begin{Bmatrix} \begin{Bmatrix} u_L \\ u_C \end{Bmatrix}_A \\ \begin{Bmatrix} u_L \\ u_C \end{Bmatrix}_B \end{Bmatrix} = \begin{Bmatrix} \begin{Bmatrix} f_L \\ f_C \end{Bmatrix}_A \\ \begin{Bmatrix} f_L \\ f_C \end{Bmatrix}_B \end{Bmatrix}$$

将接触边界条件分别代入上式，可得最终控制方程。接触边界条件的代入可以有两种方法，一种是直接代入，另一种是接触单元法(可以把一个结点对处理成一个接触单元)。

3. 接触单元

1）　点–点接触单元

点–点接触单元如图 14-6 所示。

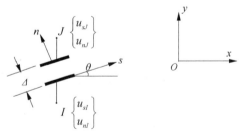

图 14-6　点–点接触单元

结点位移为 $\begin{Bmatrix} u_{sI} \\ u_{nI} \end{Bmatrix}$，$\begin{Bmatrix} u_{sJ} \\ u_{nJ} \end{Bmatrix}$。

在图 14-6 中，结点 I 和 J 可以重合。Δ 为结点 I 和 J 的间隙，点–点接触单元有三种状态，即粘接式、滑移式、开放式。

(a) 粘接式

$$\mu|f_n| > |f_s| \quad \begin{cases} \mu \text{——摩擦系数} \\ f_n \text{——正压力(沿}n\text{方向)} \\ f_s \text{——滑移力(沿}s\text{方向)} \end{cases}$$

$f_n = k_n(u_{nJ} - u_{nI} - \Delta)$ $\qquad k_n$ ——法向接触刚度

$f_s = k_s(u_{sJ} - u_{sI})$ $\qquad k_s$ ——切向接触刚度

写成如下形式

$$\boldsymbol{k}_l \begin{Bmatrix} u_{sJ} \\ u_{nJ} \\ u_{sI} \\ u_{nI} \end{Bmatrix} = \begin{Bmatrix} f_s \\ f_n \\ -f_s \\ -f_n \end{Bmatrix} = \boldsymbol{f}_l, \text{ 点-点接触单元刚度方程}$$

其中

$$\boldsymbol{k}_l = \begin{bmatrix} k_s & 0 & -k_s & 0 \\ 0 & k_n & 0 & -k_n \\ -k_s & 0 & k_s & 0 \\ 0 & -k_n & 0 & k_n \end{bmatrix} \text{称为点-点接触单元刚度矩阵}$$

(b) 滑移式

$$\mu|f_n| = |f_s|$$

单元刚度矩阵为

$$\boldsymbol{k}_l = \begin{bmatrix} 0 & 0 & 0 & 0 \\ 0 & k_n & 0 & -k_n \\ 0 & 0 & 0 & 0 \\ 0 & -k_n & 0 & k_n \end{bmatrix}$$

(c) 开放式

无接触发生，无单元刚度矩阵或接触力。如图 14-7 中给出接触单元力与位移变化规律。

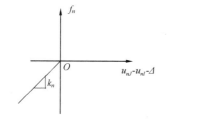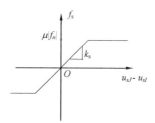

图 14-7　接触单元的力与位移变化规律

由图 14-7 可知，接触问题是非线性问题，需要用迭代法进行求解。

2) 点-面接触单元

如图 14-8 所示的二维问题，三结点单元刚度方程为

$$\boldsymbol{k}_{l\ 6\times6}\begin{Bmatrix}u_k\\u_i\\u_j\end{Bmatrix}=\begin{Bmatrix}f_k\\f_i\\f_j\end{Bmatrix}$$

如图 14-9 所示的三维问题，五结点单元刚度方程为

$$\boldsymbol{k}_l\begin{Bmatrix}u_k\\u_i\\u_j\\u_p\\u_m\end{Bmatrix}=\begin{Bmatrix}f_k\\f_i\\f_j\\f_p\\f_m\end{Bmatrix}$$

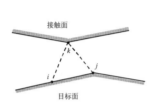

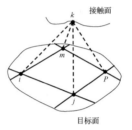

图 14-8　二维问题的点面接触　　　　图 14-9　三维问题的点面接触

3) 面一面接触单元

略。

第15章 非线性分析实例

基于前面所讲述的非线性有限元理论，本章主要利用 HyperMesh 前处理，基于 Altair 的 OptiStruct 求解器，进行材料非线性、几何非线性和接触非线性解决问题的方法。与静力学和动力学分析相比，非线性分析的步骤较为复杂，参数控制较为敏感，尤其是接触非线性，经常会遇到迭代不收敛的问题。分析人员在进行这些分析时，首先要确保有限元网格的质量，其次一定要理解非线性分析中所设置参数的意义(具体的参数设置介绍，请参考 OptiStruct 软件的 Reference 手册)。

下面介绍一下非线性分析的一些注意事项。

1. 材料非线性的定义

在定义材料非线性时，一般是要首先定义线弹性材料 MAT1，然后在同一个材料定义卡片中，选择 MATS1 来定义其材料非线性。具体的参数设置说明如下。

TYPE 材料非线性的类型有 PLASTIC 以及 NLELAST，其中参数的设置主要有 H(硬化系数(应力-塑性应变的斜率)单位与应力相同。H=0，理想刚塑性)、YF(屈服准则，默认为 1，Von Mises 准则)、HR(硬化准则选择：Isotropic (1), Kinematic (2), Mixed (3) 或者用户可选择的混合硬化比率)、LIMIT1(初始屈服点)。

汽车行业的橡胶等超弹材料用 MATHE 来定义。

2. 几何非线性

在 HyperMesh 的功能页中，选中 Analysis 单选按钮，在弹出的界面中单击 Control cards 按钮，在弹出的界面中设置 PARAM 下面的 LGDISP，更改为 1(默认为 0，不考虑几何非线性)。

某些场合需要考虑 follow force，选中 Analysis 单选按钮，在弹出的界面中单击 Control cards 按钮，在弹出的界面中设置 PARAM 下面的 FLLWER，将其更改为 1，则定义全局的力都跟随。在 load step(载荷步)的分析中，定义 FLLWER，则可针对某个力来进行。

输出的时候，可以定义 NLOUT 来决定间隔几步来输出。Nint=1 则每步都输出。

3. 接触

Small Sliding(小滑移)与 Finite Sliding Contact(有限滑移接触)的区别：Altair 默认是 Small Sliding。

在 Small Sliding 的滑动很小(与单元大小相比)。

在 Small Sliding 的情况下，Master Surface 和 Slave nodes 之间的关系在分析一开始的时候初始化，在整个分析过程中不做任何更新。

Finite Sliding 的情况下 Master Surface(主表面)和 Slave Nodes(从结点)之间的相互作用关系在整个分析中实时更新，允许有大的变形和转动。只在大变形非线性分析中启用，只用于 Hash Assembly 和 MUMPS Solver，不支持自接触。

注意，接触对中的 Slave Surface 应该是材料较软、网格较细的面、Master 是材料较硬、网格较为粗糙的面。

综合来说，非线性分析的类型主要有两种，一种是非线性静力学，另一种是非线性动力学。需要定义的非线性计算相关的参数分别如下：①Non-Linear Static，在 loadstep 中修改 SPC、NLOUT 和 NLPARM(LGDISP)；②Non-Linear Transient (DTRAN)，选择 SPC、DLOAD、TSTEP、NLPARM(LGDISP)、NLADAPT、NLOUT。瞬态分析中已经讲解了 DLOAD、TSTEP，在本章中将针对 NLPARM(LGDISP)、NLADAPT 和 NLOUT 几个参数进行讲解。

15.1 薄板中心的受力分析——材料非线性+几何非线性

问题描述：

正方形薄板边长 l=2m，厚度 h=0.01m，四边固支。薄板弹性模量 E=200GPa，泊松比 μ=0.3，屈服强度为 345MPa。板中心受垂直集中载荷作用。试采用有限元法求板中心挠度并与理论解对比。

分别施加 400N、4000N、40000N 的集中力，不考虑非线性、考虑大变形+不考虑材料非线性、不考虑大变形+考虑材料非线性、考虑大变形+考虑材料非线性 4 种情况来进行计算，在 Excel 表格中做出变形和应力柱状图。

15.1.1 问题分析

这个例题与静力学计算中的例题类似，只是在载荷上，放大了 10 倍和 100 倍。在针对实际的工程问题时，一般是先不考虑非线性进行计算，计算后分析结果。如果变形较大，应力超过了屈服应力，就应该考虑非线性。

本例题详细介绍了非线性计算设置方法，并对其中的关键设置进行了解释。

分析类型选择 non-linear static，单位制选择 m、s、kg、N。

15.1.2 有限元分析过程

1．选择求解器

进入 HyperMesh 界面，选择求解器为 OptiStruct。

2．创建材料属性

右击 Model Browser，在弹出的快捷菜单中选择 Create→Material 命令，在左下方的对话框对应的文本框中填入材料参数杨氏模量 E=210e9，泊松比 NU=0.3。

考虑材料非线性：单击对话框中的 MATS1 选项右边的方框，在 TYPE 下拉列表框中选择 PLASTIC 选项，在 H 文本框中输入 0，意味着材料为理想刚塑性。在 YF 文本框中输入 1，意味着屈服准则为 VON MISES 准则。在 HR 文本框中输入 1，意味着硬化准则为各向同性硬化。如果输入 2 那么为运动硬化(包含包辛格效应)。在 LIMIT1 文本框中输入 345e6，意味着初始屈服点(屈服强度)为 345MPa。在 TYPESTRN 文本框中输入 0，该选项的意思是，如果使用应力应变曲线来指明曲线中 X 轴应变的类型，那么 0 为所有应变，1 为塑性应变，如图 15-1 所示。

图 15-1　非线性材料属性的设置

3. 创建属性

创建 Property 对象，修改 Property 的名称为 Pshell，在 Card Image 下拉列表框中选择 PSHELL 选项，单击 Material，选择上述定义好的材料，在 T 对话框中输入厚度 0.01。

4. 创建 Component，选择材料和属性

创建 Component 对象，在左下方的界面中，选中 Property 选项旁边的 Property 单选按钮，选择上面定义好的属性 Pshell。

5. 创建有限元模型，划分网格

本例题模型较为简单，直接建立几何模型，按 F8 功能键，弹出创建结点对话框。在坐标文本框中分别输入两个结点的坐标(0,0,0)、(0,2,0)，分别单击 create 按钮，创建两个结点。

在 HyperMesh 工作界面的功能选择区中选中 Geom 单选按钮，在出现的命令面板中单击 lines 按钮，在弹出的界面中单击 Linear Nodes 图标，单击两个结点，单击 create 按钮来创建直线。

单击 surfaces 按钮，单击 Drag along Vector 图标，单击刚刚建立的直线。在下拉列表框中选择沿轴线 x-axis 选项，在文本框 Distance 中输入拉伸距离 2，单击 drag+按钮完成面的创建。

在 HyperMesh 工作界面的功能选择区中选中 2D 单选按钮，在出现的命令面板中单击 auto mesh 按钮。在弹出的界面中，在下拉列表框中选择 surfs 选项。选中 surfs 单选按钮，单击上面生成的面。在 element size 文本框中输入单元大小 0.1，单击 mesh 按钮来完成网格的划分。

6. 创建载荷、约束以及非线性分析

创建 Load Collector 对象，在左下方的对话框中，修改其名称为 SPC，在菜单栏中选择

BCs→Create→Constraints 命令，在弹出的界面中将四个边的结点自由度 1、2、3、4、5、6 全部约束。

同样创建 Load Collector 对象，修改其名称为 force。在菜单栏中选择 BCs→Create→Force 命令，在弹出的界面的 magnitude 文本框中输入-40000，单击左下角的下拉菜单，将力的方向修改为 z-axis 选项。

创建 Load Collector 对象，修改名称为 NLPARM。在 Card Image 下拉列表框中选择 NLPARM 选项，在 NINC 文本框中输入 20，在 MAXITER 文本框中输入 25，如图 15-2 所示。

7. 设置载荷步

定义 Load Step 对象，选择分析类型为 Non-linear static 选项，设置 SPC 和 LOAD 为上面定义的约束和载荷，设置 NLPARM(LGDISP)选项为上面定义好的 NLPARM，如图 15-3 所示。

Name	Value
Solver Keyword	NLPARM
Name	NLPARM
ID	3
Color	■
Include	[Master Model]
Card Image	NLPARM
User Comments	Hide In Menu/Export
NINC	20
DT	0.0
KSTEP	
MAXITER	25
CONV	
EPSU	
EPSP	
EPSW	
MAXLS	
LSTOL	
TTERM	
OPTIONS	NONE

图 15-2　NLPARM 参数的设置

Name	Value
Analysis type	Non-linear static
SPC	(1) SPC
LOAD	(2) force
NLPARM	(3) NLPARM
NLPARM(LGDISP)	<Unspecified>
SUPORT1	<Unspecified>
DEFORM	<Unspecified>
PRETENSION	<Unspecified>
MPC	<Unspecified>
STATSUB (PRETENS)	<Unspecified>
NLADAPT	<Unspecified>
NLOUT	<Unspecified>
CNTSTB	<Unspecified>
DLOAD	<Unspecified>
MOTNJG	<Unspecified>
LOADJG	<Unspecified>
VISCO	<Unspecified>
NSM	<Unspecified>
SUBCASE OPTIONS	
LABEL	☐
SUBTITLE	☐
ANALYSIS	☑
TYPE	NLSTAT

图 15-3　非线性静力学分析步的设置

单击 OUTPUT 右边的方框，单击 STRESS 右边的方框，在 LOCATION 下拉菜单中选择结点应力输出位置为 CORNER 选项。

8. 提交分析

在 HyperMesh 工作界面的功能选择区中选中 Analysis 单选按钮，在出现的命令面板中单击 OptiStruct 按钮，在弹出的界面中单击 OptiStruct 按钮来运行。

9. 查看结果

返回在命令面板中单击 OptiStruct 按钮弹出的界面，单击 HyperView 按钮，在弹出的界面中单击 Contour 图标，在对话框中选择 displacement 选项来查看变形云图。单击 Deformed 图标，在 Value 文本框中输入 100 来放大变形，便于观察。选择 Element Stress(2D&3D)(t) 选项，在下拉列表框中选择 Von Mises 选项来查看应力云图。单击 Use corner data 左边的方框，查看应力是否变化。

15.1.3　探究训练

(1)　自己比较线弹性、弹塑性以及弹塑性+几何非线性三种情况的计算结果。

(2)　针对 NLPARM，设置不同的 NINC 和 MAXITER 数值，查看计算结果是否有区别，查看计算时间的变化。

(3)　设置不同的屈服强度，查看最终的结果。

(4)　只设置几何非线性，不设置大变形，查看计算结果。

15.2　块接触非线性

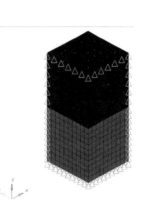

图 15-4　两个块挤压

问题描述：

如图 15-4 所示，两个块挤压，考查 surface-surface 和 nodes-surface 之间的结果差别。

15.2.1　问题分析

这个例题是研究两个块挤压，很明显，这是一个接触非线性的问题。在定义接触非线性的时候，要注意单元的法向以及主从面的定义。

接触算法是一个软件非线性计算能力的重要指标之一，在大变形的强非线性计算时，建议利用 Altair 的 Radioss 软件来进行计算。

设置分析类型为 Non-linear static，注意 NLPARM 参数的设置。

15.2.2　有限元分析过程

1. 选择求解器

进入 HyperMesh 界面，选择求解器为 OptiStruct。

2. 导入有限元文件

导入给定的求解文件 blocks.fem，查看已经有的定义，下面的操作主要是学习接触的定义方法。

3. 创建接触面

选择视图方向为 *xz* 平面，隐藏 bottom component，只显示 top component。右击 Model Browser，在弹出的快捷菜单中选择 Create→Set 命令，修改名称为 top。在对话框中的 Entity IDs 选项旁边的下拉列表框中选择 Elements 选项，单击 Elements 按钮，选择最下面一层 element，单击 proceed 按钮，完成单元集合的定义。

同样定义 bottom component 的接触面。

选择视图方向为 xz 平面，隐藏 top component，只显示 bottom component。创建 Set 选项，修改名称为 bottom。选择单元时，选择最上面一层 element。

4. 定义接触

创建 Contact 对象，在 Property Option 选项旁边的下拉列表框中选择 Property Type 选项，在 TYPE 选项旁边的下拉列表框中选择 SLIDE 选项。单击 SSID 选项旁边的 Set 按钮，在弹出的菜单中选择上面定义的接触面 bottom，单击 MSID 选项旁边的 Set 按钮，选择接触面 top。在 DISCRETE 选项旁边的下拉列表框中选择 S2S 选项，如图 15-5 所示。

5. 接触输出控制

在 HyperMesh 工作界面的功能选择区中选中 Analysis 单选按钮，在出现的命令面板中单击 control cards 按钮，在弹出的界面中再单击 next 按钮，单击 GLOBAL_OUTPUT_ REQUEST 按钮。单击 CONTF 选项右边的方框，在 CONF_NUM 文本框中输入 2。在第一个 CONTF 选项中，单击 FORMAT(1)选项下面的按钮，选择 H3D 选项。单击 TYPE(1)选项下面的按钮，选择 ALL 选项。单击 OPTION(1)选项下面的按钮，选择 YES 选项。在第二个 CONTF 选项中，单击 FORMAT(1)选项下面的按钮，选择 OPTI 选项。单击 TYPE(1)选项下面的按钮，选择 ALL 选项。单击 OPTION(1)选项下面的按钮，选择 ALL 选项，如图 15-6 所示。

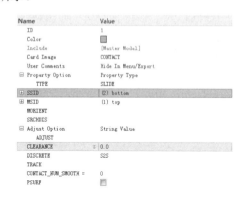

图 15-5 接触属性的设置

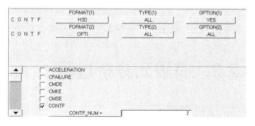

图 15-6 接触输出的设置

6. 设置载荷步

定义 Load Step 对象，选择分析类型为 Non-linear static 选项，设置 SPC，设置 NLPARM (LGDISP)选项为定义好的 NLPARM。

7. 提交分析

在 HyperMesh 工作界面的功能选择区中选中 Analysis 单选按钮，在出现的命令面板中单击 OptiStruct 按钮，在弹出的界面中单击 OptiStruct 按钮来运行。

8. 查看结果

返回在命令面板中单击 OptiStruct 按钮弹出的界面，单击 HyperView 按钮，单击 contour

图标，在弹出的对话框的 Result type 下拉列表框中选择 Displacement 选项来查看变形云图，如图 15-7 所示。

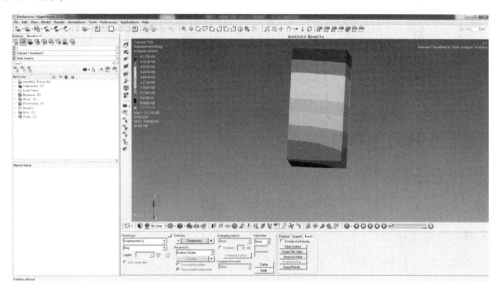

图 15-7　接触变形结果

在 Result type 下拉列表框中选择 Contact Force/Normal(v)选项来查看接触力的输出，如图 15-8 所示。

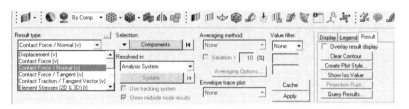

图 15-8　接触力结果显示的设置

15.2.3　探究训练

(1) 交换两个块 master 和 slave 的设置，查看是否有区别。

(2) 针对 Contact 的 Property Option 中的不同参数，设置不同内容，查看计算结果。

(3) 针对 NLPARM，设置不同的 NINC 和 MAXITER 数值，查看计算结果是否有区别，查看计算时间的变化。

15.3　椅子的非线性静力学分析

针对 8.8 节中的静力学实例，计算椅子面压力从 0.01MPa 到 1MPa 的计算结果，比较考虑与不考虑材料和几何非线性的差别。

15.3.1　问题分析

在 8.8 节的静力学实例中，当椅子面压力为 0.01MPa 时，相当于 87kg 的人坐在椅子上面。如果压力为 1MPa，就相当于 8700kg 的人坐在椅子上面，此时椅子面的材料应该进入非线性，变形也应该为大变形。因此，本例题应该考虑材料非线性和几何非线性。

设置分析类型为 Non-linear static。

15.3.2　有限元分析过程

1. 选择求解器

进入 HyperMesh 界面，选择求解器为 OptiStruct。

2. 导入有限元模型

打开静力学分析的实例(在 8.8 节对应的文件夹中)。

3. 创建材料属性

单击定义好的材料，单击对话框中的 MATS1 选项右边的方框，在 TYPE 下拉列表框中选择 PLASTIC 选项，在 H 文本框中输入 0，在 YF 文本框中输入 1，在 HR 文本框中输入 1，在 LIMIT1 文本框中输入 450。

4. 设置非线性求解参数

创建 Load Collector 对象，修改名称为 NLPARM。在 Card Image 下拉列表框中选择 NLPARM 选项，在 NINC 文本框中输入 10，在 MAXITER 文本框中输入 25。

5. 设置载荷步

设置分析类型为 Non-linear static，设置 SPC，NLPARM，如图 15-9 所示。在输出选项中，在 STRAIN 选项下的 EXTRA 下拉列表框中选择 PLASTIC 选项。

图 15-9　塑性应变输出的设置

6. 提交分析

在 HyperMesh 工作界面的功能选择区中选中 Analysis 单选按钮，在出现的命令面板中

单击 OptiStruct 按钮，在弹出的界面中单击 OptiStruct 按钮来运行。

7．查看结果

返回在命令面板中单击 OptiStruct 按钮弹出的界面，单击 HyperView 按钮，单击 contour 图标，在弹进出的对话框的 Result type 下拉列表框中选择 displacement 选项来查看变形云图。非线性变形的结果如图 15-10 所示。

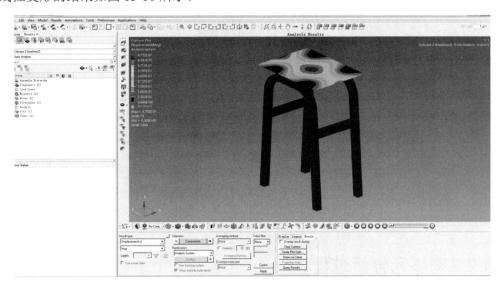

图 15-10 非线性变形云图

15.3.3 探究训练

(1) 做出不同压力下的变形和最大应力关系曲线，比较是否考虑非线性计算结果的差异。

(2) 利用接触来取代椅子中的螺栓连接。

(3) 在椅子上方放置一个立方体，来模拟重物，利用接触来取代载荷，查看计算结果。

(4) 取消椅子腿的约束，在椅子下面放置一个固定的面，在椅子腿与面之间设置接触。

(5) 将上面的(2)～(4)合并，一起来计算，查看计算结果和计算时间。

15.4 硫化橡胶或热塑性橡胶的拉伸应力应变性能

问题描述：

模拟橡胶试件的拉伸过程。实验所用试件为国家标准《硫化橡胶或热塑性橡胶拉伸应力应变性能的测定》(GB/T 528—2009)所规定的 1 型哑铃状橡胶片试样，如图 15-11 所示。已经按照国家标准建立好结构的 CATIA 模型。

在实验时，橡胶片的左端被夹具夹持不动，右端由夹具夹持向右方拉伸。在试件的 C 区域，利用引伸仪(量程在 200%以上)来测量变形后的尺寸。输出拉力和变形量之间的关系，

最后换算为工程应力和工程应变。

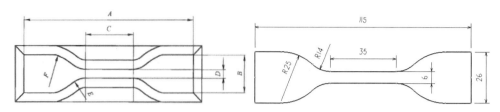

图 15-11 哑铃型试件

15.4.1 问题分析

从问题描述中可以看出，首先，橡胶材料为超弹性材料，即这种材料为一种非线性材料。其次，引伸仪的应变在 200%，意味着橡胶片的变形属于大应变，即几何非线性。另外要注意，实验过程给出的曲线是力与位移曲线(有的时候，数据为工程应力与工程应变关系曲线)，有限元分析结果与实验结果比较的时候，要输出所有的应力，变形应该是引伸仪区间的变形，最终的应变也是除以引伸仪夹持区间的原始长度。

本例选用的单位制标准为 mm、N、s、10^3kg。

15.4.2 有限元分析过程

1. 选择求解器

进入 HyperMesh 界面，选择求解器为 OptiStruct。

2. 导入几何模型及处理。

几何模型可以用 HyperMesh 软件直接绘制，相对来说，有限元软件的绘图功能一般都较弱，建议采用第三方软件进行绘制。

参照实验试件规格，运用 CATIA V5 绘图软件绘制，将 CATIA V5 绘制的图形文件导入 HyperMesh 中(HyperMesh 导入文件时目录和文件名中最好不含有中文字符)。

本例题为了后续网格划分的质量，在 CATIA V5 绘图软件用 yaling.iges 或者 yaling.dxf 输出，几何图形是线段，需要绘制成面。导入的 iges 几何模型如图 15-12 所示。也可以直接在 Catia 中拉伸为体，然后导入。

● 建立 node、line、surface

在 HyperMesh 工作界面的功能选择区中选中 Geom 单选按钮，在出现的命令面板中单击 nodes 按钮，在单击出现的最右边图标(Intersect)，单击一条直线，单击黄色块中的第二个 lines 按钮。此时绿色框移到下面，选择与之相邻的一条直线，单击 create 按钮，依次创建右侧的 8 个结点，如图 15-13 所示。

单击 nodes 按钮后在出现的界面中单击 Extract Parametric 图标，在 upper bound 文本框中输入 0.5，分别单击水平的两条直线。单击 create 按钮，创建中间的两个结点，如图 15-14 所示。

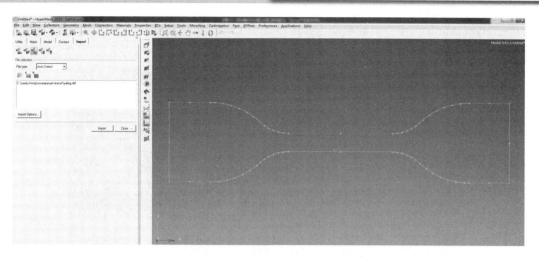

图 15-12 导入的哑铃型试件 IGES 模型

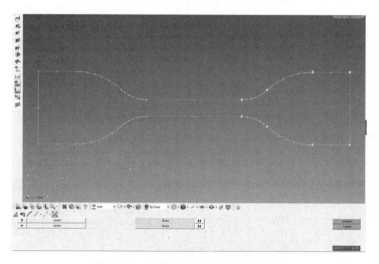

图 15-13 创建后续建面所需要的结点

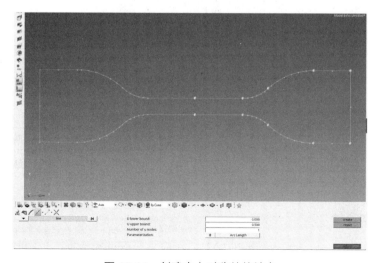

图 15-14 创建中心对称处的结点

在 HyperMesh 工作界面的功能选择区中选中 Geom 单选按钮，在出现的命令面板中单击 lines 按钮，在弹出的界面中依次建立四条竖线，如图 15-15 所示。

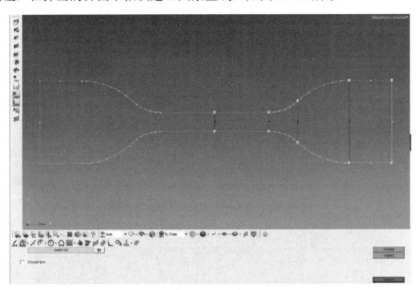

图 15-15　创建直线

在 HyperMesh 工作界面的功能选择区中选中 Geom 单选按钮，在出现的命令面板中单击 surfaces 按钮，在弹出的界面中单击 Spline/Filter 图标，取消选中 Auto create 和 Keep tangency 复选框，依次建立如图 15-16 所示的四个面。

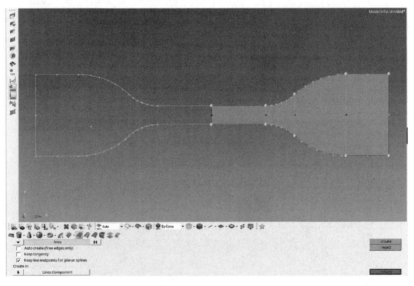

图 15-16　创建四个面

3. 创建材料属性

建立橡胶材料时，必须输入需要的参数或者应力应变试验数据，试验数据用 TABLES1 来输入。

首先建立表格。右击 Model Browser，在弹出的快捷菜单中选择 Create→Curve 命令，单击 New 按钮，在弹出的界面中输入曲线名称 TABLES1。单击 proceed 按钮，在弹出的表格中输入数据。打开 CSV 文件，复制列数据，复制到表格对应的列中，单击 Update 按钮，单击 Close 按钮关闭弹出的菜单。在 Curve 选项的对话框中，在 Card Image 右边的下拉列表框中选择 TABLES1 选项。

创建 Material 对象，在 Card Image 右边的下拉列表框中选择 MATHE 选项，在 MODEL 右边的下拉列表框中选择 OGDEN 选项，在 NU 文本框中输入 0.49，在 NA 文本框中输入 2(采用 2 阶 OGDEN 模型)。单击 TAB1 选项旁边的 Curve 按钮，选择上面定义的 TABLES1 曲线，如图 15-17 所示。

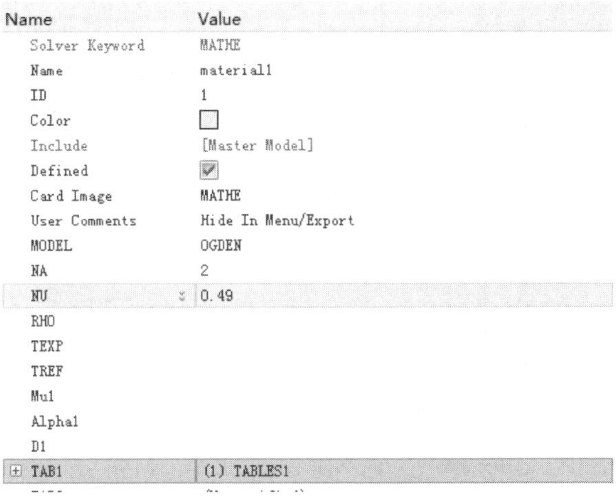

Name	Value
Solver Keyword	MATHE
Name	material1
ID	1
Color	☐
Include	[Master Model]
Defined	☑
Card Image	MATHE
User Comments	Hide In Menu/Export
MODEL	OGDEN
NA	2
NU	0.49
RHO	
TEXP	
TREF	
Mu1	
Alpha1	
D1	
⊞ TAB1	(1) TABLES1

图 15-17　超弹材料参数的选择与输入

TABLES1 是基于单轴拉伸得到的应力应变试验数据调整而来，表格的数据 x 为拉伸比率，拉伸比率为 1+工程应变，y 为工程应力。初始值为 $x=1$，$y=0$。

4. 设置单元属性

由于 MATHE 材料只能用于结构体单元，所以属性只能定义为结构体，前面的 shell 单元必须拉伸为结构体单元。

创建 Property 对象，在 Card Image 下拉列表框中选择 PSOLID 选项，修改名称为 psolid，选中 Material 选项旁边的 Material 单选按钮，选择上面定义好的材料 material1。

5. 定义 Component

创建 Component 对象，修改名称为 beam。在左下方的对话框中，单击 Property 按钮，选择上面定义的 psolid 属性。

6. 创建有限元模型

为了保证网格划分质量，采用将壳单元拉伸为结构体单元的方式。

首先划分壳单元。在 HyperMesh 工作界面的功能选择区中选中 2D 单选按钮，在出现的命令面板中单击 automesh 按钮，在弹出的界面中，在下拉列表中，选择 surfs 选项。选

中 surfs 单选按钮，单击上面生成的最左边的面。在 element size 文本框中输入单元大小 5，单击直线边上的数字，换成 3、6、3 和 6，单击 mesh 按钮。单击下一个面，直线边上的数字为 3、4、4 和 6，单击 mesh 按钮。下一个面，直线边上的数字为 6、6、6 和 8，单击 mesh 按钮。最后一个面，直线边上的数字为 8、5、5 和 8，单击 mesh 按钮。每个面划分的网格如图 15-18 所示。可以看出，通过本例题所使用的方法建立的有限元网格质量较好。

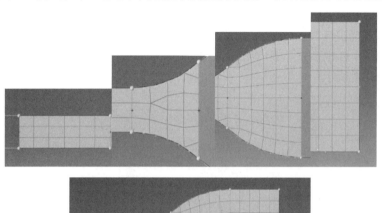

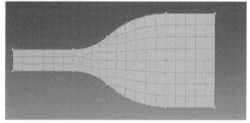

图 15-18　四个面有限元网格的划分

在 HyperMesh 工作界面的功能选择区中选中 Tool 单选按钮，在出现的命令面板中单击 reflect 按钮，在弹出的界面中，在左边的下拉列表框中选择 elems 选项，在右边的下拉列表框中选择 x-axis 选项。单击 elems 按钮，单击 all 按钮。再次单击 elems 按钮，单击 duplicate 按钮，单击紫色的 B 按钮，选择整个几何中间对称位置上面那个结点，单击 reflect 按钮，得到的有限元网格模型如图 15-19 所示。

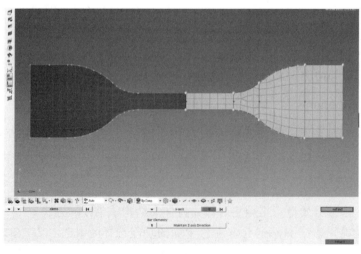

图 15-19　哑铃试件所有面的有限元网格

在 HyperMesh 工作界面的功能选择区中选中 Geom 单选按钮，在出现的命令面板中单击 temp nodes 按钮，在弹出的界面中单击 clear all 按钮，清除所有临时结点。

在 HyperMesh 工作界面的功能选择区中选中 Tool 单选按钮，在出现的命令面板中单击 edges 按钮，在弹出的界面中单击 elems 按钮，在弹出的菜单中单击 all 选项。单击 equivalence 按钮清除重复结点，软件提示有 4 个 node 被 equivalence。

将上面的壳单元拉伸为结构体单元。

新建一个 component，定义其属性为 PSOLID 选项，在 HyperMesh 工作界面的功能选择区中选中 3D 单选按钮，出现的命令面板中单击 drag 按钮，在弹出的界面中选择所有的单元。在 distance 对话框中输入 2，在 on drag 对话框中输入 2，即在拉伸方向有两层单元。至此完成有限元模型网格的划分。

7. 创建载荷、约束

定义 Load Collector 对象，修改名称为 SPC，在 HyperMesh 工作界面的功能选择区中选中 Analysis 单选按钮，在出现的命令面板中单击 constraints 按钮，在弹出的界面中将左边 5 列的自由度 1、2、3、4、5、6 全部约束。在右边 5 列结点的自由度 dof1 文本框中输入 30，其余的自由度 dof2～dof6 全部约束，如图 15-20 所示。

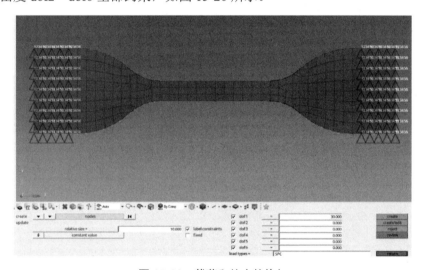

图 15-20　载荷和约束的施加

8. 设置非线性求解参数

定义 Load Collector 对象，在 Card Image 下拉列表框中选择 NLPARM 选项，修改名称为 NLPARM。在 NINC 文本框中输入 100，在 MAXITER 文本框中输入 50。

定义 Load Collector 对象，在 Card Image 下拉列表框中选择 NLOUT 选项，修改名称为 NLOUT。单击 NINT 旁边的方框，在 VALUE 文本框中输入 20(如果不设置，那么只输出最后一步的结果)，如图 15-21 所示。

9. 设置载荷步

设置分析类型为 Non-linear static，设置 SPC、NLOUT 和 NLPARM(LGDISP)。

图 15-21　非线性结算结果输出的设置

在 output 选项中设置应力输出的位置，选择 corner 选项。

10. 提交分析

在 HyperMesh 工作界面的功能选择区中选中 Analysis 单选按钮，在出现的命令面板中单击 OptiStruct 按钮，在弹出的界面中单击 OptiStruct 按钮来运行。

11. 查看结果

返回在命令面板中单击 OptiStruct 按钮弹出的界面，单击 HyperView，选择 HyperGraph 2D，选择刚刚生成的 H3d 文件，选择拉伸的结点 141 的 X 向位移，选择结点 704 的 SPCF 曲线，如图 15-22 所示。

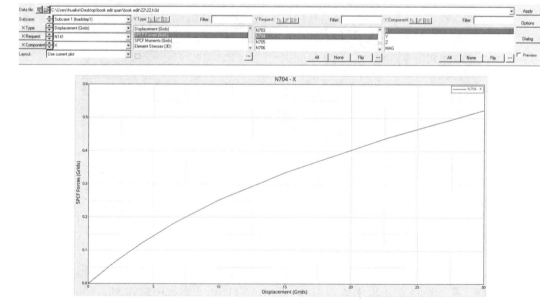

图 15-22　结点的 SPC 力与拉伸距离关系曲线

选择施加 SPC 处三列结点，单击 Build Plots 图标，选择所有的曲线，右击并在弹出的快捷菜单中选择 Multiple Curves Math→Add 命令，如图 15-23(a)所示。单击求和后生成的曲线，选择 Isolate Only 选项只显示这条曲线，单击菜单栏下方的 Export Curves 图标，如图 15-23(b)所示，选择 current plot 选项，查看输出的数据，如图 15-23(c)所示。

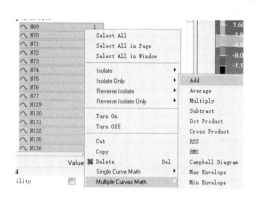

(a) 选择命令　　　　　　(b) 曲线输出

图 15-23　试件拉伸力与拉伸距离关系曲线

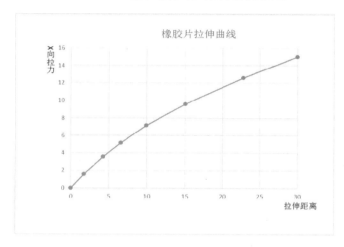

(c) 最终的 X 向拉伸力

图 15-23　试件拉伸力与拉伸距离关系曲线(续)

注意：

(1) 在 HyperMesh 中，一旦 table 被选择，load collector 没法去除，后续计算要出错。如果变更材料模型，就必须删除原来的材料模型，再次建立材料模型。

(2) 和实验数据比对时要注意实验数据时中间位置(25mm)间距处的引伸仪测得的数据，因此，最后要比对那个区域的应力、应变、初始距离 28.285，最终距离 40.740，实际应变(40.740-28.285)/28.285=0.44。

(3) 在 Abaqus 软件中，根据所提供的实验数据曲线，拟合出来的不同材料模型的参数如下。

Mooney rivlin：c10=0.263762686，C01=-0.293590757

二阶：C10=3.312882820E-02，C01=5.072557314E-03；C11=0.115153716；C20=-2.507688497E-02；C02=-6.858677707E-02

OGDEN N=2：MU_I1=1.20946376；ALPHA_I1=1.76421901；D_I1=0

　　　　　　　MU_I2=-1.17360604；ALPHA_I2=1.13368988；D_I1=0

OGDEN N=3：MU_I1=8.573280774E-02；ALPHA_I1=4.28221998；D_I1=0

MU_I2=7.825749602E-02; ALPHA_I2=11.8627827; D_I1=0
MU_I3=-0.156677800; ALPHA_I3=-23.7239808; D_I1=0

15.4.3　探究训练

(1)　作出应力-应变关系曲线。

(2)　增大拉伸的距离，作出应力应变曲线。

(3)　在 CATIA 中，直接做出一个结构体，分别用四结点四面体和十结点四面体来进行分析。

(4)　针对橡胶，选择不同的材料模型，进行计算，查看与实验结果的误差。

15.5　石头跌落的非线性分析

问题描述：

自行设计一个开口的盒子，设计一个立方体的石头，模拟其跌落。盒子厚度为 2mm，材料为钢材，其杨氏模量 E=200GPa，NU=0.3，Density=7840kg/m^3，屈服强度为 345MPa。假设石头材料的杨氏模量 E=50GPa，NU=0.2，Density=2600kg/m^3，不考虑石头的破坏。

15.5.1　问题分析

本例题是模仿各种跌落的过程，主要目的是考查对接触算法定义的理解。

本例题是一个接触非线性的问题。在定义接触非线性的时候，要注意模拟石头的体单元的法向以及主从面的定义。单位制采用 mm、N、s。

设置分析类型为显式非线性，Explicit (NLEXPL)，注意参数的设置。

15.5.2　有限元分析过程

1. 选择求解器

进入 HyperMesh 界面，选择求解器为 OptiStruct。

2. 创建有限元模型

绘制 100mm×100mm×100mm 的立方体表面，去掉一个表面，留下敞口的 5 个面作为外壳。在开口的中间位置附近，绘制 10mm×10mm×10mm 的立方体作为石头。为了方便查看石头的滚动，将石头转动 30°，使其下端的一个棱先着地。外壳使用 10mm 的几何尺寸，划分网格。石头使用 5mm 的尺寸划分，有限元网格模型如图 15-24 所示。

定义外壳以及石头的材料和属性。定义外壳的底部的单元作为一个单元集(SET_ELEM)，更改名称为 waike。同样定义石头的 27 个结点为 shitou 结点集(SET_GRID)，如图 15-25 所示。

定义接触。定义之前注意查看一下 shell 单元的 normal(法向)是否正确，如果法向是向外的(见图 15-26(a))，那么单击 reverse 按钮，将其法向变更为如图 15-26(b)所示。

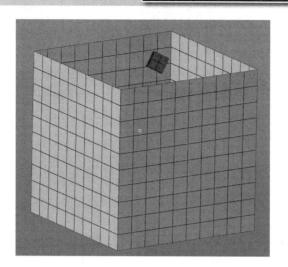

图 15-24 有限元网格模型的建立

Name	Value
Solver Keyword	SET
Name	waike
ID	1
Include	[Master Model]
Defined	☑
Card Image	SET_ELEM
Set Type	non-ordered
Entity IDs	100 Elements
User Comments	Hide In Menu/Export
TYPE	ELEM
SUBTYPE	LIST
⊟ No of rows	100
Data: ID	

Name	Value
Solver Keyword	SET
Name	shitou
ID	2
Include	[Master Model]
Defined	☑
Card Image	SET_GRID
Set Type	non-ordered
Entity IDs	27 Nodes
User Comments	Hide In Menu/Export
TYPE	GRID
SUBTYPE	LIST
⊟ No of rows	27
Data: ID	

图 15-25 接触单元集的建立

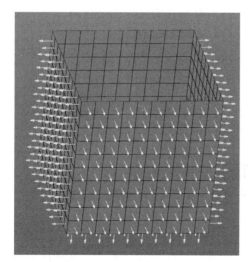

(a) 错误的法向   (b) 正确的法向

图 15-26 shell 单元法向的调整

在 Property Option 选项旁边的下拉列表框中选择 Property Type 选项，在 TYPE 选项旁边的下拉列表框中选择 SLIDE 选项。单击 SSID 选项旁边的 Set 按钮，在弹出的菜单中选择上面定义的接触结点集 shitou。单击 MSID 选项旁边的 Set 按钮，选择接触面 waike，DISCRETE 选项旁边的下拉列表框中选择 N2S 选项，在 TRACK 选项旁边的下拉列表框中选择 CONSLI 选项。在 Property Option 下拉列表框中选择 Static Friction Coeff.选项，在 MU1 文本框中输入 0.3，如图 15-27 所示。

Name	Value
Solver Keyword	CONTACT
Name	contact
ID	1
Color	■
Include	[Master Model]
Card Image	CONTACT
User Comments	Hide In Menu/Export
⊟ Property Option	Property Type
TYPE	SLIDE
⊞ SSID	(2) shitou
⊞ MSID	(1) waike
MORIENT	
SRCHDIS	
⊟ Adjust Option	String Value
ADJUST	AUTO
CLEARANCE	
DISCRETE	N2S
TRACK	CONSLI

Name	Value
Solver Keyword	CONTACT
Name	contact
ID	1
Color	■
Include	[Master Model]
Card Image	CONTACT
User Comments	Hide In Menu/Export
⊟ Property Option	Static Friction Coeff.
MU1	0.3
⊞ SSID	(2) shitou
⊞ MSID	(1) waike
MORIENT	
SRCHDIS	
⊟ Adjust Option	String Value
ADJUST	AUTO
CLEARANCE	
DISCRET	N2S
TRACK	CONSLI

图 15-27　接触的定义

定义约束 SPC，将开口上端结点的六个自由度全部约束，如图 15-28 所示。

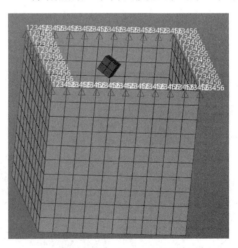

图 15-28　约束的定义

3. 定义瞬态非线性选项

右击 Model Browser，在弹出的快捷菜单中选择 Create→curve 命令。在弹出的界面中，单击 New 按钮，在弹出的 Name 对话框中输入名称 grav-tab，单击 Proceed 按钮，在 X 对话框中分别输入 0，100；在 Y 对话框中分别输入 1，1。单击 Update 按钮，单击 Close 按钮关闭对话框。在模型树区域，单击 curve 按钮，在弹出的对话框中的 Card Image 下拉列表框选择 TABLED1 选项，如图 15-29 所示。

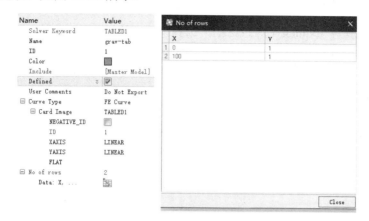

图 15-29 重力 curve 的建立

创建 Load Collector 对象，命名 grav，在对话框中的 Card Image 下拉列表框中选择 grav 选项，定义重力的大小和方向。在 G 文本框中输入 9800，在 N2 文本框中输入-1.0，如图 15-30 所示。

创建 Load Collector 对象，命名 grav_tload，在对话框中的 Card Image 下拉列表框中选择 TLOAD1 选项，单击 EXCITED 选项右边的 Loadcol 按钮。选择上面定义的 grav，在 TYPE 下拉列表框中选择 LOAD 选项，单击 TID 右边的 Curve 按钮，选择上面定义的 grav_tab 曲线，如图 15-31 所示。

创建 Load Collector 选项，命名 TSTEP，在对话框中的 Card Image 下拉列表框中选择 TSTEP 选项。在 TSTEP_NUM=文本框中输入 1，在 N 文本框中输入 100，在 DT 文本框中输入 0.002，这样整个计算时间为 0.2s，时间步的设置如图 15-32 所示。

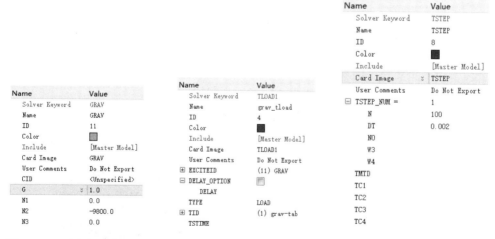

图 15-30 重力加速度的建立　图 15-31 重力卡片的设置　图 15-32 时间步的设置

创建 Load Collector 对象，命名 NLOUT，在对话框中的 Card Image 下拉列表框中选择 NLOUT 选项。单击 NINT 选项右边的方框，在 VALUE 文本框中输入 100。

4. 定义显式分析

选择分析类型为 Explicit (NLEXPL)，选择上面定义的 SPC、DLOAD 以及 NLOUT。在 TTERM 文本框中输入求解总时间 0.2，如图 15-33 示。

5. 提交分析

在 HyperMesh 工作界面的功能选择区中选中 Analysis 单选按钮，在出现的命令面板中单击 OptiStruct 按钮，在弹出的界面中单击 OptiStruct 按钮来运行。

6. 查看结果

返回在命令面板中单击 OptiStruct 按钮弹出的界面，单击 HyperView 按钮，在 HyperView 中进行后处理(在 2020 版本中，单击 Results 按钮进入后处理时，会提示找不到 H3D 文件，此时关闭错误提示窗口，选择导入后缀为 h3d 的文件，单击 Apply 按钮导入)。

在下拉菜单中选择 Time=2.0E-01，如图 15-34(a)所示，注意在观察跌落过程中石头的运动轨迹时，一定要在下拉列表框中选择 Set Transient Animation Mode 选项，如图 15-34(b)所示，默认的选项为 Set Linear Animation Mode，在这种模式下的轨迹不正确。

Name	Value
User Comments	Do Not Export
⊟ Subcase Definition	
⊟ Analysis type	Explicit
⊞ SPC	(1) SPC
LOAD	\<Unspecified\>
MPC	\<Unspecified\>
TSTEPE	\<Unspecified\>
IC	\<Unspecified\>
TTERM	0.2
⊞ DLOAD	(4) grav_tload
⊞ NLOUT	(10) NLOUT
SUBCASE OPTIONS	
⊟ LABEL	☑
label	loadstep1
SUBTITLE	☐
⊟ ANALYSIS	☑
TYPE	NLEXPL
EIGVRETRIEVE	☐

图 15-33　分析步的设置

(a) 时间选择

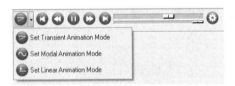

(b) 播放方式选择

图 15-34　后处理的设置

为了清楚看到石头的运动轨迹，将有限元模型设置为透明的，如图 15-35 所示。

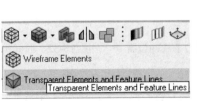

图 15-35　透明有限元模型的设置

15.5.3　探究训练

(1) 变化石头的密度，查看石头运动轨迹的变化。

(2) 变化石头的几何模型，查看石头运动轨迹的变化。

(3) 延迟求解时间，自行增加接触单元的定义，查看轨迹的变化。

(4) 更改外壳的厚度，查看外壳的变形和应力。

15.6　三点弯曲的非线性分析

问题描述：

如图 15-36 所示，模拟力学试验中的三点弯曲，薄壁圆管长 800mm，半径 $r=25$mm，壁厚 0.5mm。下方支撑块间距 500mm，半径 $r=50$mm，上方半圆块位于圆管中心位置。材料均为 Q345 钢材。模拟上方半圆块下压 100mm 的过程，输出此过程中的力与位移曲线。

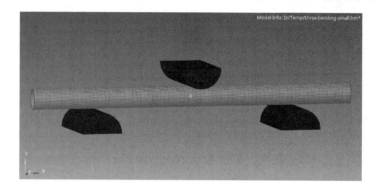

图 15-36　三点弯模拟

15.6.1　问题分析

在力学实验中，很多时候需要进行准静态压缩实验，这类实验一般是在力学实验机上面进行。试验机上面的夹具夹持或者支撑试件，然后在一个方向进行压缩，试验机的压缩端有力传感器，记录压缩过程中的力，同时记录压缩端对应的运动距离。

在这种实验中，压头与试件之间存在接触，试件本身需要定义自接触(即试件不能穿透自身)。

设置分析类型为 Non-linear static，注意接触的定义和非线性求解参数的设置。

15.6.2　有限元分析过程

1. 选择求解器

进入 HyperMesh 界面，选择求解器为 OptiStruct。

2. 创建 component

1) 定义材料属性

定义材料属性，在左下方的对话框中填入杨氏模量 E=200e3，泊松比 NU=0.3。

考虑材料非线性：单击对话框中的 MATS1 选项右边的方框，在 TYPE 下拉列表框中选择 PLASTIC 选项，在 H 文本框中输入 0，在 YF 文本框中输入 1，在 HR 文本框中输入 1，在 LIMIT1 文本框中输入 345e6，在 TYPESTRN 文本框中输入 0。

2) 定义单元属性

设置属性 1 为 PSHELL，选择上面定义的材料，输入厚度为 0.5。设置属性 2 为 PSOLID，选择上面定义的材料。

3）创建 component

创建 component，命名为 tube，选择 PSHELL 属性。创建 component，命名为 support，选择 PSOLID 属性。

3. 创建有限元模型，划分网格

设置当前 component 为 tube。

按 F8 功能键，出现创建结点菜单。坐标采用原点，单击 create 按钮，创建结点。

在 HyperMesh 工作界面的功能选择区中选中 Geom 单选按钮，在出现的命令面板中单击 lines 按钮，在弹出的界面中单击 Circle Centre and Radius 图标，单击刚刚建立的结点作为圆心。在 Radius 文本框中输入半径 25，单击下拉菜单选择方向矢量为 x-axis，生成圆。

通过拉伸创建面。在 HyperMesh 工作界面的功能选择区中选中 Geom 单选按钮，在出现的命令面板中单击 surfaces 按钮，单击 Drag along Vector 图标，选择刚刚建立的线，沿 X 方向拉伸 800mm。

设置当前 component 为 support。

同样创建结点，输入坐标(150,-70,-300)，(650, -70, -300)，

在 HyperMesh 工作界面的功能选择区中选中 Geom 单选按钮，在出现的命令面板中单击 lines 按钮，在弹出的界面中单击 Arc Centre and Radius 图标，单击刚刚生成的两个结点，选择方向矢量为 Z 轴，输入半径 50，创建两个半圆。

创建结点，单击 On Geometry 图标。选择两个半圆，单击四个端点，创建 4 个临时结点，如图 15-37 所示。

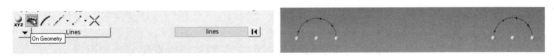

图 15-37　端点的建立

连接端点创建直线，封闭半圆。

在 HyperMesh 工作界面的功能选择区中选中 Geom 单选按钮，在出现的命令面板中单击 surfaces 按钮，在弹出的界面中单击 Spline/Filler 图标来生成半圆面，后续将划分 shell 单元，拉伸为结构体单元。

最终的几何模型如图 15-38 所示。

图 15-38　几何模型的建立

设置当前 component 为 tube，在 HyperMesh 工作界面的功能选择区中选中 2D 单选按钮，在出现的命令面板中单击 automesh 按钮，在弹出的界面中设置网格尺寸为 10，进行单元网格的划分。

创建一个新的 component。隐藏管件的几何和网格。划分半圆面。选择网格大小为 10。调整上端的数目，连续右击，将数目变为 10，如图 15-39 所示。

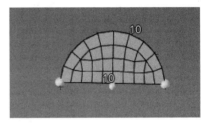

图 15-39　有限元网格的建立

设置当前 component 为 support。在 HyperMesh 工作界面的功能选择区中选中 3D 单选按钮，在出现的命令面板中单击 drag 按钮。在弹出的界面中单击 2d element 按钮。在弹出的下拉列表中选择 displayed 选项，在下拉列表框中选择拉伸方向为 z-axis 选项，在 distance 文本框中输入 300，沿拉伸方向单元数目 on drag 文本框输入 20，单击 drag+命令按钮来生成两个支持的结构体单元网格。

两个支撑结构相对管件有偏移，移动管件或者下部的块将管件的轴线与支撑的中间位置对准。移动下部的块，在 HyperMesh 工作界面的功能选择区中选中 Tool 单选按钮，在出现的命令面板中单击 translate 按钮，在弹出的界面中选择支撑结构的所有结点。单击下拉菜单选择移动方向为 z-axis 选项，在移动距离 magnitude 文本框中输入 150，单击 translate+按钮，完成支撑结构的移动。

复制支撑结构中的一个块，将其移动到管件中心上端，移动距离为 250，如图 15-40(a) 所示，得到的有限元模型如图 15-40(b)所示。

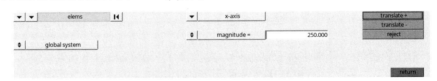

(a) 复制并移动 250mm 的设置

(b) 复制、移动后的结果

图 15-40　得到的有限元模型

在 HyperMesh 工作界面的功能选择区中选中 Tool 单选按钮，在出现的命令面板中单击 reflect 按钮，在弹出的界面中选择中间一个块的所有结点，方向选择 y-axis 选项，单击 B 选项，选择最底端半圆圆心位置处的结点，单击 reflect 按钮，对中间块进行反转，得到的有限元模型如图 15-41 所示。

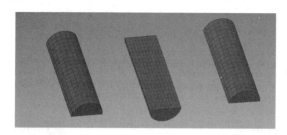

图 15-41　中间块镜像后的有限元模型

将反转后的块沿 y-axis 移动 190，最终的有限元模型如图 15-42 所示。

图 15-42　最终的有限元模型

删除半圆形面有限元网格所在的 component，里面的 shell 单元没有定义属性。若不删除，则提交计算时会导致计算终止。

4. 定义接触面和接触 group(card image：CONTACT)

定义接触面：

针对三个块和管件，分别进行三次选择，定义三个可能接触的单元集合。

右击 Model Browser，在弹出的快捷菜单中选择 Create→Set 命令，修改名称为 top，单击 Entity IDs 选项右边的 Elements 按钮，选择上面压块可能接触的单元，单击 proceed 命令按钮。同样建立包含管件 component 接触单元的 set，修改名称为 tube。建立下部两个支撑块可能接触单元的 set，修改名称为 bottom。

定义两组接触。

第一组为上部的压块与管件之间的接触。右击 Model Browser，在弹出的快捷菜单中选择 Create→Contact 命令，在 Property Option 选项右边的下拉列表框中选择 Property Type 选项，在 TYPE 选项右边的下拉列表框中选择为 SLIDE 选项，单击 SSID 选项右边的 Set 按钮，选择上面定义的 tube 结点集合。单击 MSID 选项右边的 Set 按钮，选择上面定义的 top 结点集合，单击 DISCRETE 选项右边的下拉列表框中选择为 S2S 选项(如前面所述，Slave 一般选择易变形的，单元网格小的，Master 一般是刚体，大网格的)。TRACK 下拉菜单选择 CONSLI 选项。

同样定义第二组管件与下部支撑块之间的接触。再次创建 Contact 选项后，单击 SSID 选项右边的 Set 按钮，选择上面定义的 tube 结点集合，单击 MSID 选项右边的 Set 按钮，选择上面定义的 bottom 结点集合，其他操作与上面相同。

5. 定义非线性选项

创建 Load Collector 对象，命名为 SPC，选择上面的块的所有结点，dof1 和 dof3 输入 0，dof2 输入-100，实现对上面的压块施加 Y 向为 100mm 的移动。

定义下面两个块的下端面的结点，dof1、dof2 和 dof3 全部输入 0。为了防止计算不收敛，针对管中间端面(XY 平面)上所有结点的自由度 dof3 输入 0，如图 15-43 所示。

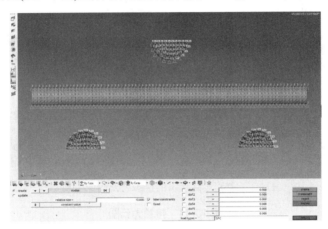

图 15-43　约束与载荷的施加

创建 Load Collector 对象，命名为 NLPARM，在 Card Image 选项右边的下拉列表框中选择 NLPARM 选项。在 NINC 文本框中输入 200，在 MAXITER 文本框中输入 50。

创建 Load Collector 对象，命名为 NLOUT，在 Card Image 选项右边的下拉列表框中选择 NLOUT 选项，在 NINT 文本框中输入 10。

6. 设置载荷步

选择分析类型为 Non-Linear static，选择 SPC、NLPARM(LGDISP)和 NLOUT。

在 HyperMesh 工作界面的功能选择区中选中 Analysis 单选按钮，在出现的命令面板中单击 control cards 按钮，在弹出的界面中单击 next 按钮，单击 GLOBAL_OUTPUT_REQUEST 按钮，单击 CONTF 选项右边的方框，单击 FORMAT(1)选项下面的按钮，选择 H3D 选项。单击 TYPE(1)选项下面的按钮，选择 ALL 选项。单击 OPTION(1)选项下面的按钮，选择 ALL 选项。

7. 提交分析

在 HyperMesh 工作界面的功能选择区中选中 Analysis 单选按钮，在出现的命令面板中

单击 OptiStruct 按钮，在弹出的界面中单击 OptiStruct 按钮来运行。

8. 查看结果

进入 HyperView 后处理界面，查看初始状态和最终状态的接触力云图，如图 15-44 所示。可以将结果输出为 CSV 格式，以便后续处理。

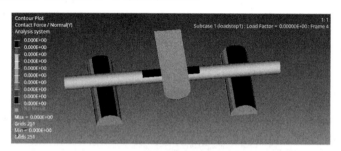

(a) 初始状态的接触力云图

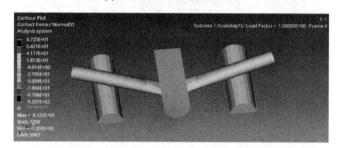

(b) 最终状态的接触力云图

图 15-44　接触力云图

15.6.3　探究训练

(1) 输出压块反力与位移曲线。

(2) 改为瞬态非线性来进行分析。

(3) 更改瞬态非线性的加载速度，设置材料的应变率效应，查看计算结果。

参 考 文 献

[1] 王青春，范子杰，洪在地，等. 有限元方法及 midas 软件在汽车结构分析中的应用[M]. 北京：机械工业出版社，2014.

[2] Hyperworks 2017 OptiStruct Reference Guide. Altair Engineering Inc.，2017.

[3] 王勖成. 有限单元法[M]. 北京：清华大学出版社，2003.

[4] Bathe K J. Finite Element Procedures[M]. Prentice Hall，1996.

[5] Zahavi E. The Finite Element Method in Machine Design[M]. Prentice Hall，1992.

[6] 曾攀. 有限元分析及应用[M]. 北京：清华大学出版社，2004.

[7] 江见鲸，何放龙. 有限元法及其应用[M]. 北京：机械工业出版社，2012.

[8] 谭继锦，张代胜. 汽车结构有限元分析[M]. 北京：清华大学出版社，2018.

[9] 彼莱奇科 T，廖 R，默然 B，等. 连续体和结构的非线性有限元[M]. 2 版. 庄卓，柳占立，成健，译. 北京：清华大学出版社，2016.

[10] Zienkiew O C，Taylor R L. 有限元方法：第 2 卷 体力学[M]. 5 版. 庄卓，岑松，译. 北京：清华大学出版社，2006.

[11] 监凯维奇，泰勒. 有限元方法：第 1 卷 基本原理[M]. 5 版. 曾攀，译. 北京：清华大学出版社，2008.

[12] 方献军，张晨，马小康. HyperMesh&HyperView(2017X)应用技巧与实例[M]. 北京：机械工业出版社，2018.

[13] 方献军，徐自立，熊春明. OptiStruct 及 HyperStudy 优化与工程应用[M]. 北京：机械工业出版社，2021.

[14] 洪清泉，赵康，张攀. Optistruct&HyperStudy 理论基础与工程应用[M]. 北京：机械工业出版社，2013.